ENGINE ERING LAW

공학법제

양천수 · 우세나

박영사

서 문

이 책은 전국 공과대학에서 '공학교육인증'의 일환으로 개설되는 '공학법제' 교과목을 위해 마련된 책입니다. 말하자면 '공학법제에 대한 교과서'입니다. 그 점에서 일차적으로는 공학도를 위해 집필된 책이라고 말할 수 있을 것입니다. 그렇지만 이 책은 '공학도를 위한 법학입문'이라는 취지에서 기획된 책이고, '법학입문'의 성격도 지니고 있어 법학에 관심이 있는 비공학도들에게도 어느 정도 도움이 될 수 있다고 생각합니다. 특히 이 책은 '생활법률'의 성격과 '법학개론'의 성격도 모두 포함하고 있어 법학의 기초를 다지고 전체 윤곽을 파악하는 데 관심이 있는 학생들에게도 도움이 될 수 있습니다.

이 책의 공동저자인 우세나 교수는 대학에서 오랫동안 '공학법제' 강의를 담당하면서 이에 적절한 교과서가 없다는 점을 아쉽게 생각하였습니다. '공학법제'를 다루는 선구적인 교과서가 없었던 것은 아니지만 좀 더 학생들에게 친근하게 다가갈 수 있는 교과서에 대한 갈망을 오래 전부터 느껴 왔습니다. 이에 오랜 준비 끝에 기초법학자인 양천수 교수의 도움을 받아 드디어 불완전하지만 '공학도를 위한 법학입문'이라는 성격에 부합하는 '공학법제 교과서'를 내놓게 되었습니다. 이 책을 집필하는 과정에서 두 저자들은 '공학법제'를 어떻게 집필해야 할지 끊임없이 고민하고 논의하였습니다. 서로의 전공이 달라 책의 성격을 일관되게 끌고 가는 것이 쉽지는 않았습니다. 아직 많은 점에서 불완전하지만 일단 여기서 매듭을 짓고 앞으로 기회가 되면 더욱 보완하기로 하였습니다.

이 책은 다음과 같은 점에 초점을 맞추어 집필하였습니다. 첫째, '공학도를 위한 법학입문'이라는 성격에 맞도록 하였습니다. 법과 법학을 낯설게 여기는 공학도가 가능한 한 손쉽게 법 및 법학 전체를 개관할 수 있도록 노력하였습니다. 둘째, 그러면서도 '공학법제'라는 성격에 걸맞게 공학도에게 더욱 필요한 부분에 초점을 맞추고자 하였습니다. 구글이나 애플, 페이스북, 우버 등이 예증하는 것처럼, 이른바 '스타트업 열풍'이 시사하는 것처럼 오늘날 공학은 창업과 혁신성장을 이끄는 중요한 학문분과가 되고 있습니다. 자신만의 독자적인 기술로 특허를 받아 창업을 하고 이를 글로벌 기업으로 발전시키는 경우가 빈번해지고 있습니다. 이 과정에서 지식재산권법이나 창업에 관한 법이 중요한 역할을 합니다. 이 책은 바로 이러한 과정에서 필요한 내용을 간략하면서도 핵심적으로 보여주고자 하였습니다. 셋째, 논의에 강약을 두어 책의 내용을 서술하였습니다. 기본적으로는 최대한 쉽게, 법률용어보다는 일상용어를 많이 활용하여 집필하고자 했지만, 몇몇 주제에 관해서는 심도 깊은 그래서 다소 어려운 서술도 하였습니다. 독자 여러분은 이 점을 감안하면서 가급적 '기능적으로' 책을 활용해 주시면 고맙겠습니다.

이 책을 쓰는 과정에서 수많은 분들의 도움을 받았습니다. 그 모든 분들에게 감사를 드립니다. 그 중 몇 분에게는 특별히 감사인사를 드리고 싶습니다. 먼저 오랫동안 이 책을 쓸 수 있도록 동기부여를 해주신 박영사의 이영조 팀장님에게 감사인사를 드립니다. 이영조 팀장님의 일관된 동기부여가 없었더라면 이 책이 이렇게 빛을 보는 일은 오지 않았을지도 모릅니다. 많은 점에서 불완전한 원고를 멋진 책으로 만들어주신 이승현 과장님에게도 감사인사를 드립니다. 이승현 과장님은 저자들이 잘못 인용한 법령들을 일일이 찾아 고쳐주시는 수고도 마다하지 않으셨습니다. 과장님 덕분에 이 책의 오류를 최소화할 수 있었습니다. 이 책을 출판할 수 있도록 배려해 주신 안종만 회장님께도 감사인사를 드립니다. 출판과 예술에 대한 회장님의 안목에서 진정 많은 것을 배울 수 있었습니다. 학부에서 행정법을 가르쳐주시고 저자들에게 학문적·인간적인 격려를 아끼지 않으시는 대한민국 학술원의 김남진 교수님께도 진심으로 감사인사를 올립니다. 여전히 식지 않는 교수님의 학문적 열정에서 매번 학문에 대한 자세를 배웁니다. 마지막으로 학부와 대학원에서 상법과 민사소송법을 가르쳐주시고 '스승'으로서 언제나 학문적·인간적으로 많은 가르침을 베풀어주시는 대한민국 학술원의 정동윤 교수님께 진심으로 감사인사를 올립니다. 교수님께서 베풀어주시는 은혜는 언제나 잊을 수 없습니다. 고맙습니다.
이 책을 교수님께 헌정합니다.

2020년 2월에
따뜻한 봄날을 기다리며
우세나 · 양천수 배상

차   례

제 1 장 공학법제란 무엇인가?

제 2 장 일상생활과 법

제 3 장 법의 개념과 기본문제

제 4 장 기본 법률에는 무엇이 있을까?

제 5 장　과학기술과 법 개관

제 6 장 지식재산권법

제 7 장 창업과 법

제 8 장 환경과 법

제 9 장 그 밖의 공학법제 문제

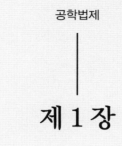

제 1 장

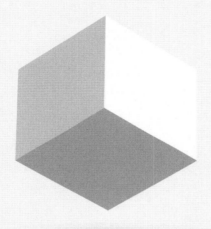

공학법제란 무엇인가?

제1장은 이 책의 서론에 해당한다. 제1장에서는 공학법제란 무엇인지, 공학법제를 어떻게 공부해야 하는지, 공학적 사고와 법적 사고는 어떤 점에서 유사한지 등을 다룬다. 이를 통해 공학법제를 처음 접하는 독자들이 '법이라는 장벽'을 두려워하지 않으면서 공학법제의 세계로 입문할 수 있도록 배려하고자 한다.

제1장

공학법제란 무엇인가?

1. 공학법제란?

이 책은 '공학법제'를 다루는 책이다. 한마디로 말해, '공학법제'에 관한 교과서인 것이다. 그러면 이 책이 분석 대상으로 하는 '공학법제'란 무엇일까? 쉽게 말하면, '공학법제'란 공학과 관련을 맺는 법제도라고 정의할 수 있다. 달리 말하면, 공학을 규율하는 법제도가 바로 공학법제인 것이다. 그러나 이보다 좀더 깊이 파고들면, 공학법제가 다양한 의미를 지니고 있음을 알 수 있다. 독일의 유명한 사회학자인 니클라스 루만(Niklas Luhmann)이 정립한 '체계이론' (Systemtheorie)의 시각을 원용하여 분석하면, 크게 세 가지 측면에서 공학법제의 의미를 파악할 수 있다.[1] 법체계 및 학문체계 그리고 교육체계의 측면이 그것이다.

---

[1] 루만의 체계이론에 관해서는 우선 니클라스 루만, 윤재왕 (옮김), 『체계이론 입문』(새물결, 2014) 참고. 이 책은 루만이 대학에서 한 강의를 책으로 엮은 것으로서 루만의 체계이론을 이해하는 데 도움을 준다. 이외에도 루만의 체계이론을 해설하는 책으로는 마르고트 베르크하우스, 이철 (옮김), 『쉽게 읽는 루만』(한울아카데미, 2012) 참고. 루만의 체계이론을 다루는 논문으로는 양천수, "사법작용의 기능과 한계: 체계이론의 관점에서", 『법학논총』(단국대) 제39권 제4호(2015. 12), 99~141쪽 참고.

(1) 공학을 규율하는 법제

첫째, 공학법제는 공학을 규율하는 법제라고 정의할 수 있다. 이는 위에서 살펴본 공학법제의 개념으로서 공학법제에 대한 가장 일반적인 개념 정의라 할 수 있다. 이는 법체계의 측면에서 공학법제의 의미를 규정한 것이다.

(2) 공학을 규율하는 법제에 관한 연구

둘째, 공학법제는 공학을 규율하는 법제에 관한 학문적 연구라고 정의할 수 있다. 예를 들어, 법학자나 공학자가 공학을 규율하는 법제를 연구하는 것을 공학법제라고 규정할 수 있다. 물론 이렇게 공학법제를 정의할 때는 '공학법제학'이라고 지칭하는 것이 더욱 정확할 것이다. 이는 학문체계의 측면에서 공학법제의 의미를 규정한 것이다.

(3) 공학을 규율하는 법제에 관한 교육

셋째, 공학법제는 공학을 규율하는 법제에 관한 교육, 즉 이러한 법제를 가르치는 것이라고 정의할 수 있다. 법학교육이라는 교육체계에서 그동안 익숙하게 사용된 개념으로 다시 말하면, '공학도를 위한 법학입문'이 바로 공학법제라 할 수 있다. 이는 교육체계의 측면에서 공학법제를 규정한 것이다. 그리고 이는 이 책이 의도하는 공학법제의 의미이자 방향이기도 한다. 요컨대, 『공학법제』라는 타이틀을 달고 있는 이 책은 '공학도를 위한 법학입문'이라는 견지에서 '공학법제'를 다루고자 하는 것이다.

2. 공학법제를 어떻게 공부할 것인가?

그러면 공학법제를 어떻게 공부할 것인가? 아마도 대학에서 "공학법제" 강의를 듣거나 이 책과 같은 『공학법제』 교과서를 읽는 학생들은 주로 '교양'으로서 공학법제를 배울 것이다. 이는 달리 말해 '전문적으로' 공학법제를 다루는 것은 아닐 것이라는 점을 보여준다. 그저 '교양'으로서 또는 '입문'으로서 다소 부담 없이 공학법제에 접근할 가능성이 높다. 하지만 이런 와중에도 공학법제를 진지하게 공부하고자 하는 학생도 없지 않을 것이다. 그런 학생들에게 공학법제를 어떻게 공부해야 하는지에 관해 몇 가지 팁을 제시하고자 한다.

(1) 법 직접 찾아보기

공학법제는 공학과 관련된 법을 다룬다는 점에서 공학법제에서 중요하게 언급되는 법 및 법조문은 직접 찾아 눈으로 확인하고 읽어 보는 것이 중요하다. 이를 학문에서는 '실증'한다는 개념으로 표현하기도 한다. 이는 법을 공부하는 학생이라면 가장 중요하게 여겨야 하는 덕목이다. 단지 책이나 강의로 법을 배우는 것과 자신이 직접 법전이나 인터넷을 통해 법을 찾아보는 것 사이에는 배움의 차원에서도 현격한 차이가 있기 때문이다. 물론 법을 처음 공부하는 입장에서는 중요한 법과 법조문을 직접 찾아본다는 것은 결코 쉬운 일은 아니다. 처음에는 법조문을 여러 번 읽어 보아도 이해가 되지 않는 경우가 다반사이다. 더군다나 한자도 많다. 그렇지만 법 공부를 잘하기 위해서는 복잡한 법조문과 친해져야 한다.

(2) 법 이해하기

공학법제는 공학법제라는 학문에 기반을 둔다. 그리고 모든 학문이 그렇듯이 학문을 배울 때는 언제나 '왜?'라는 의문을 제시하면서 해당 학문의 중요 개념, 체계, 이론 등을 이해하려고 노력해야 한다. 이는 '공학법제학'이라는 학문을 대할 때도 마찬가지이다. 공학법제학이라는 학문을 배울 때도 끊임없이 '왜?'라는 질문을 던지면서 중요한 법적 개념이나 체계, 이론 등을 이해하려고 노력해야 한다. 무작정 암기만 해서는 공학법제를 온전하게 익힐 수 없고 그 지식에 대한 기억도 오래가지 못한다. 그리고 공학법제학도 법학의 일종인 이상, 이를 제대로 이해하려면 언제나 관련 사례를 염두에 두면서 이런 사례에 적용할 수 있는 개념과 체계, 이론이 무엇인지 생각하려고 노력해야 한다. 사례와 무관하게 이루어지는 법 공부는 사상누각에 불과하거나 아주 공허한 작업으로 전락할 수 있다.

(3) 강의 듣기

예나 지금이나 언제나 그렇듯이 공학법제를 잘 배우기 위해서는 강의를 열심히 들어야 한다. 강의를 듣게 되면, 공학법제가 다루는 전체 내용 중에서 무엇

이 더 중요한지, 무엇이 가장 기본이 되는 부분인지, 무엇이 덜 중요한지 파악할
수 있다. 또한 내가 이해하고 있는 부분이 정확한 것인지도 검증해 볼 수 있다.
그리고 무엇보다도 책만으로는 이해하기 어려운 내용을 강의에 참여함으로써, 담
당 교수님의 설명 및 이해방식, 사고과정을 접함으로써 이해할 수 있다. 그러니
공학법제를 잘하기 위해서는 빠짐없이 출석하여 교수님의 강의를 들어야 한다.

(4) 좋은 교과서 읽기

좋은 또는 자신에게 적합한 교과서를 한 권 선정하여 이를 열심히 읽는 것
도 꼭 필요한 방법이다. 예전에는 학생들이 강의를 듣는 것보다 혼자 책을 읽는
것을 선호했는데, 요즘에는 그 반대로 된 듯한 느낌도 든다. 그만큼 교과서를
제대로 읽지 않는 경우가 많다. 그러나 자신만의 체계적인 지식을 확보하기 위
해서는 꼼꼼하게 교과서를 정독할 필요가 있다. 이때 중요한 것은 여러 권의 교
과서를 읽기보다는 한 권의 책을 여러 번 반복해서 읽는 게 더 효과적이라는
것이다. 얇고 넓게 공부하기보다는 좁고 깊게 공부하는 게 더 좋다는 것이다.[2]
물론 그렇다고 해서 공학법제에 관해서는 이 책이 최고라고 말하는 것은 아니
다. 경우에 따라서는 공학법제를 다루는 다른 책도 참고할 필요가 있다.

(5) 관련 논문 읽어보기

만약 여력이 된다면, 공학법제와 관련된 논문을 찾아 읽어보는 것도 공학
법제를 깊이 있게 이해하는 데 도움이 된다. 그러나 학부생 수준에서는 본격적
인 학술 논문을 읽는 게 쉽지는 않을 것이다. 그렇지만 만약 관심이 있고 공부
에 재미를 느낀다면 그리고 다른 공부에 방해가 되지 않는다면 본격적인 학술
논문을 읽어보는 것도 권하고 싶다. 저자 역시 법과대학 시절에 법학에 관한 논
문을 다양하게 읽어 보았는데, 그때 읽었던 것들이 지금 법학을 전공으로 연구

---

2 이 점을 강조하는 我妻榮, 조재석 (역), 『민법안내: 민법의 길』(육법사, 1989) 참고. 이 책에는 와
  가츠마 사카에(我妻榮) 교수 자신의 공부방법이 재미있게 실려 있다. 와가츠마 사카에 교수는 우
  리 민법학에도 지대한 영향을 미친 일본 민법학의 대가일 뿐만 아니라, 학업의 면에서도 그 어려
  운 일본 제1고등학교, 도쿄제국대학 법학부를 수석으로 일관한 시험공부의 대가이기도 하였다.
  여러 번 읽기를 강조하는 또 다른 책으로는 야마구치 마유, 류두진 (옮김), 『7번 읽기 공부법』(위
  즈덤하우스, 2014) 참고. 이외에도 법학, 특히 민법 공부방법에 관해서는 양창수, 『민법입문』(박
  영사, 2018) 참고.

하는 데 든든한 바탕이 되고 있다.

3. 공학적 사고와 법적 사고의 유사성

법학을 처음 접하는 공학도에게는 법학이 어렵고 낯설게 느껴질 수 있다. 그렇지만 너무 걱정하지 마시라. 공학과 법학, 공학적 사고와 법적 사고는 여러 모로 서로 닮았다. 따라서 공학적 사고를 능숙하게 구사하는 공학도라면 법적 사고 역시 쉽게 익힐 수 있을 것이다. 그 이유를 다음과 같이 말할 수 있다.

(1) 문제를 해결하는 학문

공학과 법학은 모두 문제를 해결하는 것을 중시하는 학문이다. 공학도라면 공학적 문제를 만났을 때 언제나 '솔루션'(solution)을 모색해야 하듯이, 법학도는 법적 문제를 만났을 때 법적 해결방법을 제시해야 한다. 사회에서 발생하는 법적 분쟁을 해결하지 못하는 법학은 그 의미가 없기 때문이다.

(2) 원리를 응용하는 학문

기초과학의 원리를 응용하는 학문이 공학인 것처럼, 법학 역시 기본적인 규범원리를 실제 법적 분쟁에 적용하는 학문이다. 따라서 공학을 잘 하기 위해서는 기초과학의 원리를 잘 알아야 하는 것처럼, 법학을 잘 하려면 기본적인 규범원리를 잘 이해하고 습득해야 한다. 법학은 크게 기초법학과 실정법학으로 구분된다.[3] 기초법학에서 기본적인 규범원리를 연구한다면, 실정법학에서는 이렇게 연구된 규범원리를 법을 만드는 과정에 반영하거나 실제 법적 분쟁을 해결하는 데 적용한다. 이때 기초법학이 기초과학에 대응한다면, 실정법학이 공학에 대응한다. "공학법제" 강의에서 다루는 법학은 주로 실정법학이다. 그렇지만 공학처럼 실정법학을 제대로 이해하고 체득하기 위해서는 이에 바탕이 되는 기초법학의 내용 역시 어느 정도는 파악하고 있어야 한다.

(3) 공부량이 많은 학문

공학과 법학은 공부량이 많은 학문이라는 점에서도 유사하다. 공학을 제대

---

[3] 이는 의학을 '기초의학'과 '임상의학'으로 구분하는 것과 유사하다.

로 배우기 위해서는 정말 공부를 많이 해야 하는 것처럼, 법학 역시 제대로 배우려면 정말 많은 것들을 배우고 익혀야 한다. 따라서 법학을 공부하려면 시간을 많이 투자해야 하고 성실하게 책상에 앉아 있어야 한다. 그 점에서 공학도가 법학을 공부하는 게 그다지 어렵지는 않을 것이다.

4. 이 책의 구성 및 서술 방식

이 책은 다음과 같이 구성된다. 제1장에서는 공학법제란 무엇인지, 공학법제를 어떻게 공부해야 하는지 등을 다룬다. 제2장에서는 우리가 일상생활을 하는 과정에서 만나는 법적 문제에는 무엇이 있는지 살펴본다. 제3장에서는 법이란 무엇인지, 정의란 무엇인지, 법의 효력이란 무엇인지와 같은 법의 기본 문제를 검토한다. 이 책에서 가장 어려운 부분에 속한다. 제4장에서는 우리 법체계 전반에서 중요한 비중을 차지하는 법을 선별하여 개관해 본다. 제5장에서는 과학기술과 법의 관계 및 특징 등을 간략하게 살펴본다. 제6장에서는 이 책에서 가장 중요한 지식재산권법을 다룬다. 바로 제6장에서 공학법제에 속하는 특허법, 실용신안법, 상표법, 디자인보호법, 저작권법을 살펴보는 것이다. 제7장에서는 창업을 하는 데 필요한 법적 문제와 지식에는 무엇이 있는지 알아본다. 제8장에서는 철강산업을 예로 들어 환경과 법의 문제를 검토한다. 마지막으로 제9장에서는 자동차에 관한 철학적·법적 문제 그리고 제4차 산업혁명과 법에 관한 쟁점을 스케치해 본다.

이 책은 법을 잘 모르는 공학도를 대상으로 한다는 점에서 공학법제에 관한 내용을 가능한 한 쉽게 서술하고자 하였다. '공학도를 위한 법학입문'이라는 성격에 맞게 각 내용을 다루고자 노력하였다. 따라서 좀 더 전문적인 내용을 알고자 한다면, 해당 분야의 전문서적을 참고하는 것이 바람직하다. 다만 주제에 따라서는 학술논문처럼 전문적으로 심도 깊게 다룬 부분도 있다. '법과 정의', '법의 효력'에 관한 부분 등을 예로 들 수 있다. 만약 내용이 어렵게 느껴진다면 해당 부분을 과감하게 건너뛰어도 무방하다. 나중에 흥미가 생기면 그때 정독해 보아도 큰 문제는 없다.

제 2 장

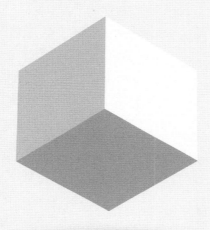

일상생활과 법

제2장은 공학법제에 본격적인 첫걸음을 내딛는 공간이다. 제2장에서는 우리의 일상생활이 얼마나 법과 밀접한 관련을 맺고 있는지를 보여준다. 이를 통해 현대사회에서 공학법제와 같은 법학 관련 과목을 접하는 게 얼마나 중요하고 필요한지를 논증하고자 한다.

사회가 있는 곳에 법이 있다

　필자가 법과대학에 다닐 때는 법학을 본격적으로 공부하기 위한 첫걸음으로 지금은 작고하신 곽윤직 교수님이 쓰신 『민법총칙』을 반드시 읽어야 했다.[1] 이 책은 다음과 같은 멋진 말로 시작된다. "사회가 있는 곳에 법이 있다."(Ubi societas ibi jus)[2] 그때는 라틴어 원어가 병기된 이 말이 멋있게 보이기만 했지, 이 말의 정확한 의미가 무엇인지 알기는 어려웠다. 이 말이 법 개념과 관련하여 여러 복잡한 의미를 지니고 있음을 알게 된 것은 법학에 재미를 붙이고 본격적으로 공부하기 시작한 이후이다. 여하간 "사회가 있는 곳에 법이 있다."는 법언(法諺)이 보여주는 것처럼 우리 사회는, 우리 삶은 법과 분리하여 생각하기 어렵다. 우리 삶의 많은 부분은 법과 관련을 맺는다. 흔히 사람들은 '자신은 법 없이도 살 수 있는 사람'이라고 말하는데 이는 법을 아주 좁게, 즉 법을 형법으로만 생각함으로써 저지르는 잘못된 주장이다. 우리가 일상적으로 살아가는 세계 그 자체가 법으로부터 자유롭지 않기 때문이다. 예를 들어, 우리는 태어나면 출생신고를 해야 하고 삶을 마감하면 사망신고를 해야 한다. 또한 결혼을 하게 되면 혼인신고를 해야 한다. 이사를 하게 되면 주민등록을 변경해야 하고, 집을

---

1 곽윤직 교수의 학문적 여정에 관해서는 우선 곽윤직, 『후암 민법논집』(박영사, 1991) 참고.
2 곽윤직, 『민법총칙』 신정판(박영사, 1990), 1쪽 참고.

사면 등기부에 이를 등기해야 한다. 이 모든 과정이 법, 그 중에서도 민법과 관련을 맺는다.[3] 그러니 이제는 자신은 법 없이도 살 수 있는 사람이라고 섣불리 말하지는 말자. 이러한 맥락에서 제2장에서는 우리가 일상생활을 해나가면서 또는 사회생활을 해나가면서 중요하게 만나게 되는 법에는 무엇이 있는지 살펴보고자 한다.

---

3 민법은 법 중에서 가장 기본이 되는 법이라 할 수 있다. 그래서 법을 공부할 때는 민법을 가장 먼저 그리고 가장 중요하게 공부한다. 현재 시행되는 '변호사시험'에서도 민법의 비중이 가장 크다.

부동산 거래와 관련되는 법

우리가 현실에서 가장 쉽게 만나는 법적 행위는 매매계약이다(민법 제563조). 그리고 고등학교를 졸업하고 대학에 입학해 가장 본격적으로 만나는 쉽지 않은 법적 문제로서 부동산 관련 문제를 들 수 있다. 이때 부동산이란 동산에 대비되는 개념으로서 땅이나 집처럼 움직이지 않는 재산을 말한다. '움직이지 않는 재산'이라는 의미에서 '부동산'(不動産)이라고 말한다. 민법은 부동산을 다음과 같이 규정한다. 먼저 민법 제99조 제1항은 "토지 및 그 정착물은 부동산이다."라고 정한다. 나아가 제2항은 "부동산이외의 물건은 동산이다."라고 말한다. 이에 따르면, 동산이 아닌 물건으로서 토지 및 그 정착물이 부동산인 것이다.[1] 이러한 부동산과 관련하여 일단 다음과 같은 문제를 생각해 보자.

여러분이 대학을 졸업하고 직장을 잡아 새로운 동네로 가게 되었다고 하자. 이때 여러분은 자기가 살아야 할 집을 구해야 한다. 집을 구하는 방법에는 크게 두 가지가 있다. 첫째는 집을 사는 것이다. 둘째는 집을 빌리는 것이다. 법, 더욱 정확하게 말해 민법에서는 첫 번째 경우를 부동산 매매라고 하고(민법 제563조), 두 번째 경우를 부동산 임대차라고 한다(민법 제618조). 부동산 임대차

---

1 이때 물건이란 민법에 따르면 "유체물 및 전기 기타 관리할 수 있는 자연력"을 말한다(제98조).

는 실제 거래에서는 다시 두 가지 방식으로 이루어진다. 첫 번째는 전세를 통해 부동산을 빌리는 것이고, 두 번째는 월세를 통해 부동산을 빌리는 것이다. 각각의 경우를 살펴보자.

1. 부동산 매매

자금이 충분하다면 자신이 원하는 부동산을 구입해서 이용하는 것이 좋을 것이다. 다시 말해 부동산의 집주인, 즉 소유자가 되는 것이다. 부동산은 매매계약을 통해 소유권을 취득할 수 있다. 여기서 매매계약이란 당사자 일방이 상대방에게 재산권을 이전할 것을 약정하고, 상대방이 이에 대한 대금을 지급할 것을 약정함으로써 성립하는 계약을 말한다(민법 제563조). 재산권을 넘겨주는 사람을 '매도인', 대금을 지급하고 넘겨받는 사람을 '매수인'이라고 부른다. 현재 우리는 집을 구하는 상황이므로 매수인의 관점에서 부동산 매매계약을 살펴보도록 하자.

부동산 매매계약을 체결하기 전에 우리는 크게 두 가지 점을 살펴보아야 한다. 첫째는 부동산 가격을 알아보는 것이다. 만약 아파트를 구입하고 싶다면, 아파트의 실제 거래가격인 '아파트 실거래가'를 확인해야 한다. 이에 관한 가장 기본적인 방법은 부동산 공인중개사 사무소를 찾아가 아파트 가격을 확인하는 것이다. 그런데 요즘에는 이에 관한 '어플'(Application)도 있어 이러한 어플에서 실거래가를 손쉽게 찾아볼 수 있다.

둘째는 부동산 매도인이 진짜 집주인, 즉 소유자가 맞는지 확인하는 것이다. 대개의 경우 집주인이 부동산 매도인이 된다. 하지만 간혹 자기 집이 아닌데도 마치 자기 집인 것처럼 속여 집을 파는 경우도 있다. 말하자면 사기를 치는 것이다. 이런 경우가 발생하면, 매수인은 거액의 대금을 지급하고도 집을 넘겨받지 못한다. 그러므로 부동산을 살 때는 부동산 매도인이 실제로 부동산을 소유하는 사람이 맞는지 확인해야 한다. 이는 부동산 등기부를 찾아봄으로써 확인할 수 있다.

2. 부동산 매매계약

목표로 하는 부동산 가격이 적정하고 등기부로 확인해 보니 부동산 매도인이 실제 소유자가 맞다면, 이제 해야 하는 일은 그 부동산 매도인과 매매계약을 체결하는 것이다. 매매계약은 매도인과 매수인이 서로에게 행하는 '청약'과 '승낙'이라는 의사표시의 합치로 성립한다. 우리 민법에 따르면, 매매계약은 이른바 '낙성계약'(諾成契約)으로서 당사자 간의 의사표시만으로 성립할 수 있다. 그렇지만 실제 거래관계에서는 부동산 중개인이 제공하는 계약서를 작성하는 방식으로 계약이 체결된다. 그리고 계약을 체결할 때는 보통 매매대금의 10%를 계약금으로 제공한다. 이 경우 매도인은 자신이 받은 계약금의 두 배를 매수인에게 제공함으로써 계약을 해제할 수 있고, 반대로 매수인은 자신이 제공한 계약금을 포기함으로써 매매계약을 해제할 수 있다(민법 제565조). 그렇지만 이렇게 매매계약을 해제하는 경우는 많지 않다. 보통은 계약을 유지하는 것이 서로에게 이익이 되기 때문이다.

자신이 봐둔 부동산이 여러모로 마음에 드는 경우에는 정식계약을 체결하기 전에 가계약을 체결하는 것도 좋다. 가계약은 마치 결혼을 약속하는 약혼처럼 본계약을 체결하기로 약속하는 계약을 말한다. 앞에서도 말한 것처럼, 정식계약은 매매계약서를 작성함으로써 체결되는 경우가 보통인데, 이 경우에는 계약을 체결하는 데 필요한 서류와 인감증명서 등을 준비해야 한다.[2] 이러한 서류 등이 다 갖추어지지 않은 경우를 대비하여 체결하는 것이 가계약인 것이다. 일단 당사자 간의 구두약속만으로 가계약을 체결하고 이를 보증하기 위해 전체 매매대금의 10%를 제공하는 경우가 많다. 다만 본계약과는 달리 가계약은 민법상 법적 근거를 갖고 있지는 않다.[3]

이외에 실제 부동산 매매에서는 중도금과 잔금을 지급하는 경우가 많다. 일반적인 현실매매에서는 매수인이 매매대금을 일시불로 지급하고 물건을 구입

---

2 인감증명서는 자신의 인감, 즉 도장이 진짜라는 점을 증명하는 서류를 말한다. 인감증명서는 자신이 인감으로 사용하려는 도장을 갖고 주민센터를 찾아가 등록한 다음 발급받을 수 있다.

3 대신 민법은 '일방예약'이라는 제도를 두고 있다(제564조). 이에 따르면, "매매의 일방예약은 상대방이 매매를 완결할 의사를 표시하는 때에 매매의 효력이 생긴다."(제1항)

하는 경우가 많지만, 부동산 매매에서는 부동산 매매대금이 고액인 경우가 많고, 또 부동산 소유권을 이전하기 위해서는 등기를 해야 하기에 매매대금을 계약금, 중도금, 잔금으로 나누어 지불하는 것이다. 경우에 따라서는 중도금을 생략하고 계약금과 잔금으로 나누어 매매대금을 지불하기도 한다. 보통 잔금을 지급하게 되면 이에 대한 반대급부로 등기를 이전해 준다. 그런데 등기이전은 당사자가 직접 하는 것보다 법무사에게 위임하는 경우가 많다. 수수료를 제공하고 등기관련 서류 일체를 법무사에게 제공하면, 법무사가 매수인에게 부동산 등기를 이전해 준다.

부동산 매매계약을 체결할 때는 다음과 같은 점을 반드시 확인해야 한다. 첫째, 내가 원하는 부동산의 실거래가를 정확하게 확인해야 한다. 경우에 따라서는 협상을 하여 내가 원하는 가격으로 만들 필요가 있다. 둘째, 부동산 등기를 통해 부동산 매도인이 실제 소유자인지를 확인해야 한다. 자신이 소유하는 부동산이 아닌데도 마치 자신의 소유인 것처럼 속여 매매계약을 체결하는 경우도 있기 때문이다. 셋째, 계약을 체결할 때 필요한 조건이나 내용은 반드시 계약서에 명시해야 한다. 상대방의 말만 믿고 마치 '좋은 게 좋은 거'라는 생각으로 계약을 체결하면 나중에 문제가 발생할 수 있다는 점을 명심해야 한다. 아울러 계약을 체결할 때는 상대방의 인감과 인감증명서도 반드시 확인해야 한다. 넷째, 매매대금의 잔금을 지불한 직후 곧바로 법무사를 통해 소유권 이전등기를 제대로 해야 한다. 잔금을 지불했는데도 등기를 제때 넘겨받지 못하거나 매도인이 잔금을 받자마자 은행을 통해 해당 부동산에 저당권을 설정한 후 해외 등으로 도피하는 경우도 다수 발생하기 때문이다.[4]

3. 부동산 임대차

부동산을 매수하기 위해서는 일반적으로 큰돈이 필요하기에 보통의 대학

---

4 여기서 저당권이란 "채무자 또는 제삼자가 점유를 이전하지 아니하고 채무의 담보로 제공한 부동산에 대하여 다른 채권자보다 자기채권의 우선변제를 받을 권리"를 말한다(민법 제356조). 부동산을 대상으로 하는 담보권의 가장 대표적인 형태이다. 우리가 대중매체에서 흔히 만나는 '부동산 담보대출'은 자신이 소유하는 부동산을 담보로 제공하여 저당권을 설정한 후 은행으로부터 대출받는 금융거래를 말한다.

생이라면 부동산을 임차하여 사용해야 한다. 앞에서도 언급한 것처럼, 부동산을 임차하는 방법에는 크게 두 가지가 있다. 첫째는 월세를 이용하는 것이고, 둘째는 전세를 이용하는 것이다.

월세는 원룸과 같이 가격이 그다지 비싸지 않은 부동산을 임차할 때 사용한다. 일정액을 보증금으로 지불하고 매달 월세, 즉 차임을 지급하면서 해당 부동산을 이용하는 방식이 바로 월세이다. 우리 민법이 규정하는 임대차는 바로 이러한 월세방식의 임대차를 뜻한다(민법 제618조). 서구에서 흔히 발견할 수 있는 임대차 방식이다.

이에 대해 전세는 우리나라의 고유한 임대차 방식에 해당한다. 미국이나 독일 같은 곳에서는 전세를 발견하기 어렵다. 부동산 매매대금의 70~80%에 해당하는 전세금을 일시금으로 지불한 후 월세를 지불하지 않으면서 일정 기간 동안 부동산을 임차하는 방식이 바로 전세이다. 나중에 전세계약이 종료되면, 임대인은 자신이 받은 전세금 전부를 임차인에게 돌려주어야 한다. 하지만 임대인은 전세계약이 존속하는 동안 전세금으로부터 이자수입을 얻을 수 있다. 이러한 이자수입이 월세를 대신하는 것이다.

이러한 전세는 다시 두 가지로 구분된다. 채권적 전세와 물권적 전세가 그것이다. 채권적 전세는 채권적 효력만을 갖는 전세를 말한다. 그 점에서 채권적 전세는 채권적인 효력만을 갖는 월세와 법적 효력의 면에서 동일하다. 따라서 채권적 전세는 전세계약 상대방, 즉 임대인에 대해서만 효력이 있을 뿐이다. 채권관계에 있지 않은 제3자에 대해서는 채권적 전세의 효력이 미치지 않는다. 이에 반해 물권적 전세는 민법이 규정하는 물권의 일종으로서 물권적 효력을 갖는다(민법 제303조). 이는 전세의 상대방뿐만 아니라 제3자에 대해서도 전세의 효력을 주장할 수 있음을 뜻한다. 전세권자가 이러한 물권적 전세를 취득하기 위해서는 전세등기를 해야 한다. 우리 민법은 부동산에 대해서는 등기를 해야만 비로소 그에 대한 물권을 취득할 수 있다고 규정하기 때문이다(민법 제186조).

전세를 구할 때는 다음과 같은 점에 주의해야 한다. 첫째, 전세 들어갈 집의 등기부를 확인해야 한다. 이때 등기부의 '을(乙)구'를 찾아 집에 저당권이 설정되어 있는지 확인해야 한다. 전세를 구할 때는 등기부의 '을구'가 깨끗한 집,

즉 저당권 등이 설정되어 있지 않은 집을 구해야 한다. 둘째, 집주인, 즉 집 소유자와 직접 전세계약을 체결해야 한다. 셋째, 집주인의 동의 아래 물권적 효력을 갖는 전세권 설정을 해야 한다.

등기에 전세권 설정을 하는 것은 크게 두 가지 목적을 지닌다. 먼저 전세권 설정등기를 함으로써 모든 사람으로부터 안전하게 전세권을 이용할 수 있다. 나아가 전세의 경우에는 보통 전세금이 고액인 때가 많으므로, 전세권 설정등기는 전세금을 담보하는 기능도 수행한다. 따라서 전세기간이 종료하여 전세 목적물인 부동산을 돌려주어야 하는 경우에 전세권자는 집주인으로부터 전세금을 돌려받기 전까지 전세권 설정등기를 풀지 말아야 한다. 만약 집주인이 전세금을 계속 돌려주지 않는 경우에는 전세권자는 「민사집행법」이 정하는 바에 따라 전세권의 목적이 되는 부동산에 대해 경매를 청구할 수 있다(민법 제318조). 그리고 이러한 경매를 통해 받은 금액으로 자신의 전세금을 우선해서 변제받을 수 있다(민법 제303조 제1항).

월세를 구할 때는 다음에 주의해야 한다. 첫째, 월세 계약서를 정확하게 작성하고 계약일자를 정확하게 기재해야 한다. 둘째, 「주택임대차보호법」이 정한 보호를 받을 수 있도록 주민센터를 방문해 주민등록을 해당 주택의 주소로 이전하고 계약서에 확정일자를 받아야 한다. 확정일자는 주민센터 담당 공무원에게 부탁하면 쉽게 받을 수 있다. 셋째, 혹시라도 월세 대상 주택이 제3자에 의해 경매가 될 때 여기에 어떻게 대처해야 하는지 알아 두어야 한다. 특히 경매가 이루어지면, 내가 받을 수 있는 돈은 원칙적으로 1/n에 불과하다는 것을 명심해야 한다.[5]

4. 부동산 등기부

여기서 잠깐 부동산 등기부에 관해 살펴보자. 부동산 등기부는 부동산 거래를 할 때 아주 중요한 역할을 한다. 부동산 등기부는 부동산에 관한 물권적

---

5 다만 월세 대상 주택의 주소로 가장 먼저 주민등록을 이전하고 확정일자를 받게 되면 「주택임대차보호법」에 따라 마치 물권적 전세처럼 그 누구보다 가장 우선해서 자신의 보증금을 변제받을 수 있다(제3조 제1항).

관계를 그 누구나 알아볼 수 있도록 국가가 만든 공적 장부에 해당한다. 달리 말해, 부동산에 관한 물권적 관계를 제3자에게 공시하기 위해 만든 공적 장부가 바로 부동산 등기부인 것이다. 우리 민법은 이른바 '성립요건주의'를 취하기에 이를테면 소유권 이전관계를 부동산 등기부에 표시하지 않으면, 아무리 부동산 거래 당사자 사이에서는 소유권을 이전하기로 합의하였다 하더라도 소유권이 매수인에게 이전하지 않는다(민법 제186조). 그 때문에 부동산 거래를 할 때는 언제나 부동산 등기부를 꼼꼼하게 확인해야 한다.

  부동산 등기부를 실제로 떼보면 알 수 있듯이, 등기부는 세 가지 부분으로 구성된다. '표제부'와 '갑구' 및 '을구'가 그것이다. 첫째, 표제부는 부동산의 주소나 지번과 같은 기본정보를 표시한다. 비유해서 말하면, 부동산의 기본 인적사항을 보여주는 곳이 바로 표제부인 셈이다. 둘째, 갑구는 부동산의 소유권 관계를 표시한다. 누가 해당 부동산을 소유했는지, 현재 소유자는 누구인지를 보여주는 곳이 갑구이다. 요컨대, 갑구는 부동산에 관한 소유권 및 소유자의 역사를 보여주는 지면인 것이다. 셋째, 을구는 부동산의 제한물권을 표시한다. 해당 부동산에 어떤 전세권이나 저당권 등이 설정되었고, 또 현재 그 부동산에 전세권이나 저당권이 설정되어 있는지를 보여주는 부분이 바로 을구이다. 따라서 부동산을 사고자 하는 사람은 그 부동산 등기부의 갑구를, 전세를 얻고자 하는 사람은 그 부동산의 을구를 유심히 살펴보아야 한다.

제3절

신용카드 제대로 쓰기

1. 신용카드란 무엇인가?

현대사회는 '현금 없는 사회'라고 부를 만큼 실제 거래에서 현금을 사용하는 경우가 많지 않다. 그 대신 상당수의 사람들은 신용카드를 이용해 거래를 하고 결제를 한다. 현금 대신 신용카드를 사용하는 현상은 특히 우리나라에서 두드러지게 나타난다. 왜냐하면 우리나라는 각종 거래를 투명하게 함으로써 지하경제를 양성화하고 조세수입을 확보하기 위해 연말정산을 할 때 신용카드 사용액에 대해 세금공제를 해주기 때문이다. 달리 말해, 국가가 나서서 신용카드를 사용하도록 장려하고 있는 것이다. 그 때문에 심지어 편의점 등에서 천원 이하의 물건을 살 때도 신용카드로 결제를 하고는 한다.

그러면 신용카드란 무엇인가? 쉽게 말하면, 신용카드는 신용카드 발급회사가 신용카드 소지자에게 제공하는 신용의 증서라고 할 수 있다. 신용카드 소지자는 이러한 신용을 바탕으로 하여 신용카드 가맹점인 가게에 가서 신용카드를 제시하는 것만으로 물건 등을 구입하거나 서비스를 제공받을 수 있다. 신용카드를 제시함으로써 일정 기간 동안, 통상 한 달 정도 거래대금을 지불해야 하는 의무를 유예 받는 것이다. 대신 신용카드 가맹점 가게는 신용카드 발급회사로부터 거래대금을 받는다. 이때 신용카드 발급회사는 일정 부분의 수수료를 공제하고 거래대금을 지불한다. 그리고 나선 신용카드 발급회사는 신용카드 결제일에 신용카드 소지자로부터 그동안 유예한 거래대금을 청구하여 받는다.

여기서 알 수 있듯이, 신용카드 회사는 신용카드 가맹점에게 물건 값 등을 대신 지급할 때 수수료를 일정 부분 받는 것으로 이익을 얻는다. 또한 신용카드를 이용하도록 하면 현금을 이용하는 경우보다 과소비를 유도할 수 있다. 이는 그만큼 신용카드 회사의 수수료 이익이 증가한다는 것을 뜻한다. 그 때문에 신용카드 회사들은 신용카드로 각종 신용을 제공할 뿐만 아니라 각종 무이자 할부나 포인트 제공, 제휴할인 등과 같은 다양한 혜택을 신용카드 소지자에게 제공한다. 그러나 이는 말 그대로 공짜가 아니다. 신용카드 회사에게 이익이 되기에 그렇게 하는 것이다. 신용카드 소지자는 마치 큰 혜택을 받는 것처럼 느낄 수 있지만, 이는 전혀 공짜가 아니라는 점을 명심해야 한다. 따라서 신용카드는 정말 신중하게 사용해야 한다.

2. 신용카드 제대로 쓰기

그러면 신용카드는 어떻게 사용하는 것이 바람직할까? 첫째, 신용카드가 지금 내게 필요한지 고민해야 한다. 신용카드는 내게 도움이 되기도 하지만, 결과적으로는 과소비를 유발하기에 내게 손해가 되는 경우도 많다. 이는 반대로 신용카드를 발급해 주는 것이 신용카드 회사에게 이익이 된다는 것을 뜻한다. 그 때문에 신용카드 회사는 각종 무이자 할부나 포인트 제공, 연회비 면제 등과 같은 다양한 유인책을 제공하는 것이다. 따라서 지금 내가 처한 경제적 상황에서 볼 때 신용카드를 이용하는 게 진정 이익이 되는지 냉정하고도 합리적으로 따져보아야 한다.

둘째, 신용카드를 발급받기로 했다면 신용카드 회사로부터 신용카드를 정확하게 받아야 한다. 신용카드는 보통 등기우편으로 송부되는데, 가장 좋은 방법은 자신이 직접 받는 것이다. 사정이 있어 그게 어렵다면, 믿을 만한 사람에게 대신 받아달라고 부탁해야 한다. 그렇지만 역시 가장 좋은 방법은 자신이 직접 받는 것이다.

셋째, 신용카드에 사용한도를 적절하게 설정하는 게 필요하다. 특히 아직 독자적인 경제생활을 하지 않는 학생의 경우에는 신용카드 한도를 냉정하게 설정해야 한다. 신용카드로 물건을 구입하는 것은 결코 공짜가 아니라는 것을 명심해야 한다. 신용카드를 사용할 때는 기분이 좋지만, 결제일에는 큰 부담과 불행이 찾아올 수 있다는 사실에 주의해야 한다.

넷째, 신용카드는 분실 또는 도난당하는 경우도 있으므로, 이러한 경우 어떻게 대처해야 하는지 미리 알아두어야 한다. 가장 먼저 해야 할 일은 신용카드 회사에 분실 또는 도난신고를 하는 것이다.

다섯째, 비밀번호와 같은 신용카드 정보가 침해되어 부정하게 사용되는 경우도 많으므로 이에 대한 대처방법도 미리 알고 있어야 한다. 평소 비밀번호가 타인에게 노출되지 않도록 신경 써야 하고, 비밀번호도 자신의 개인정보와 유사하지 않은 것으로 설정해야 한다.

여섯째, 신용카드 가맹점들도 신용카드가 적법하고 정당하게 사용될 수 있도록 협력해야 한다. 예를 들어, 신용카드 소지자가 신용카드를 사용할 때 그 신용카드가 정당하게 사용되고 있는지 확인해야 한다. 가령 신용카드 명의인과 실제 사용자가 동일한지 확인할 필요가 있다. 신용카드 뒷면에 있는 서명을 확인하는 것도 한 가지 방법이 될 것이다. 다만 요즘에는 서명을 생략하는 경우도 많아 주의할 필요가 있다.

금융거래 제대로 알기

금융거래는 우리가 가장 손쉽게 만날 수 있는 법적 행위 가운데 한 예에 속한다. 대학생이 되거나 대학을 졸업하고 직장인이 되어 경제활동을 시작하게 되면, 금융거래에 관심을 기울여야 한다. 금융거래는 부동산 거래와 더불어 가장 중요한 재테크 수단이 되기도 하기 때문이다.

1. 은행거래

은행거래는 가장 대표적인 금융거래에 해당한다. 그만큼 우리에게 친숙한 거래이기도 하다. '부자가 되려면 부지런히 저축을 해야 한다.'는 말이 강조되는 것처럼, 저축으로 대변되는 은행거래는 우리 생활 깊숙이 파고들어와 있다.

은행거래를 법적으로 말하면, 이는 민법상 소비임치에 해당한다(민법 제702조).[1] 소비물에 해당하는 금전을 은행이 보관하도록 하는 것이다. 보통 임치계약에서는 물건을 맡기는 임치인이 물건을 보관하는 수치인에게 차임을 지급해야 하지만, 은행거래에서는 그 반대로 보관자인 은행이 금전임치인에 해당하는

---

[1] 민법 제702조는 "소비임치"라는 표제 아래 다음과 같이 규정한다. "수치인이 계약에 의하여 임치물을 소비할 수 있는 경우에는 소비대차에 관한 규정을 준용한다. 그러나 반환시기의 약정이 없는 때에는 임치인은 언제든지 그 반환을 청구할 수 있다."

예금자에게 이자를 지급한다. 은행은 자신이 보관하는 금전을 활용하여 더 큰 이익을 내기 때문이다.

은행거래는 크게 예금과 적금으로 구분된다. 예금은 일정한 액수의 금전을 일정한 기간 동안 보관시키는 것인 반면, 적금은 특정한 액수의 금액을 목표로 하여 일정한 기간 동안 매달 정기적으로 일정액의 금전을 보관시키는 것을 말한다. 이를 달리 '납입'이라고도 부른다. 예금은 다시 보통예금과 정기예금으로 나뉜다. 보통예금은 기간을 정하지 않아 예금자가 언제든지 금전을 인출할 수 있는 예금인데 반해, 정기예금은 기간을 정하여 그 기간 동안에는 예금자가 금전을 인출할 수 없도록 하는 예금을 말한다. 우리가 은행거래를 할 때 가장 먼저 그리고 손쉽게 만나는 거래가 보통예금이다. 이를 '당좌예금'(當座預金)이라고 부르기도 한다.[2] 보통예금은 언제든지 금전을 입금하고 인출할 수 있는 장점이 있는 반면, 이자가 극히 낮다는 단점이 있다. 거의 없다고 해도 과언이 아니다. 반면 정기예금은 특정 기간 동안 금전을 인출할 수 없는 반면 이자가 상대적으로 높다. 이러한 정기예금과 정기적금은 한때 원금손실을 입지 않으면서도 꽤 높은 이자를 받을 수 있어 아주 유용한 재테크 수단으로 애용되었다. 그러나 이자가 아주 낮은 이른바 '초저금리 시대'인 오늘날에는 과거의 영광을 잃어버린 편이다.

은행에서 거래를 할 때는 다음에 주의해야 한다. 첫째, 내가 가입하고자 하는 은행상품이 예금인지, 아니면 적금인지 분명하게 확인해야 한다. 둘째, 내가 가입하려는 상품이 「예금자보호법」의 보호대상인지 파악해야 한다.[3] 셋째, 내가 거래하고자 하는 은행이 제1금융권, 제2금융권, 제3금융권 중에서 어디에 속하는지 확인해야 한다. 왜냐하면 금융권에 따라 이자율도 다를 뿐만 아니라, 어디와 거래를 하는지가 이용자의 신용등급에도 영향을 미치기 때문이다. 여기서

---

2 '당좌예금'은 영어인 'current account'를 일본인이 번역한 것을 우리가 받아들여 쓰는 개념이다. 이때 '당좌'는 '현재 개설되어 있는 계좌'를 뜻한다. 영어 'current account'를 그대로 번역한 것이다. 다만 '당좌'라는 말은 일본인들에게는 일상적으로 쓰이는 말이지만, 우리에게는 이제는 낯선 개념이라는 점에서 '보통예금'이라는 우리말로 바꾸어 쓰는 것이 바람직하다고 생각한다.
3 「예금자보호법」이란 "금융회사가 파산 등의 사유로 예금 등을 지급할 수 없는 상황에 대처하기 위하여 예금보험제도 등을 효율적으로 운영함으로써 예금자 등을 보호하고 금융제도의 안정성을 유지하는 데에 이바지함을 목적"으로 하는 법을 말한다(제1조).

제1금융권은 일반적인 은행, 제2금융권은 저축은행, 제3금융권은 각종 대부업체를 떠올리면 된다.[4]

2. 보험

은행거래와 함께 일상생활에서 쉽게 접하는 금융거래가 보험이다. 보험이란 쉽게 말해 특정한 위험이 실현될 때를 대비하여 일정액의 보험료를 정기적으로 납부한 후 특정한 위험이 실현되었을 때 보험금을 받을 수 있도록 하는 제도를 말한다. 보험은 보험계약을 통해 성립한다(상법 제638조).[5] 이때 보험에 가입한 사람을 '보험계약자'라고 하고, 보험금을 지급하는 사람이나 회사를 '보험자'라고 부른다. 보험계약에 관해서는 상법이 이를 규율한다.[6] 보험은 크게 생명보험, 상해보험, 질병보험, 손해보험, 책임보험으로 구분할 수 있다. 상법은 이 중에서 생명보험, 상해보험, 질병보험을 묶어 '인보험'이라고 부른다.[7]

(1) 생명보험

생명보험이란 자신 또는 자기 가족의 생명이 침해되는 경우를 대비하는 보험을 말한다(상법 제730조). 가장 대표적인 인보험에 해당한다. 생명보험은 피보험자의 생명이 사고 등으로 침해되는 것을 조건으로 한다. 따라서 생명보험계약을 체결한 경우에는 위험이 현실화될 때 피보험자의 가족이 수익자로서 보험금을 받게 된다.[8] 이 때문에 종종 생명보험과 관련된 범죄가 발생하기도 한다. 예를 들어, 가족이 보험금을 받기 위해 피보험자를 사고로 위장하여 살해하는 경우가 그것이다. 자신의 가족에게 보험금을 남겨주기 위해 스스로 목숨을 끊는 경우도 발생한다. 이처럼 생명보험은 보험금의 액수가 큰 경우가 많아 보험사고가 발생하였을 때 목돈을 만들 수 있다. 이렇게 생명보험은 자신보다 자신

---

4 이른바 '일수'와 같은 불법사채는 제3금융권에도 해당하지 않는다.
5 상법 제638조에 따르면, "보험계약은 당사자 일방이 약정한 보험료를 지급하고 재산 또는 생명이나 신체에 불확정한 사고가 발생할 경우에 상대방이 일정한 보험금이나 그 밖의 급여를 지급할 것을 약정함으로써 효력이 생긴다."
6 상법 제4편 참고.
7 상법 제4편 제3장 참고.
8 상법은 이때 '위험이 현실화'되는 것을 '보험사고가 생기는 경우'라고 부른다. 상법 제730조 등 참고.

의 가족에게 이익이 된다는 점에서 가족을 위해 한 개쯤 가입하는 경우가 많다. 생명보험에 가입할 때는 보험조건, 즉 보험약관을 꼼꼼하게 읽어보고 마음에 드는 보험회사를 선택한 후 가입해야 한다. 보험회사는 절대 손해를 보려 하지 않는다는 점에 주의해야 한다.

(2) 상해보험

상해보험이란 피보험자의 신체에 상해가 발생하는 경우를 대비하는 보험을 말한다(상법 제737조). 상해보험 역시 상법상 인보험에 속한다. 자신 또는 자신의 가족에게 상해라는 보험사고가 발생하는 경우를 대비하는 보험이라는 점에서 생명보험과 그 구조가 비슷하다. 다만 우리가 일상생활에서 쉽게 만나는 보험상품을 보면, 상해보험만을 취급하는 경우는 그다지 많지 않다. 보통은 상해보험과 손해보험을 함께 취급하는 보험상품을 만나는 경우가 더 많다. 이러한 예로 우리가 해외여행을 할 때 공항 등에서 가입하는 여행자보험을 들 수 있다.

(3) 질병보험

질병보험은 피보험자에게 질병이라는 보험사고가 발생하는 경우를 대비하는 보험을 말한다(상법 제739조의2). 질병보험 역시 상법이 규정하는 인보험에 해당한다. 이러한 질병보험의 대표적인 예로 우리가 의무적으로 가입하는 국민건강보험을 들 수 있다. 국민건강보험 덕분에 우리는 질병으로 인한 치료비나 입원비 등에 관해 혜택을 받을 수 있기 때문이다. 현재 우리나라가 마련하고 있는 의료보험시스템은 선진국의 그것과 비교해도 꽤 훌륭한 것으로서 다양한 측면에서 환자들을 지원한다.

국민건강보험과 관련된 것으로서 태아보험을 언급할 필요가 있다. 태아보험은 태아로서, 다시 말해 미숙아로 조기출산 되었을 때 발생하는 위험에 대비하는 보험을 말한다. 미숙아가 생존하기 위해서는 인큐베이터에 들어가야 하는데, 안타깝게도 인큐베이터를 이용하는 비용은 아주 고가이다. 따라서 인큐베이터 비용을 개인이 전적으로 지불하는 것은 아주 큰 부담이 될 수 있다. 바로 이 때문에 태아보험이 필요한 것이다. 다만 현재 우리나라가 갖추고 있는 의료보장 시스템은 상당히 좋아져 태아를 포함한 유아에 대한 혜택이 늘어났다는 점은 언급할 필요가 있다.

(4) 손해보험

손해보험이란 자신 또는 가족에게 재산상 손해라는 보험사고가 발생하는 경우를 대비하는 보험을 말한다(상법 제665조). 상법이 여러 보험 중에서 가장 먼저 그리고 가장 비중 있게 규정하는 보험이다. 그 이유는 아마도 손해보험이 가장 전형적인 보험으로서 우리 일상생활에서 자주 이용되기 때문일 것이다. 손해보험은 재산상 손해라는 물질적 위험에 대비한다는 점에서 사람에게 발생하는 생명침해, 상해, 질병이라는 신체적 위험에 대비하는 인보험과 구별된다. 그러나 앞에서도 언급한 것처럼, 일상생활에서는 손해보험과 상해보험 등이 결합되어 판매되는 경우가 많다. 이러한 예로 화재보험이나 여행자보험 등을 들 수 있다. 손해보험은 실제 생활에서 아주 중요하기에 상법은 제4편 제2장에서 이를 비중 있게 다루면서 손해보험에 해당하는 화재보험(제2절), 운송보험(제3절), 해상보험(제4절), 책임보험(제5절), 자동차보험(제6절), 보증보험(제7절)을 각각 독자적으로 규정한다.

(5) 책임보험

책임보험이란 나의 책임으로 타인의 생명을 침해하거나 손해를 야기하는 경우를 대비하는 보험을 말한다(상법 제719조). 책임보험은 손해보험의 일종이다. 우리가 실제 생활에서 쉽게 만나는 책임보험의 대표적인 예로서 자동차보험을 들 수 있다.[9] 자동차보험은 자동차를 소유하는 사람이라면 반드시 가입해야 하는 의무보험이다. 자동차보험에 가입해야만 자동차를 운행할 수 있다. 자동차보험은 매 1년마다 갱신한다.

자동차보험은 크게 세 가지 담보로 구성된다. 대인배상담보와 대물배상담보 및 자기차량손해담보가 그것이다. 대인배상담보는 자신의 고의나 과실에 의

---

9 다만 우리 상법은 일상생활에서 자동차보험이 차지하는 비중을 고려하여 이를 책임보험과 구별하여 별도로 규정한다. 이를테면 상법은 제4편 제2장 제5절에서 책임보험을, 제6절에서 자동차보험을 규정한다.

한 자동차 운전으로 타인에게 인적 손해를 야기한 경우에 적용되는 배상담보이다. 쉽게 말하면, 이 경우 원래는 내가 타인이 입은 인적 손해를 직접 배상해야 하지만, 자동차보험으로 설정한 대인배상담보에 따라 보험회사가 대신 손해배상금을 지급하도록 하는 것이다. 내가 직접 부담해야 하는 대인배상을 보험회사가 대신하는 것을 담보한다는 의미에서 '대인배상담보'라고 부른다. 대물배상담보는 자신의 고의나 과실에 의한 운전으로 인하여 타인에게 물적 손해를 야기한 경우에 적용되는 배상담보이다. 예를 들어, 내가 운전을 하던 중에 과실로 다른 사람의 자동차를 손상시켰을 때 대물배상담보가 적용된다. 마지막으로 자기차량손해담보는 자신의 과실로 자신의 자동차에 손해를 입혔을 경우 적용되는 손해담보이다.

자동차보험에 가입할 때는 다음과 같은 점에 주의해야 한다. 첫째, 자동차보험에 관해서는 다양한 자동차보험회사가 경쟁하고 있으므로, 각 보험회사가 제공하는 가격과 서비스를 면밀하게 비교해야 한다는 것이다. 둘째, 최근 수입차 사고가 증가하고 있고, 수입차의 경우에는 아주 고가인 경우도 많으므로 대물배상담보의 한도를 높이는 게 바람직하다는 것이다.

(6) 연금보험

이외에 특별히 언급해야 할 보험으로 연금보험이 있다. 생명보험이나 손해보험, 책임보험 등은 위험이 현실화되었을 때 비로소 보험금이 지급되는 반면, 연금보험은 노후를 대비하기 위한 보험으로 특정한 나이가 되면 보험금이 지급되기 시작한다. 생명보험이나 손해보험의 경우 위험이 현실화될 것인가 여부는 불확실하고 사실 보험계약자나 피보험자의 입장에서는 이러한 위험이 현실화되지 않는 것이 더욱 바람직하다. 보험금을 받는 것보다는 생명이 침해되지 않거나 재산상 손해를 입지 않는 것이 더욱 좋기 때문이다. 이에 반해 나이를 먹는 것은 그 누구도 피할 수 없는 일이다. 따라서 연금보험의 경우에는 보험계약으로 설정한 나이까지 살아 있기만 하면 반드시 보험금을 받을 수 있다. 그 점에서 연금보험은 저축이나 연금제도와 유사하다. 다만 연금보험은 다음과 같은 점에서 연금제도와 구별된다. 연금은 국가나 공공단체가 법에 따라 운용하는 제도로서 이러한 연금으로는 국민연금, 공무원연금, 군인연금, 사학연금을 들 수 있다. 이에 비해 연금보험은 민간기업이 운용하는 것으로서 연금과 유사한 기능을 수행하는 보험이라 말할 수 있다.

앞에서 언급한 것처럼 연금보험은 저축과도 비슷한데, 그 중에서도 정기적금과 비슷하다. 일정한 기간 동안 매달 일정액의 연금보험료를 납부해야 하고, 예정된 나이(보통은 만 65세)가 되면 그동안 적립하였던 보험금(원금＋이자)을 일시금이나 연금 형태로 받을 수 있도록 하는 것이 연금보험이기 때문이다. '고령화사회'를 넘어서 '초고령화사회'로 접어들고 있는 우리 사회에서는 앞으로 퇴직 이후에 펼쳐질 삶을 경제적으로 보장할 필요가 있기에 연금보험은 그 무엇보다도 중요한 보험이라고 말할 수 있다.

이처럼 연금보험은 노후를 대비하는 적금으로 볼 수 있기에 적극 활용하는 것이 필요하다. 국가 역시 연금보험의 중요성을 알고 있어 연금보험에 가입하는 경우에는 연말정산을 할 때 세금공제 혜택을 제공한다. 연금보험은 연금저축보험과 개인연금저축보험으로 구분되는데, 연금저축보험의 경우에는 연 400만원까지, 개인연금저축보험의 경우에는 연 300만원까지 세금공제 혜택을 제공한다.

3. 연말정산

금융거래는 아니지만, 매달 수익을 얻고 세금도 내야 하는 직장인이라면 매년 반드시 거쳐야 하는 연말정산에 관해 살펴볼 필요가 있다. 연말정산이란 쉽게 말해 내가 한 해 동안 번 소득과 이에 대한 세금이 얼마인지를 확정하는 절차를 말한다. 이른바 월급쟁이, 즉 근로소득자는 매달 월급을 받을 때 세금을 공제한 월급을 받는데(이를 '원천징수'라고 한다), 이때 원천징수로 공제한 세금은 확정된 것이 아니라 잠정적인 것이다. 왜냐하면 소득이 아직 확정되지 않았기 때문이다. 소득이 확정되려면, 내가 일 년 동안 번 소득에서 내가 이 소득을 벌기 위해 지출한 필요경비를 공제해야 한다. 예를 들어, 내가 일 년 동안 1,000만원을 벌었는데, 이 1,000만원을 벌기 위해 재료구입비 등으로 100만원의 경비를 지출했다면, 순수한 소득은 900만원이 되는 것이다. 따라서 세금은 1,000만원이 아닌 900만원을 기준으로 하여 부과되어야 한다. 국가는 필요경비 이외에도 정책적인 목적으로 다양한 공제혜택을 제공한다. 이때 공제혜택은 소득공제와 세액공제로 구분된다. 소득공제는 필요경비 공제의 일종으로 순수한 소득을 확정하는 과정에서 사용되는 공제를 말한다. 세액공제는 확정된 세금에 적용되는 공제를 말한다. 국민연금이나 생명보험, 손해보험, 책임보험을 위해 납부한 보험료나 연금보험을 위해 납부한 보험료, 신용카드 사용액, 의료비 사용액, 기부금 등이 소득공제나 세액공제로 사용된다.[10]

　　따라서 가능한 한 세금을 합리적으로 내기 위해서는 이렇게 소득공제나 세액공제와 관련하여 제공되는 각종 혜택을 적절하게 활용하는 것이 중요하다. 이를 '세테크'라고도 부른다. 이에 관한 방법으로는 신용카드보다는 체크카드나 현금영수증을 사용하는 것을 들 수 있다. 또한 자가용을 이용하는 것보다 대중교통을 이용하고 마트보다 전통시장을 이용하는 것도 좋은 방법이 된다. 선의의 기부를 하는 것도 좋은 방법이다. 물론 신용카드를 많이 사용하는 것도 공제혜택을 받을 수 있는 방안이기는 하지만 이는 한시적인 방법에 지나지 않는다. 연금보험에 가입하는 것도 좋은 방법이 된다. 맞벌이 부부의 경우에는 어느 쪽에 공제혜택을 몰아주는 것이 유리한지 검토할 필요가 있다.

---

10 무엇을 소득공제로 보고 무엇을 세액공제로 볼 것인가 여부는 정책적인 목적과 필요에 따라 달라진다.

제5절

자동차 운전하기

대학생이 되거나 사회생활을 시작하면 자동차를 운전해야 할 때가 생긴다. 서울 같은 대도시에 살면 지하철이나 버스와 같은 대중교통이 잘 되어 있어 굳이 운전을 하지 않아도 크게 불편하지 않다. 그렇지만 서울 이외의 지역에서 살게 되면 아무래도 자동차를 운전해야 할 필요가 생긴다. 아래에서는 자동차 운전과 관련한 법적 문제를 간략하게 언급하도록 한다.

1. 운전면허 취득하기

자동차를 운전하기 위해서는 운전면허를 취득해야 한다. 자동차 운전에 관한 전문적인 능력을 확보해야 하는 것이다. 현행 「도로교통법」 제82조 제1항 제1호에 따르면, 만 18세 이상이 되어야 운전면허를 취득할 수 있다. 만 18세 이상이 되어야 운전면허 시험을 볼 자격이 주어지는 것이다.

2. 자동차 구입하기

자동차를 운전하기 위해서는 자신을 위한 자동차가 있어야 한다. 자동차를 마련하는 방법에는 두 가지가 있다. 첫째는 자동차를 구입하는 것이다. 둘째는 자동차를 렌트하는 것이다. 자동차를 구입하는 것은 자신만의 자동차를 소유하게 되는 것이므로 좀 더 마음껏 자동차를 운전하는 데 도움이 된다. 그렇지만 자동차는 비싼 물건이기에 직장인이 아닌 대학생이 자동차를 구입하는 것은 결코 쉽지 않다.

자동차를 구입하는 방법에는 두 가지가 있다. 첫째는 새 차를 구입하는 것이다. 이는 많은 사람들이 이용하는 방법이다. 새 차의 경우에는 가격이 확정되어 있는 때가 많고 대부분 품질에도 문제가 없기에 비교적 마음 편히 자동차를 구입할 수 있다. 다만 새 차라 할지라도 때로는 문제가 있을 수 있으므로, 자동차를 구입할 때는 보증기간이 언제까지인지, 무상 서비스에는 무엇이 있는지, 이는 언제까지 받을 수 있는지 등을 확인해 두어야 한다. 특히 외제차를 구입할 때는 자동차 딜러에 따라 가격을 대폭 할인받을 수도 있고, 다양한 서비스를 제공받을 수 있으므로 이를 잘 챙겨두어야 한다.

둘째는 중고차를 구입하는 것이다. 중고차를 구입하는 경우에는 잘만 하면 '가성비' 좋은 차를 구할 수 있기에 합리적인 소비를 하는 사람들에게 적극 추천할 만하다. 그러나 중고차 시장의 경우에는 허위매물이나 품질이 불량한 자동차가 판매되는 때가 많기에 미리 중고차 시장의 특성을 꼼꼼하게 공부한 후 중고차 매매를 시도하는 것이 바람직하다. 신뢰할 만한 중고차 딜러를 찾아보는 것도 필요하다.

3. 자동차 렌트하기

자동차는 렌트해서 운전할 수도 있다. 요즘에는 '자동차 소유'에서 '자동차 공유'로 흐름이 바뀌고 있어 자동차를 렌트하는 게 어렵지 않다. '쏘카'나 '그린카' 같은 자동차 공유서비스도 활성화되고 있어 손쉽게 그리고 상대적으로 저렴한 가격으로 자동차를 렌트할 수 있다. 자동차에 관심이 많은 사람이라면 이러한 자동차 공유서비스를 이용해서 다양한 종류의 자동차를 체험해볼 수도 있다.

자동차를 렌트할 때는 다음과 같은 점에 주의해야 한다. 먼저 약관이나 계약서를 면밀하게 읽어보아야 한다. 특히 자동차 사고가 나거나 자동차에 문제가 발생하였을 때 이에 대한 책임 문제를 어떻게 규율하고 있는지 꼼꼼하게 따져보아야 한다. 다음으로 자신에게 맞는 자동차 보험에 가입해야 한다. 책임보험은 반드시 가입해야 하는 것이기에 선택할 수 없지만, 그밖에 자신이 선택할 수 있는 자동차 보험도 있다. 그런데 사람에 따라서는 아깝다는 이유로 선택사항에 해당하는 자동차 보험에 가입하지 않는 경우도 있다. 그렇지만 혹시라도 모를 사고를 생각한다면, 이는 필수적으로 부담해야 하는 비용으로 생각하는 것이 바람직하다. 말 그대로 보험이기 때문이다. 나아가 자동차 렌트업자가 믿을 만한 사업자 또는 회사인지 냉정하게 검토해야 한다. 자동차를 렌트할 때 너무 싼 것만을 찾다보면, 본의 아니게 손해를 입을 수도 있기 때문이다.

4. 자동차 운전하기

매매나 렌트의 방법으로 자신에게 필요한 자동차를 구했다면 이제 즐겁게 자동차를 운전하면 된다. 그러나 자동차는 이른바 '허용된 위험한 물건'이므로 사고가 나지 않도록 주의해서 다루어야 한다. 자동차 운전에 관해서는 다음과 같은 점에 주의해야 한다. 첫째, 언제나 자동차 책임보험에 가입한 상태에서 운전을 해야 한다는 것이다. 둘째, 「도로교통법」을 준수하며 운전을 해야 한다는 것이다. 셋째, 「교통사고처리 특례법」을 숙지하고 여기서 규정하는 12대 중과실에 해당하는 자동차 사고를 일으키지 않도록 해야 한다는 것이다. 왜냐하면 「교통사고처리 특례법」 제3조 제2항이 규정하는 12대 중과실에 해당하는 자동차 사고를 일으킨 경우에는 아무리 피해자와 합의했다 하더라도 형사처벌의 대상이 되기 때문이다. 달리 말해, 형법상 범죄가 된다는 것이다. 「교통사고처리 특례법」 제3조는 아주 중요한 규정이므로 직접 읽어보자.

① 차의 운전자가 교통사고로 인하여 「형법」 제268조의 죄를 범한 경우에는 5년 이하의 금고 또는 2천만원 이하의 벌금에 처한다.
② 차의 교통으로 제1항의 죄 중 업무상과실치상죄(業務上過失致傷罪) 또는 중과실치상죄(重過失致傷罪)와 「도로교통법」 제151조의 죄를 범한 운전자에 대하여는 피해자

의 명시적인 의사에 반하여 공소(公訴)를 제기할 수 없다. 다만, 차의 운전자가 제1항의 죄 중 업무상과실치상죄 또는 중과실치상죄를 범하고도 피해자를 구호(救護)하는 등「도로교통법」제54조 제1항에 따른 조치를 하지 아니하고 도주하거나 피해자를 사고 장소로부터 옮겨 유기(遺棄)하고 도주한 경우, 같은 죄를 범하고「도로교통법」제44조 제2항을 위반하여 음주측정 요구에 따르지 아니한 경우(운전자가 채혈 측정을 요청하거나 동의한 경우는 제외한다)와 다음 각 호의 어느 하나에 해당하는 행위로 인하여 같은 죄를 범한 경우에는 그러하지 아니하다.

1. 「도로교통법」제5조에 따른 신호기가 표시하는 신호 또는 교통정리를 하는 경찰공무원등의 신호를 위반하거나 통행금지 또는 일시정지를 내용으로 하는 안전표지가 표시하는 지시를 위반하여 운전한 경우

2. 「도로교통법」제13조 제3항을 위반하여 중앙선을 침범하거나 같은 법 제62조를 위반하여 횡단, 유턴 또는 후진한 경우

3. 「도로교통법」제17조 제1항 또는 제2항에 따른 제한속도를 시속 20킬로미터 초과하여 운전한 경우

4. 「도로교통법」제21조 제1항, 제22조, 제23조에 따른 앞지르기의 방법·금지시기·금지장소 또는 끼어들기의 금지를 위반하거나 같은 법 제60조 제2항에 따른 고속도로에서의 앞지르기 방법을 위반하여 운전한 경우

5. 「도로교통법」제24조에 따른 철길건널목 통과방법을 위반하여 운전한 경우

6. 「도로교통법」제27조 제1항에 따른 횡단보도에서의 보행자 보호의무를 위반하여 운전한 경우

7. 「도로교통법」제43조,「건설기계관리법」제26조 또는「도로교통법」제96조를 위반하여 운전면허 또는 건설기계조종사면허를 받지 아니하거나 국제운전면허증을 소지하지 아니하고 운전한 경우. 이 경우 운전면허 또는 건설기계조종사면허의 효력이 정지 중이거나 운전의 금지 중인 때에는 운전면허 또는 건설기계조종사면허를 받지 아니하거나 국제운전면허증을 소지하지 아니한 것으로 본다.

8. 「도로교통법」제44조 제1항을 위반하여 술에 취한 상태에서 운전을 하거나 같은 법 제45조를 위반하여 약물의 영향으로 정상적으로 운전하지 못할 우려가 있는 상태에서 운전한 경우

  9. 「도로교통법」 제13조 제1항을 위반하여 보도(步道)가 설치된 도로의 보도를 침범
하거나 같은 법 제13조 제2항에 따른 보도 횡단방법을 위반하여 운전한 경우

10. 「도로교통법」 제39조 제3항에 따른 승객의 추락 방지의무를 위반하여 운전한
경우

11. 「도로교통법」 제12조 제3항에 따른 어린이 보호구역에서 같은 조 제1항에 따른
조치를 준수하고 어린이의 안전에 유의하면서 운전하여야 할 의무를 위반하여 어
린이의 신체를 상해(傷害)에 이르게 한 경우

12. 「도로교통법」 제39조 제4항을 위반하여 자동차의 화물이 떨어지지 아니하도록
필요한 조치를 하지 아니하고 운전한 경우

제6절

가족관계와 법

1. 결혼

결혼은 우리 삶에서 아주 중요한 전환점이 된다. 결혼을 통해 나만의 가정이 생기기 때문이다. 예전에는 결혼을 해야만 비로소 어른이 된다는 관념이 강하였다. 그 때문에 결혼은 우리가 어른이 되기 위해서는 반드시 해야만 하는 것으로 각인되었다. 그렇지만 요즘에는 결혼은 필수가 아닌 선택이라는 관념이 강해지고 있다. 덩달아 만혼이 늘고 결혼하는 비율도 낮아지고 있다. 이는 요즘 커다란 사회적 문제가 되고 있는 저출산으로 이어진다.

우리 민법에 따르면, 결혼은 기본적으로 계약으로 이루어진다. 당사자의 자율적인 합의로 결혼이 성립하는 것이다(민법 제800조 및 제807조). 다만 이러한 합의만으로 결혼이 완성되는 것은 아니고, 국가에 대해 혼인신고를 해야만 비로소 결혼이 완전하게 성립한다(민법 제812조). 혼인신고를 하지 않은 결혼을 보통 '사실혼'이라고 말한다. 결혼이 법으로 완전하게 보호를 받으려면, 결혼식을 올린 이후 반드시 혼인신고를 해야 한다.

결혼에 이르는 방법에는 크게 두 가지가 있다. 연애결혼과 선에 의한 결혼이 그것이다. 연애결혼은 서로의 사랑을 기반으로 한다는 점에서 그리고 선에 의한 결혼은 서로의 조건을 잘 맞춘다는 점에서 장점이 있다. 연애결혼은 사랑과 결혼을 일치시키는 것으로서 결혼의 이상적인 모습이라고 생각하는 경향이 강하다. 그러나 결혼의 역사를 보면, 오히려 선을 통해 결혼하는 것이 더욱 일반적인 방식이었다. 연애결혼은 서구의 낭만주의가 낳은 산물에 해당한다. 다만 결혼이 사랑만으로 지탱하는 것은 아니라는 점에서 연애결혼이 선에 의한 결혼보다 더욱 낫다고 단정하기는 어렵다.

결혼에 관해서는 최근 동성결혼을 법으로 인정할 것인지가 논란이 된다. 동성애자와 같은 성소수자들은 국가가 이성결혼만을 법으로 인정하는 것은 자의적인 차별이라고 주장한다. 나아가 최근 미국의 일부 주나 유럽연합의 일부 국가들이 동성결혼을 합법화하고 있다는 점을 근거로 들어 우리나라도 동성결혼을 법으로 인정해야 한다고 말한다. 이에 반해 주로 기독교 신자나 종교단체들은 이성결혼만을 인정한다고 해서 이것이 차별이 되는 것은 아니라고 역설한다. 법학에서도 동성결혼을 인정할 수 있을지의 문제에 대해 견해가 대립한다. 특히 우리 헌법이 이성결혼만을 염두에 두고 있는지에 관해 견해가 대립한다. 이러한 동성결혼 문제는 각자가 지니고 있는 가치관이나 취향, 신념과 밀접하게 관련되어 있어 무엇이 올바른 것인지 판단하기 어렵다. 이 문제는 각자 진지하게 생각해 보길 권한다.

2. 이혼

결혼식을 올릴 때 흔히 맹세하는 것처럼 "검은 머리가 파뿌리가 될 때까지 함께 할 수 있으면" 좋겠지만, 현실에서는 여러 가지 이유로 결혼을 유지하지 못하고 이혼하게 되는 경우가 많다. 법적인 측면에서 보면, 결혼보다 이혼의 경우가 해결하기 더 어렵다. 결혼하는 과정보다 이혼하는 과정에서 법적 갈등과 분쟁이 더 많이 발생하기 때문이다. 이혼은 피할 수 있으면 가능한 한 피하는 게 좋지만, 만약 피할 수 없다면 법이 정한 요건과 절차에 따라 서로에게 상처를 주지 않으면서 원만하게 해결하는 게 좋다. 물론 현실은 그렇지 않지만 말이다.

(1) 협의이혼

우리 민법은 이혼하는 방법으로 두 가지를 인정한다. 협의이혼과 재판에 따른 이혼이 그것이다. 협의이혼은 결혼처럼 당사자의 자율적인 협의로 이혼하는 것을 말한다(민법 제834조). 협의이혼의 경우에는 이혼사유가 특별히 존재하지 않는다. 당사자가 자율적으로 협의하는 한 그 사유가 무엇이든지 간에 이혼이 가능하다.

(2) 재판상 이혼

그러나 당사자 중에서 어느 한 쪽이 협의이혼에 반대하면, 이혼을 원하는 쪽은 재판을 통해 이혼을 할 수밖에 없다. 이를 재판상 이혼이라고 부른다(민법 제840조). 재판상 이혼은 협의이혼이 가능하지 않은 경우 가정법원의 재판으로 이혼하는 것을 말한다. 재판으로 이혼을 하는 것은 어느 한 쪽이 이혼에 반대하는 경우이고 아주 사적인 성격을 지닌 가족관계에 국가권력이 개입하는 경우이므로 우리 민법은 예외적으로 이를 허용할 뿐이다. 이혼사유를 민법이 명확하게 정하고 있는 것이다(민법 제840조).

(3) 유책주의와 파탄주의

사실 어떤 경우에 재판으로 이혼을 허용할 것인가 하는 것은 쉽지 않은 문제이다. 이는 이혼정책에 관한 문제에 속한다. 이에 관해서는 두 가지 정책이 있다. 유책주의와 파탄주의가 그것이다. 유책주의는 부부 중에서 어느 한 당사자 또는 양 당사자 모두에게 이혼사유에 해당하는 책임이 있는 경우에만 재판상 이혼을 허용하는 것을 말한다. 우리 민법은 기본적으로 유책주의에 기반을 두고 있다고 이해된다. 이러한 유책주의에 따르면, 이혼사유에 해당하는 잘못을 저지른 당사자, 즉 유책배우자는 재판상 이혼청구를 할 수 없는 것으로 이해된다. 이와 달리 파탄주의는 부부 각 당사자에게 책임이 있는지 여부와 상관없이 결혼을 지속하는 것이 객관적으로 어려운 경우에는 재판상 이혼을 허용하는 것을 말한다. 예전에는 특히 여성 배우자를 보호하기 위해 유책주의를 채택하는 경우가 많았지만, 오늘날에는 여성의 법적 지위가 점점 향상되면서 유책주의에서 파탄주의로 이혼정책이 바뀌는 경우가 많아지고 있다. 우리나라에서도 재판상 이혼의 정책방향을 유책주의에서 파탄주의로 바꾸어야 한다는 논란이 전개되고 있다.

(4) 재판상 이혼사유

그러면 어떤 경우에 민법은 재판상 이혼을 허용하는가? 우리 민법은 제840조에서 다음 여섯 가지를 재판상 이혼사유로 규정한다. 첫째는 배우자가 부정한 행위를 했을 때이다. 둘째는 배우자가 악의로 다른 일방을 유기한 때이다. 셋째는 배우자나 그 직계존속으로부터 심히 부당한 대우를 받았을 때이다. 넷째는 자신의 직계존속이 배우자로부터 심히 부당한 대우를 받았을 때이다. 다섯째는 배우자의 생사가 3년 이상 분명하지 않은 때이다. 여섯째는 이외에 혼인을 계속하기 어려운 중대한 사유가 있을 때이다. 이러한 여섯 가지 사유 중에서 첫 번째부터 네 번째까지의 사유는 유책주의에 바탕을 둔다. 이와 달리 다섯 번째 사유는 파탄주의와 관련을 맺는다. 여섯 번째 사유는 유책주의로 해석할 수도 있고, 반대로 파탄주의로 해석할 수도 있다.

(5) 이혼의 효과

당사자의 협의나 재판으로 이혼이 성립하면 이혼의 효과로서 크게 세 가지 문제가 발생한다. 첫째는 위자료 문제이다. 둘째는 재산분할 문제이다. 셋째는 자녀 양육 문제이다. 우선 이혼이 성립하면 이혼하는 데 책임이 있는 당사자는 상대방에게 위자료를 지급해야 한다(민법 제806조 및 제843조). 이때 위자료는 책임이 있는 당사자, 즉 유책배우자의 행위로 인해 발생한 정신적 손해에 대한 배상에 해당한다.

다음으로 재산분할 문제가 발생한다(민법 제839조의2). 민법에 의해 재산분할 제도가 도입되기 이전에는 이혼할 때 위자료를 얼마나 지급해야 하는지가 주로 문제되었는데, 재산분할 제도가 도입되면서 이제는 재산분할을 어떻게 하는 것이 타당한지가 주로 논의된다. 특히 경제활동을 하지 않는 배우자의 경우에는 이혼 이후에 살아가는 데 필요한 경제적 기반을 마련한다는 점에서도 재산분할은 아주 중요하다. 재산분할은 각 당사자의 기여도에 따라 이루어지는데,

보통 각 당사자의 기여도는 동등한 것으로 평가되므로 재산분할도 균등하게 이루어지는 경우가 많다. 이에 따라 가령 연금도 절반으로 받을 수 있다.

마지막으로 자녀양육이 문제된다(민법 제837조). 자녀가 있는 경우에 이혼을 하면, 어느 한 쪽이 자녀를 양육해야 한다. 이때 누가 자녀를 양육해야 하는지가 문제된다. 이는 원칙적으로 당사자의 협의로 결정하지만, 협의가 가능하지 않은 경우에는 재판으로 결정한다. 누가 자녀를 양육할지가 결정되면, 양육을 하지 않는 당사자는 양육을 하는 당사자에게 양육비를 지급해야 한다. 반대로 양육비를 지급하는 당사자는 자녀를 양육하는 당사자에게 면접교섭권을 청구할 수 있다(민법 제837조의2). 면접교섭권이란 양육비를 지급하는 당사자가 정기적으로 자신의 자녀와 만나 시간을 보낼 수 있는 권리를 말한다.

3. 상속

(1) 상속이란?

가족관계에서 흔히 발생하는 법적 문제로 상속 문제가 있다. 재산이 많은 이른바 자산가가 사망하였는데 자산가에게 자녀가 많은 경우 흔히 상속재산을 둘러싸고 분쟁이 발생한다. 누가 더 상속재산을 많이 갖는가를 둘러싸고 분쟁이 발생하는 것이다. 여기서 상속이란 사망을 법적 원인으로 하여 사망한 사람이 갖고 있던 재산이 포괄적으로 상속인들에게 이전되는 것을 말한다(민법 제997조). 이때 사망한 사람을 피상속인이라고 하고, 상속을 받을 권한이 있는 사람을 상속인이라고 한다. 민법의 기본원칙에 의하면 재산, 특히 부동산에 대한 소유권의 귀속주체를 변경하기 위해서는 등기를 해야 한다(민법 제186조). 하지만 상속의 경우에는 이러한 기본원칙을 적용할 수 없다. 왜냐하면 피상속인이 사망해야 비로소 상속이 발생하는데, 만약 이 경우에도 민법 제186조를 적용하면 등기를 하지 않은 이상 부동산의 소유권은 여전히 피상속인에게 귀속된다고 보아야 하기 때문이다. 그러나 민법 제3조에 따르면, 사람은 생존하는 동안에만 권리능력을 갖기에 사망한 피상속인은 부동산에 대한 소유권을 보유할 수 있는 능력을 가질 수 없다. 그 때문에 자칫 부동산 소유권은 어느 누구에게도 귀속되

지 않는 문제가 발생할 수 있다. 이러한 문제를 해결하고자 우리 민법은 제187
조를 마련하여 특정한 경우에는 등기와 같은 공시방법을 갖추지 않은 경우에
도 소유권의 귀속주체가 변경될 수 있도록 하였다. 상속이 가장 대표적인 경우
에 속한다. 따라서 피상속인이 사망하면, 별도의 공시방법을 갖추지 않아도 피
상속인이 갖고 있던 재산이 포괄적으로 상속인에게 귀속될 수 있는 것이다. 이
때 재산이 포괄적으로 상속인에게 이전되는 것을 민법에서는 '포괄승계'라고
말한다.

(2) 상속순위

상속에서는 크게 두 가지가 문제된다. 누가 어떤 순위로 상속을 받는가 하
는 상속순위 문제와 각각 얼마나 상속을 받을 수 있는가 하는 상속분의 문제이
다. 먼저 상속순위에 관해 우리 민법은 다음과 같이 규정한다(민법 제1000조 제1
항). 첫 번째 순위는 배우자 및 직계비속이고, 두 번째 순위는 배우자 및 직계존
속이며, 세 번째 순위는 형제자매이고, 네 번째 순위는 4촌 이내의 방계혈족이
다. 예를 들어 피상속인에게 배우자와 자녀들 및 부모님이 있다면, 상속인은 배
우자와 자녀들이 된다. 부모님은 두 번째 순위의 상속인이므로, 만약 자녀가 없
다면 배우자와 함께 상속인이 될 수 있지만, 자녀가 있다면 상속인이 될 수 없
다. 만약 피상속인에게 자녀 및 부모가 없고 배우자 및 형제자매만 있는 경우에
는 배우자만이 상속인이 된다. 형제자매는 피상속인에게 배우자, 자녀, 부모가
없는 경우에만, 달리 말해 피상속인이 혼자 살고 있다 사망한 경우에만 상속인
이 될 수 있다.

(3) 상속분

상속이 이루어질 경우 상속인들은 각각 얼마나 상속을 받는가? 이는 상속
분에 관한 문제이다. 예전에는 상속을 할 때 남녀차별이 이루어지는 경우가 많
았고, 가문을 이어받는 장자에게만 상속을 해주는 경우도 많았다. 이를 '장자상
속'이라고 부른다. 그러나 바로 이러한 상속분의 차별로 인해 상속인 사이에서
분쟁이 발생하는 경우가 많았다. 이러한 문제를 해결하고자 현재는 상속인들
간에 평등하게 상속분을 인정한다(민법 제1009조 제1항). 예를 들어, 자녀들이 상

속인이라면 자녀들은 나이나 성별에 상관없이 모두 평등하게 상속을 받는다. 다만 배우자가 공동상속인이 되는 경우에는 배우자가 지닌 특수성을 고려하여 배우자의 상속분을 특별히 배려한다. 배우자에게는 다른 상속인보다 1.5배의 상속분을 인정하는 것이다(민법 제1009조 제2항).

(4) 한정승인

상속과 관련하여 더 살펴보아야 할 문제가 있다. 상속이 상속인들에게 재산적으로 이익만을 주는 것은 아니라는 점이다. 상속은 피상속인이 갖고 있는 일체의 재산을 포괄적으로 상속인이 승계하는 것인데, 이때 말하는 재산에는 적극재산뿐만 아니라 소극재산, 즉 채무 역시 포함되기 때문이다. 그러므로 때에 따라서는 상속인이 채무, 쉽게 말해 빚만 상속하는 경우도 발생한다. 예를 들어, 아버지가 사업에 실패해서 막대한 빚을 진 채 돌아가시면, 자녀들은 빚을 상속받아 평생 빚만 갚아야 하는 경우가 발생할 수 있는 것이다. 이는 정말 억울한 경우라 할 수 있다. 이러한 문제를 해결하고자 민법은 한정승인이라는 제도를 규정한다(민법 제1028조). 한정승인을 이용하면, 상속인은 피상속인이 남겨 놓은 재산의 한도 안에서만 빚을 갚으면 된다. 그렇게 함으로써 자녀들은 상속인이 남겨 놓은 빚의 굴레에서 벗어나 새 삶을 살아갈 수 있다.

(5) 상속포기

상속인이 상속으로 적극재산보다 소극재산을 더 많이 물려받는 경우에 선택할 수 있는 또 다른 방안으로 상속포기가 있다. 여기서 상속포기란 말 그대로 상속 자체를 모두 포기하는 것을 말한다(민법 제1019조 제1항). 그 점에서 상속포기는 상속은 포기하지 않으면서 상속 받는 적극재산의 한도에서 채무를 변제하겠다는 한정승인과 구별된다. 상속포기를 하려면, 상속인은 상속개시가 있음을 안 날로부터 3개월 안에 가정법원에 상속을 포기하는 신고를 해야 한다(민법 제1041조). 상속을 포기하면 그 효력은 상속이 개시된 때로 소급한다(민법 제1042조).

4. 유언

(1) 유언이란?

상속과 더불어 많이 문제되는 것으로 유언을 들 수 있다. 여기서 유언이란 사망을 조건으로 하는 의사표시를 말한다(민법 제1073조 제1항). 따라서 유언은 생전에 하지만, 유언의 의사표시를 한 주체, 즉 유언자가 사망을 해야만 비로소 효력이 발생한다. 유언이 보통 문제가 되는 것은, 유언자가 유언으로 자신의 재산을 상속인들 중에서 어느 한 사람에게만 준다거나 또는 자신의 권한, 이를테면 경영권을 어느 한 특정인에게만 넘겨주는 경우가 많기 때문이다. 재산이나 경영권은 유언자의 자녀들이 관심을 갖는 경우가 많기에 유언이 있게 되면 이를 둘러싸고 법적 분쟁이 발생하는 경우가 많다. 가령 상속법에 따르면, 모든 자녀들이 평등하게 상속을 받을 수 있는데, 피상속인이 첫째 아들을 편애하여 유언으로 첫째 아들에게 더 많은 재산을 넘겨주겠다고 하는 경우에는 이로 인해 다른 자녀들은 자신의 상속분이 불합리하게 침해되었다고 생각할 수 있기 때문이다. 이때 유언으로 재산을 넘겨주는 경우를 '유증'이라고 한다(민법 제1074조 제1항). 여기서 알 수 있듯이, 상속과 유언은 서로 대립하는 관계를 형성한다. 유언으로 상속분이 침해될 수 있기 때문이다.

(2) 유언의 방식

이처럼 유언은 민법이 평등하게 규정하는 상속인의 상속분을 침해할 수 있기에 자칫 왜곡되거나 남용될 수 있다. 드라마에서 많이 볼 수 있는 것처럼, 아버지의 정신이 혼미한 것을 이용하여 거짓 유언장을 만들 수 있는 것이다. 이러한 문제를 막고자 민법은 유언을 엄격하게 통제한다. 유언을 자유롭게 할 수 있도록 하는 것이 아니라, 민법이 정한 다섯 가지 방식에 의해서만 할 수 있도록 그 방식을 엄격하게 통제하고 있는 것이다(민법 제1060조). 현행 민법은 다섯 가지 방식의 유언만을 인정한다(민법 제1065조). 자필증서에 의한 유언, 녹음에 의한 유언, 공정증서에 의한 유언, 비밀증서에 의한 유언, 구수증서에 의한 유언이 그것이다. 이외의 방식으로 이루어진 유언은 적법한 유언으로 인정하지 않는다. 이를테면 유언자의 자유로운 의사표시만으로 유언이 가능하지 않도록 하고, 오직 민법이 규정하는 다섯 가지 방식으로 이루어진 유언만을 유효한 유언으로 인정하고 있는 것이다. 이 점에서 일반 계약의 경우에는 당사자의 자유로운 의사표시만으로 계약이 성립할 수 있도록 하는 것과 차이가 있다.

(3) 유류분

상속과 유언은 서로 대립한다. 상속은 상속인들 사이의 평등을 추구하지만, 유언은 유언자의 의사에 따라 불평등도 허용한다. 이로 인해 상속인들 사이에 분란이 발생할 수 있다. 이러한 문제를 해결하고자 민법은 두 가지 방법을 사용한다. 첫째는 유언의 방식을 엄격하게 통제하는 것이다. 이는 위에서 살펴보았다. 둘째는 유언으로 처분할 수 있는 재산에 한계를 설정하는 것이다. 말하자면, 유언으로도 건드릴 수 없는 재산의 최소한도를 상속인에게 법으로 인정함으로써 유언으로 인한 분쟁을 막는 것이다. 이때 유언으로도 처분할 수 없는 최소한의 범위를 민법은 '유류분'이라고 부른다(민법 제1112조). 민법 제1112조에 따르면, 상속인들에게 인정되는 유류분은 다음과 같다.

1. 피상속인의 직계비속은 그 법정상속분의 2분의 1
2. 피상속인의 배우자는 그 법정상속분의 2분의 1
3. 피상속인의 직계존속은 그 법정상속분의 3분의 1
4. 피상속인의 형제자매는 그 법정상속분의 3분의 1

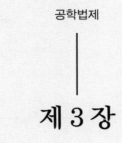

제 3 장

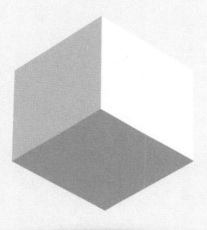

법의 개념과 기본문제

제3장에서는 법에 관한 기본 문제 몇 가지를 살펴본다. 법이란 무엇인가, 법이 추구하는 정의란 무엇인가, 법의 효력이란 무엇이고 그 근거는 무엇인가? 등과 같은 문제가 그것이다. 이러한 문제는 상당히 추상적이고 해결하기 어렵다. 전통적으로 '법철학'이라는 법학의 분과가 이러한 문제를 다루어 왔다. 그래서 이에 관한 논의는 흔히 '법철학적'으로 다루어진다. 이는 일단 이해하기 쉽지 않다는 의미로 새길 수 있다. 따라서 이러한 문제에 관심이 없는 독자는 제3장, 그 중에서도 제3장 제2절과 제3절을 과감하게 건너뛰길 권한다. 그러나 평소 근본적인 문제를 생각하기를 좋아하는 '철학적인 독자'라면 한번 시간을 내서 찬찬히 읽어보는 것도 나쁘지는 않을 것 같다.

제1절

법이란 무엇인가?

1. 우리가 일상적으로 생각하는 법이란?

법이란 무엇인가? 이는 진지하게 생각하면 아주 어려운 질문이다. 법철학이라는 학문은 바로 이 질문에 답하기 위해 존재하는 학문이라고 말해도 과언은 아니다. 역사적으로 존재했던 위대한 법철학자들이 법이란 무엇인지에 관해 진지하게 생각하고 그 대답을 내놓았다. 그러나 여전히 법이란 무엇인지에 관해 법철학자들은 만족할 만한 의견일치에 도달하지는 못하고 있다.

그러니 이러한 어려운 질문을 이 책에서 진지하게 다루는 것은 가급적 피하는 것이 좋을 것이다. 그래서 일단 우리가 일상적으로 생각하는 관념을 바탕으로 하여 법이란 무엇인지 알아보고자 한다. 우리가 일상생활을 하면서 '법'하면 떠올리는 것에 무엇이 있을까? 먼저 무엇을 해야 한다는 '의무'와 무엇을 하지 말라는 '금지'를 떠올릴 수 있다. 이러한 의무나 금지는 언어적 주장으로 표현된다. 법철학에서는 이렇게 의무나 금지를 표현하는 언어적 주장을 '당위규범'이라고 말한다. 따라서 우리가 생각하는 법은 당위규범이라고 바꾸어 말할수 있다. 그리고 우리는 '법'하면 '국가'가 제정한 것을 떠올린다. 그렇다면 우리가 생각하는 법은 국가가 제정한 당위규범이라고 말할 수 있을 것이다. 나아가 우리가 '법'하면 떠올리는 것으로 국가가 제정한 당위규범을 위반했을 때 부과되는 '형벌'과 같은 '제재'를 언급할 수 있다. 더불어 이러한 형벌을 부과하기 위해 진행되는 '재판'과 형벌 등과 같은 제재를 강제적으로 집행하는 '국가권력'을 떠올릴 수 있다.

이러한 생각을 종합해서 정리하면, 법을 다음과 같이 정의할 수 있다. 법이란 국가가 제정한 당위규범으로서 이를 위반했을 때 제재가 부과되고 이러한 제재는 재판을 통해 확정되어 국가권력에 의해 강제적으로 관철될 수 있는 그 무엇이라는 것이다.

2. 실정법과 자연법

위에서 확인한 것처럼, 우리는 흔히 '법'하면 국가가 제정한 당위규범, 즉 '법률'을 떠올린다. 그러나 법철학 교과서를 찾아보면, 법 개념은 이보다 더욱 넓은 외연을 지니고 있음을 알 수 있다.[1] 법철학에서는 이렇게 우리가 흔히 생각하는 법을 '실정법' 또는 '국가법'이라고 부른다. 그런데 법철학에서는 이러한 실정법 또는 국가법만을 법으로 볼 것인지, 아니면 이를 넘어서는 또 다른 법 개념을 인정할 것인지에 관해 오랫동안 견해가 대립해 왔다. 여기서 국가가 제정한 실정법만을 법으로 보려는 학문적 흐름을 '법실증주의'라고 부른다. 우리가 경험적으로 '실증'할 수 있는 법만을 진정한 법으로 인정하겠다는 것이다. 이러한 법실증주의를 주장한 대표적인 법학자로 세기의 법학자로 인정되기도 하였던 한스 켈젠(Hans Kelsen)을 꼽을 수 있다.

그러나 법철학의 역사를 보면, 법실증주의만이 존재했던 것은 아니라는 점을 알 수 있다. 법실증주의와는 달리 국가가 제정한 실정법을 초월하는 법이 있다는 점을 인정하는 학문적 흐름도 오랫동안 존재했던 것이다. 이를 '자연법이론'이라고 부른다.[2] 자연법이론은 시간과 공간을 초월해 변하지 않는 정당한 법

---

1 이러한 법철학 교과서로는 우선 김정오·최봉철·김현철·신동룡·양천수, 『법철학: 이론과 쟁점』 (박영사, 2012) 참고.
2 자연법이론에 관해서는 양천수, "현대 사회에서 '처분불가능성'의 새로운 논증 가능성", 『법학논총』(국민대) 제25권 제3호(2013. 2), 35~74쪽; 양천수, "현대 독일 법철학에서 '처분불가능성'에 관한 논의", 『법철학연구』 제18권 제1호(2015. 4), 65~96쪽 등 참고.

이 존재한다고 말한다. 이를 '자연법'이라고 부른다. 자연법이론가들은 시간과 공간에 의존해 언제나 변할 수 있는 실정법을 진정한 법으로 인정하지 않는다. 그 대신 실정법을 초월하면서도 실정법의 정당성 근거가 되는 자연법만이 진정한 법이라고 말한다. 우리가 일상생활을 하면서 마주하는 '양심'이나 '건전한 상식' 등을 떠올리면 자연법이 무엇을 뜻하는지 대략적이나마 짐작할 수 있을 것이다.

이러한 법실증주의와 자연법이론은 고대 그리스 시대 이후로 오랫동안 법이란 무엇인지에 관해 논쟁을 해왔다. 이는 지금도 여전히 진행되고 있다. 양자는 상반되는 장점과 단점을 지니고 있어 무엇이 옳은지 판단하기는 쉽지 않다. 시간이 허락된다면 각자 진지하게 이 문제를 생각해 보길 권한다.

3. 실정법과 살아 있는 법

법이란 무엇인가에 관한 물음은 법철학에서만 문제가 된 것은 아니다. 법이 무엇인지에 관한 물음은 법철학과 더불어 중요한 기초법학에 속하는 '법사회학'에서도 문제가 되었다. 여기에서는 이른바 '법다원주의'(legal pluralism)라는 흐름 안에서 법이란 무엇인지가 문제되었다.[3] 앞에서도 살펴본 것처럼, 법실증주의는 국가가 제정한 실정법만을 법으로 인정한다. 이 점에서 법실증주의는 '국가법주의'라고 부를 수 있다. 이와 달리 독일의 법사회학자 에를리히(Eugen Ehrlich)를 필두로 하는 법다원주의자들은 국가법 이외에도 사회 안에서 '살아 있는 법'(lebendes Recht)이 별도로 존재한다고 말한다. 이를 달리 '사회의 법'이라고 부르기도 한다. 이러한 살아 있는 법으로서 관습법이나 관행 등을 들 수 있다.

실정법뿐만 아니라 살아 있는 법을 법 개념에 포함시킬 것인가 하는 문제는 〈법실증주의−자연법이론 논쟁〉만큼 판단하기 쉽지 않다. 다만 다음 두 가지 점은 지적할 필요가 있다. 첫째, 관습법이나 관행 등과 같은 사회의 법은 분

---

3 법다원주의에 관해서는 양천수, "초국가적 법다원주의: 개념적 차원과 규범적 차원을 중심으로 하여", 『법철학연구』 제11권 제2호(2008. 12), 391~426쪽 참고.

명 국가법을 어느 정도 보완할 수 있다는 것이다. 둘째, 우리 민법은 제1조에서 관습법을 민법의 법원(法源), 즉 '법의 원천'으로 인정하고 있다는 것이다.

4. 이 책에서 말하는 법이란?

이 책은 기본적으로 공학도를 대상으로 하는 '공학법제 입문'을 다루기에 이 책에서는 원칙적으로 법실증주의에 따라 법 개념을 파악하고자 한다. 요컨대, 이 책에서 말하는 법이란 국가가 제정한 당위규범으로서 이를 위반했을 때 제재가 부과되고 이러한 제재는 재판을 통해 확정되어 국가권력에 의해 강제적으로 관철될 수 있는 것을 말한다.

제2절

법과 정의

I. 왜 다루어야 할까?

  '정의'(正義) 개념은 철학과 법철학이 오랫동안 몰두해온 개념이다. 특히 정의는 법학이 추구하고 실현해야 하는 근본이념으로 자리 잡아 왔다. 이러한 이유에서인지 보통 정의는 법철학과 밀접하게 관련을 맺는, 법철학이 탐구해야 하는 과제로 인식되어 왔다. 그러나 정의를 법철학적 주제로만 인식하는 것은 정의의 적용영역을 너무 협소하게 이해하는 것이다. 정의는 법철학 영역을 넘어서, 기초법학 영역을 넘어서, 실제로 모든 법 영역과 관련을 맺는 개념이기 때문이다.[1] 가령 헌법 영역에서도 정의는 중요한 역할을 수행할 수 있다. 예를 들어, 일정한 헌법적 분쟁이 발생하였을 경우 헌법재판소는 헌법재판의 심사기준으로서 정의를 원용할 수도 있는 것이다. 물론 일반적인 헌법적 분쟁의 경우에는 헌법재판소가 굳이 정의와 같은 추상적이고 법철학적인 개념을 원용할 필요는 없을 것이다. 헌법이 규정하는 기본권 규정이나 비례성 원리 또는 헌법의 기본원리인 민주주의나 법치주의 등을 심사기준으로 원용하면 족할 것이다. 그러나 기존의 관점으로는 쉽사리 해결하기 힘든 이른바 '하드케이스'(hard case)

---

1 이를 잘 보여주는 프랑크 잘리거, 윤재왕 (옮김), 『라드브루흐의 공식과 법치국가』(길안사, 1999) 참고.

의 경우에는 궁극적으로는 정의와 같은 법철학적인 개념을 원용해야 할 필요가 있다. 예를 들어, 「행정수도이전 특별법」이 문제된 사안에서 헌법재판소가 '관습헌법'이라는 새로운 논증도구를 원용한 것처럼, 기존의 기준만으로는 쉽게 해결하기 어려운 사안과 마주쳤을 때 헌법재판소는 정의와 같은 궁극적인 개념과 씨름해야 할 필요가 없지 않다.[2] 이러한 점에서 볼 때, 헌법 역시 정의 개념에 무관심해서는 안 된다고 생각한다.

    그렇다면 정의란 무엇인가? 철학과 법철학은 오랫동안 이 의문에 몰두해 왔다. 그러나 아직까지도 정의가 무엇인지 명확하게 해결하지 못하고 있다. 그것은 아마도 정의라는 개념 자체가 안고 있는 고도의 추상성과 불명확성 때문일지도 모른다. 그리고 정의 자체가 갖고 있는 '이율배반'(Antinomie)도 그 한 가지 이유가 될 수 있을 것 같다.[3] 이 때문에 심지어 정의라는 개념 자체가 불필요하다는 주장이 제기되기도 한다.[4] 그러나 비록 정의 개념이 여전히 명확하지 않은 개념이라고 해서 이것이 전적으로 불필요하다고 보는 것은 너무 성급한 판단이라고 생각한다. 이는 법철학의 존재이유를 져버리는 것이기도 하다. 그리고 설사 정의가 형식적인 기준에 불과하다고 해도, 이것만으로도 나름대로 의미가 있다. 왜냐하면 대부분의 법개념이 그런 것처럼, 이러한 형식적인 기준도 해석으로 어느 정도 보완할 수 있기 때문이다. 그러므로 이러한 정의 개념을 대상으로 하여 논의를 전개하는 것은 여전히 가치가 있다.

---

2 예를 들어 R. Alexy, *Theorie der juristischen Argumentation* (Frankfurt/M., 1978), Vorwort; 이에 대한 우리말 번역인 변종필·최희수·박달현 (옮김), 『법적논증이론』(고려대학교출판부, 2007), 12쪽 참고. 여기서 알렉시 교수는 독일 연방헌법재판소 제1재판부가 1973년 2월 14일 선고한 '법형성 결정'에서 요청한 다음과 같은 주장, 즉 법관의 결정은 "합리적인 논증에 기초해야" 한다는 주장을 출발점으로 하여 자신의 방대한 연구를 시작한다.

3 '이율배반'은 원래 칸트가 사용한 철학적 개념이다. 이는 서로 모순되는 두 가지가 양립할 수 있는 상태를 말한다. 이율배반에 대해서는 I. Kant, *Kritik der reinen Vernunft* (Hamburg, 1956), 437쪽 아래 참고. 한편 독일의 법철학자 라드브루흐(G. Radbruch)는 이러한 이율배반을 법이념론에 적용하여 정의 개념을 파악한다. 라드브루흐에 따르면 법이념, 특히 '좁은 의미의 정의'와 '법적 안정성'은 서로 이율배반의 관계에 놓인다. G. Radbruch, *Rechtsphilosophie* (Heidelberg, 1999), 73쪽 아래; 이에 대한 우리말 번역으로는 최종고 (역), 『법철학』(삼영사, 1997), 106쪽 참고.

4 그 대표적인 예가 한스 켈젠(H. Kelsen)일 것이다. 켈젠은 정의란 내용 없는 형식에 불과하다고 하여 이를 불필요한 것으로 이해한다. H. Kelsen, *Was ist Gerechtigkeit?* (Stuttgart, 2000), 23쪽 아래; K. Seelmann, 윤재왕 (옮김), 『법철학』(지산, 2000), 171쪽; 또한 H. Henkel, *Einführung in die Rechtsphilosophie: Grundlagen des Rechts* (München, 1977), 397쪽도 참고.

아래에서는 이러한 문제의식에 입각하여 법이 추구해야 하는 정의가 무엇인지 살펴보고자 한다. 우선 정의 개념을 간략하게 개관한다(Ⅱ). 여기서는 정의의 개념, 유형, 구별개념, 정의의 위상과 기능, 법과 정의의 관계를 알아본다. 다음으로 정의의 인정 여부에 대한 논쟁을 검토한다(Ⅲ). 특히 법실증주의와 자연법이론의 견해를 중심으로 하여 살펴본다. 그리고 나선 정의의 내용으로서 형식적 정의와 실질적 정의, 자유주의적 정의와 공동체주의적 정의, 실체적 정의와 절차적 정의 등을 살펴본다(Ⅳ). 여기서는 특히 이론사적 접근을 통해 정의론에 대한 다양한 시각을 소개한다. 마지막으로 이러한 정의가 실정법, 특히 헌법에서 어떤 의미를 지니는지 검토하도록 한다(Ⅴ).[5]

Ⅱ. 정의에 대한 개관

1. 정의의 개념

정의의 개념을 한 마디로 규정하는 것은 어렵다. 정의 개념 그 자체는 고도로 추상적인 언어기호이기 때문이다. 그런데도 일단 개념정의를 시도한다면, 먼저 정의의 어원으로부터 그 의미를 발견할 수 있을지 모른다. 원래 한자어인 '正義'를 우리말로 풀면 '바르고 올바른 것'이 된다. 그리고 정의를 뜻하는 영어 'Justice'는 라틴어로 법을 뜻하는 'jus' 혹은 'ius'에서 비롯하는데, 'ius'에는 '정당하다'는 의미가 담겨있다.[6] 정의는 독일어로는 'Gerechtigkeit'라고 하는데, 여기에도 역시 'recht', 즉 '정당하다'는 뜻이 내포되어 있다. 이렇게 보면, 정의는 일단 '바르고 올바른 혹은 정당한 그 무엇'이라고 정의내릴 수 있다.

그러나 이렇게 정의 개념을 언어적으로 분석해서 얻은 결론이 과연 정의 개념의 의미내용을 명확하게 드러내고 있다고 말하기는 쉽지 않다. '바르고 올바른 것'이 과연 무엇인지, '정당한 것'이 과연 무엇인지와 같은 새로운 의문이

---

5 아래에서 전개하는 논의는 양천수, "헌법과 정의: 유럽 법철학의 흐름을 중심으로 본 전제적 시론", 『유럽헌법연구』 제3호(2008. 6), 305~331쪽의 내용을 바탕으로 하여 이를 수정 및 보완한 것이다.

6 N. Brieskorn, 김일수 (옮김), 『법철학』(서광사, 1996), 39쪽.

제기되기 때문이다. 또한 '정당한 것'에는 '윤리적으로 정당한 것', '도덕적으로 정당한 것', '법적으로 정당한 것'이 모두 포함될 수 있다.[7] 여기서 특히 '도덕적으로 정당한 것'은 '주관적 정의',[8] '법적으로 정당한 것'은 '객관적 정의'라고 달리 말하기도 한다.[9] 이처럼 정의 개념은 다양한 의미를 담고 있기에 이를 언어적으로 분석하는 것만으로는 과연 정의가 무엇을 뜻하는지 분명하게 파악하기 쉽지 않다. 따라서 정의의 의미를 분명하게 파악하기 위해서는 정의 개념이 담고 있는 다양한 의미맥락을 구체적으로 추적할 필요가 있다. 다만 여기서는 위에서 언급한 모든 정의 개념을 다루려 하지는 않는다. 그 대신 법적으로 정당한 것, 즉 '객관적인 정의'를 주된 논의 대상으로 삼고자 한다.

이렇게 정의를 법적 정의로 한정한다면, 정의, 즉 '정당함'으로부터 두 가지 준칙을 이끌어낼 수 있다. "각자에게 그의 것을"(suum cuique)과 "본질적으로 동등한 것은 동등하게, 본질적으로 동등하지 않은 것은 동등하지 않게"(동등취급원칙)가 그것이다. 이 두 준칙은 오랫동안 법철학의 자명한 준칙으로 인정되어 왔다.[10] 그렇다면 두 준칙의 구체적인 내용은 무엇인가? 아래에서는 이를 주된 논의 대상으로 삼으려 한다.

2. 구별개념

한편 이러한 정의와 구별해야 할 개념이 있다. 먼저 '형평'(Billigkeit)이 그것이다. 일반적으로 형평은 정의를 보완해주는 개념으로 또는 정의보다 더욱 넓은 개념으로 이해되었다.[11] 하지만 이러한 이해는 정의를 단순히 형식적인 의미

---

7 여기서는 일단 '도덕적인 것'과 '윤리적인 것'을 구별하고자 한다. 이에 의하면, '도덕적인 것'은 '옳음'과 관계를 맺는 것으로서 주로 개인과 개인의 관계를 규율한다. 이에 대해 '윤리적인 것'은 '좋음'과 관계를 맺는 것으로서 공동체의 가치관을 규율한다. 이렇게 '윤리'와 '도덕'을 구별하는 것에 관해서는 J. Habermas, 이진우 (옮김), 『담론윤리의 해명』(문예출판사, 1997), 123쪽 아래.

8 '주관적 정의'에 속하는 것으로서 가령 "다른 사람이 너에게 하지 말았으면 하는 것을 남에게 하지 말라"와 같은 황금률을 들 수 있다. 그래서 헨켈(H. Henkel)은 '주관적 정의'는 우선적으로 '덕론'(Tugendlehre)에 속한다고 말한다. H. Henkel, 앞의 책(주4), 393쪽.

9 H. Henkel, 앞의 책(주4), 393쪽 아래.

10 이는 로마의 법학자인 울피아누스에게서 비롯한다. 김일수, "법의 이념으로서 정의와 힘", 『사상과 정책』(1989 가을호), 139쪽.

11 H. Henkel, 앞의 책(주4), 419쪽 아래.

로만 파악했을 때 성립할 수 있다. 만약 정의를 형식적인 의미뿐만 아니라 실질적인 의미까지 포함하는 것으로 이해한다면, 형평 역시 '실질적인 정의의 한 내용'으로 인정할 수 있을 것이다.[12] 그러므로 정의와 형평을 전혀 별개의 개념으로 파악하는 것은 타당하지 않다고 생각한다.

이는 '법적 안정성'이나 '합목적성'에 대해서도 마찬가지라 할 수 있다. 법적 안정성은 정의의 형식적인 측면을, 합목적성은 정의의 실질적인 측면을 반영한 것이라고 볼 수 있기 때문이다. 그러므로 법적 안정성과 합목적성은 정의와 개념상 구별되지만, 이들은 실질적으로는 모두 정의라는 카테고리에 포섭될 수 있다.

3. 정의의 위상과 기능

독일의 법철학자 하인리히 헨켈(H. Henkel)에 의하면, 정의는 세 가지 위상을 지닌다. "초실정법적인 지도원칙"(vor– und überpositives Leitprinzip), "비판적인 원칙", "보편적인 의미"가 그것이다.[13] 여기서 "초실정법적인 지도원칙"이란 정의가 현재의 실정법에만 머무르지 않고, 이를 넘어서 실정법이 더욱 정당한 것이 될 수 있도록 이끌어주는 원칙이라는 점을 뜻한다. 그리고 "비판적인 원칙"이란 정의가 현행 실정법 체계가 과연 정당한지를 비판하는 데 기여하는 원칙이라는 점을 뜻한다. 나아가 정의가 "보편적인 의미"를 갖는다는 것은, 정의가 민법상 계약처럼 일정한 당사자에게만 효력을 미치는 것이 아니라 모든 법규범 수범자에게 보편적으로 적용된다는 점을 말한다. 이렇게 볼 때, 정의는 "보편적이고 일반적인 행위원칙"으로서 현행법에 대해 비판적이고 초월적인 기능을 수행한다고 말할 수 있다.[14]

4. 법과 정의의 관계

그렇다면 법과 정의는 서로 어떤 관계를 맺는가? 우선 법은 정의 원칙이

---

12 김일수, 앞의 논문(주10), 139쪽.
13 H. Henkel, 앞의 책(주4), 394쪽.
14 H. Henkel, 앞의 책(주4), 395쪽.

없으면, 자칫 맹목적인 것이 될 수 있다. 가령 나치 독일 치하에서 극단적인 법률실증주의가 그랬던 것처럼, 법은 단지 지배자의 권력을 유지하는 데 봉사하는 수단이 될 수 있다. 심지어 베르그봄(K. Bergbohm)이 그랬던 것처럼,[15] '가장 부정의한 법'도 실정법이 정한 절차에 의해 제정된 이상 합법적인 법이 될 수도 있다. 다른 한편 정의는 법을 통해 가장 잘 실현될 수 있다. 물론 정의는 도덕이나 윤리 혹은 사회규범을 통해서도 어느 정도 실현될 수 있다. 그렇다 하더라도 정의는 국가의 강제력에 의해 뒷받침되고 있는 법을 통해 비로소 그 이념을 가장 잘 실현할 수 있다. 무엇보다도 정의는 헌법재판을 통해 실정 법률을 통제하는 기준으로 작용하기도 한다. 이 때문에 헨켈은 법과 정의가 "근본적인 본질 구속" 관계에 있다고 한다.[16]

Ⅲ. 정의의 인정 여부에 관한 논쟁

앞에서 언급하였듯이, 일반적으로 정의는 두 가지 원칙, 즉 "각자에게 그의 것을"과 "동등취급원칙"으로 구성된다. 그러나 이 두 원칙도 역시 추상적이기는 마찬가지여서, 과연 이 원칙들이 실질적인 내용을 담고 있는지, 아니면 단지 '텅빈공식'(Leerformel)에 지나지 않는 것인지 논란이 전개되기도 하였다.[17] 이 논란은 주로 법실증주의와 자연법이론 사이에서 전개되었다.

한스 켈젠을 대표로 하는 법실증주의는 정의 원칙은 내용 없는 형식에 지나지 않는다고 비판한다.[18] 가령 법실증주의는 "각자에게 그의 것을"에 관해 말하기를, 과연 어느 정도가 각자에게 속하는 것인지 명확하게 결정할 수 없다고 지적한다. 오히려 이 원칙은 당시 사회의 지배적인 사회적·정치적 이데올로기에 의해 결정될 우려가 있다고 한다. 그러면서 법실증주의는 "각자에게 그의 것을"을 표방하는 정의철학은 "상대적인 정의철학"에 지나지 않는다고 비판한다. 그 결과 법실증주의는 "각자에게 그의 것을"은 실정법을 통해서만 구체화될 수

---

15 Arth. Kaufmann, *Rechtsphilosophie* (München, 1997), 30쪽.
16 H. Henkel, 앞의 책(주4), 394쪽.
17 H. Henkel, 앞의 책(주4), 397쪽 아래; K. Seelmann, 앞의 책(주4), 171쪽 아래.
18 H. Kelsen, 앞의 책(주4), 40쪽.

밖에 없다고 말한다.[19] 이는 곧 정의 원칙을 불필요한 것으로 여기는 것이라 할 수 있다.

이에 반해 브룬너(E. Brunner)를 필두로 하는 자연법이론은 "각자에게 그의 것을" 원칙은 실체적인 내용을 갖는다고 한다.[20] 이것이 곧 '자연법'이라고 한다. 따라서 정의를 단지 "텅빈공식"이라고 파악하지는 않는다. 다만 이들도 추상적인 정의 원칙이 그대로 실제사건에 적용되는 것은 아니라고 본다. 그 대신 "구체적으로 주어진 것에 정의 원칙이 상응"(Anpassung der Gerechtigkeit an die konkrete Gegebenheit)함으로써 정의가 실현될 수 있다고 한다.

그렇다면 어떤 견해가 타당한 것일까? 필자가 보기에 두 견해는 모두 극단적인 성격을 띤다. 그래서 정의 원칙이 지닌 개방적인 속성을 간과하고 있다.[21] 이와 달리, 헨켈은 두 견해의 장점을 모두 고려하는 주목할 만한 견해를 제시한다. 우선 헨켈은 정의가 개방적인 속성을 지닌 가치이념이라는 점에 주목한다. 그러면서 그는 정의의 한 원칙인 "각자에게 그의 것을"은 텅빈공식도 그렇다고 실체적인 것도 아니라고 한다. 대신 헨켈은 이 원칙이 "관계적인 것"이라고 한다. 따라서 "사회적 기본관계" 속에서 이 원칙은 비로소 구체화된다고 한다. 여기서 이 원칙은 "방향을 지시하는 것"(richtungsgebende Weisungen)으로서 실제적인 기능을 한다고 말한다. 요컨대, 헨켈은 "'각자에게 그의 것을' 원칙은 관계적인 성격을 띤 지도원칙으로서 그 의미가 있다."고 한다.[22]

한편 헨켈은 이러한 정의의 속성이 "동등취급원칙"에서도 마찬가지로 나타난다고 한다. 그래서 동등취급원칙은 내용이 텅 빈 것이 아니라, 한편으로는 "정의규준"으로서 그리고 다른 한편으로는 "부정의규준"으로서 작용한다고 말한다. 먼저 헨켈에 따르면, "부정의규준"으로서 이 원칙은 본질적으로 동등하게 판단된 대상들을 동등하지 않게 취급하는 것은 부정의한 것으로 평가한다. 나아가 "정의규준"으로서 이 원칙은 어떤 규준이 일정한 대상들을 본질적으로 동

---

19 H. Kelsen, 앞의 책(주4), 23쪽; H. Henkel, 앞의 책(주4), 398쪽.
20 E. Brunner, *Gerechtigkeit* (1943), 22쪽 아래; Pieper, *Über die Gerechtigkeit*, 2. Aufl. (1954), 12쪽 아래; H. Henkel, 앞의 책(주4), 399쪽에서 다시 인용.
21 H. Henkel, 앞의 책(주4), 400쪽.
22 H. Henkel, 앞의 책(주4), 400쪽.

등하게 취급한 경우에는 이 규준이 본질적으로 상이한 대상들을 상이하게 취급하는 데 사용될 수 있게 한다고 말한다. 그러므로 동등취급원칙도 일정한 기능을 수행한다고 말한다.[23]

이러한 헨켈의 견해는 정의를 어느 한 쪽으로 치우치지 않게 보면서, 정의의 속성을 적절하게 파악하고 있다고 생각한다. 그러므로 이러한 견해에 따라 정의를 한편으로는 형식적인 속성을, 다른 한편으로는 내용적인 속성도 담고 있는 개방적·관계적인 것으로 파악하는 것이 타당하다.

Ⅳ. 정의의 유형화

정의 개념은 다양한 의미맥락을 담고 있다. 따라서 정의의 내용을 한 시각이나 관점 또는 설명만으로 다루는 것은 무리라고 생각한다. 그러므로 여기에서는 그동안 정의에 관해 제시된 이론을 몇 가지로 유형화하여, 정의 개념이 어떤 의미내용을 담고 있는지 구체적으로 살펴보도록 한다.

1. 형식적 정의와 실질적 정의

먼저 형식적 정의와 실질적 정의를 정의의 유형으로 언급할 수 있다.[24] 여기서 형식적 정의란 '동등취급원칙'에서 볼 수 있듯이 각 대상이 지닌 고유한 속성 또는 법적 효과의 실질적인 내용은 고려하지 않고, 단지 형식적인 측면에서 동등한 것은 동등하게 그리고 상이한 것은 상이하게 권리와 의무를 부여하는 것을 말한다. 이에 대해 실질적 정의란 어떤 대상을 단지 형식적으로만 취급하는 것을 넘어서, 그 대상이 지닌 고유한 특성이나 실제적인 법적 결과까지 고려하여 이른바 비례적으로 권리와 의무를 분배하는 것을 말한다.

이렇게 정의를 형식적 정의와 실질적 정의로 구별하는 것은 자명한 정의의 두 원칙인 "각자에게 그의 것을"과 "동등취급원칙"에서 어느 정도 추론할 수 있

---

23 H. Henkel, 앞의 책(주4), 401쪽.
24 형식적 정의와 실질적 정의에 대해서는 우선 심헌섭, "정의의 실질적 규준에 관한 연구", 『서울대학교 법학』 제36권 제1호(1995. 5), 85쪽 아래.

다. 그러나 아무래도 이에 대한 본격적인 근거는 고대 그리스의 철학자 아리스
토텔레스의 정의론에서 찾을 수 있다. 아리스토텔레스는 정의를 '배분적 정의'
와 '조정적 정의'(교환적 정의)로 구분한다. 이때 배분적 정의란 각자가 지닌 사
회적 직분과 상황에 따라 비례적으로 권리와 의무를 분배하는 것을 말한다. 아
리스토텔레스는 이러한 배분적 정의는 주로 공법관계, 즉 국가와 개인의 관계
에서 문제된다고 한다. 이에 대해 교환적 정의란 각 당사자를 동등한 주체로 보
고, 법적 재화를 서로에 대해 균등하게 교환케 하는 것을 뜻한다. 교환적 정의
는 주로 사법관계·거래관계에서 적용되었다. 여기서 우리는 배분적 정의로부터
실질적 정의의 근거를 그리고 조정적 정의로부터는 형식적 정의의 근거를 발견
할 수 있다.[25]

　　이렇게 아리스토텔레스에 의해 그 단서가 마련된 형식적 정의와 실질적 정
의라는 구별은 벨기에의 법철학자인 카임 페를만(Chaim Perelmann)에 의해 더욱
분명하게 정립된다. 우선 페를만은 다음 여섯 가지를 정의의 준칙으로 제시한
다. "각자에게 똑같은 것을", "각자에게 그의 공과에 따라", "각자에게 그 일의
결과에 따라", "각자에게 그의 필요에 따라", "각자에게 그의 계급에 따라", "각
자에게 법이 정한 바에 따라"가 그것이다.[26] 이 가운데서 페를만은 첫 번째인
"각자에게 똑같은 것을"을 형식적 평등의 준칙으로 그리고 나머지를 실질적 평
등의 준칙으로 제시한다. 여기서 우리는 첫 번째 준칙은 아리스토텔레스가 제
시한 교환적 정의와 그리고 나머지 준칙은 배분적 정의와 유사함을 확인할 수
있다.

　　그렇다면 이러한 정의 유형은 어떤 내용을 담고 있는가? 먼저 형식적 정의
는 말 그대로 형식적인 것이므로 일정한 내용을 담지는 않는다. 단지 가령 법이
정한 구성요건을 형식적으로 충족하기만 하면 정의 원칙에 따라 법적 효과가
발생한다고 주장할 뿐이다. 이러한 이유에서 형식적 정의를 '규칙'이라고 부르
기도 한다.[27] 나아가 독일의 법철학자 라드브루흐(G. Radbruch)가 법이념의 한

---

25 심헌섭, 위의 논문(주24), 92쪽.
26 C. Perelmann, 심헌섭·강경선·장영민 (옮김), 『법과 정의의 철학』(종로서적, 1986), 9쪽 아래.
27 심헌섭, 앞의 논문(주24), 86쪽. 여기서 '규칙'이란 일정한 법적 요건을 충족하기만 하면, 법적 효
　　과를 발생시키는 규범의 구조를 말한다. 이러한 규칙을 법학에 응용하고 있는 예로는 R. Alexy,

가지로 인정한 바 있는 '법적 안정성'도 형식적 정의를 나타낸 것이라고 생각할 수 있다. 왜냐하면 법적 안정성이란 동일한 법률요건에 대해서는 동일한 법적 효과를 부여하여 법적 취급을 평등하게 하고 수범자에게 예견가능성을 확보해 주고자 하는 것이라고 볼 수 있는데, 이는 곧 형식적 정의가 보여주는 규칙적 사고와 합치하기 때문이다.

　　문제는 실질적 정의에서 나타난다. 왜냐하면 과연 무엇을 근거로 하여 각자에게 비례적으로 권리와 의무를 배분할 것인지가 의문으로 다가오기 때문이다. 물론 위에서 페를만이 제시한 여러 준칙이 한 기준이 될 수도 있을 것이다. 그렇지만 이 준칙들 역시 다시 구체화해야 할 필요가 있다. 이 때문에 페를만은 궁극적으로는 "수사적·논증적 절차"를 통해 정의의 실질적 기준을 마련하려 한다.[28]

　　그동안 법철학 안에서는 이러한 실질적 정의의 기준을 마련하기 위해 여러 견해가 제시되었다. 이를 간략하게 말하면, '자연법이론', '목적론적 사고에 입각한 공리주의', '특히 칸트의 이성적인 근거에 바탕을 둔 보편화가능성의 원리', '정의를 평등으로 환원하려는 견해' 등을 들 수 있다.[29] 그러나 사실 어느 견해도 분명하게 정의의 실질적인 기준을 제시하지는 못했다. 따라서 아직까지는 구체적인 상황에 따라 실질적인 기준을 검토해야 한다고밖에 말할 수 없는 것 같다. 물론 바로 이러한 이유에서 페를만과 같이 정의를 절차적·논증적으로 근거지우려는 시도가 전개되기도 하였다. 이는 아래 3.에서 더욱 자세하게 살펴볼 것이다.

　　형식적 정의와 실질적 정의는 헌법과 형법에서 다음과 같이 구체화된다. 우선 헌법에서 이는 '평등원칙'과 '평등권'(헌법 제11조)으로 구체화된다. 헌법학에서 논의하는 형식적 평등은 형식적 정의를, 합리적 차별에 입각한 실질적 평등은 실질적 정의를 대변한다. 그 다음 형법에서 이들은 '죄형법정주의'(형법 제1조)와 '책임원칙'으로 구체화된다. 왜냐하면 죄형법정주의는 그 누구를 막론하고 오직 법률에 근거를 해서만 범죄와 형벌을 규정하는 데 반해, 책임원칙은 행위

Theorie der Grundrechte (Frankfurt/M., 1986), 71쪽 아래 참고.
28 C. Perelmann, 앞의 책(주26), 73쪽 아래.
29 심헌섭, 앞의 논문(주24), 89~94쪽.

와 행위자의 구체적인 상황을 고려하여 책임을 판단할 것을 요구하기 때문이다. 물론 이러한 주장에 대해 죄형법정주의는 정의에 근거를 둔 것이 아니라 법적 안정성에 바탕을 둔 것이라는 반론을 제기할 수 있다. 왜냐하면 죄형법정주의의 하부원칙 가운데 하나인 명확성 원칙만 보더라도 죄형법정주의가 수범자에 대해 규범적용의 예견가능성을 확보하려 한다고 볼 수 있기 때문이다. 이 문제는 죄형법정주의의 성격을 어떻게 이해할 것인가, 그리고 형식적 정의와 법적 안정성의 관계를 어떻게 파악할 것인가와 관련을 맺는다. 만약 죄형법정주의를 순수하게 형식적인 측면으로만 이해한다면, 죄형법정주의는 말 그대로 법적 안정성에만 연결되는 것으로 보인다. 하지만 죄형법정주의를 단순히 형식적인 것으로만 파악하지 않고 실질적인 관점에 따라 이해한다면,[30] 죄형법정주의를 법적 안정성에만 연결할 수는 없다고 생각한다. 나아가 설사 죄형법정주의가 법적 안정성에만 연결된다 할지라도 법적 안정성과 형식적 정의가 성질상 서로 같다고 본다면, 위의 논쟁은 무의미한 것이 된다. 요컨대, 비록 죄형법정주의가 법적 안정성에 바탕을 둔 것이라 하더라도 법적 안정성이 형식적 정의의 다른 표현이라 한다면, 죄형법정주의는 곧 형식적 정의가 제도적으로 구체화된 것이라고 할 수 있다.

2. 자유주의적 정의와 공동체주의적 정의

정의에 대한 그 다음 유형으로 최근 영미 철학에서 논의된 적 있는 '자유주의적 정의'와 '공동체주의적 정의'를 들 수 있다.[31] 자유주의적 정의란 정의의 판단기준으로서 개인의 권리와 의무를 가장 우선시하는 것을 말한다. 이에 반해 공동체주의적 정의는 공동체의 이익, 이른바 '공동선'이나 '공공복리'를 정의의 우선적인 기준으로 제시하려는 것을 말한다.

자유주의적 정의와 공동체주의적 정의 사이의 논쟁은 미국의 철학자 존 롤즈(J. Rawls)의 『정의론』에서 출발한다. 롤즈는 그 이전까지 지배적인 정의론이

---

30 심재우, "죄형법정주의의 현대적 의의", 『고시계』(1978. 1), 12쪽 아래.
31 이에 관해서는 K. Seelmann, 앞의 책(주4), 232쪽 아래; 이인숙, 『공동체주의에 대한 연구: 자유주의와 관련해서』(고려대학교 철학박사 학위논문, 1994) 참고.

었던 공리주의를 비판한다. 그러면서 근대 계몽주의 시대에 칸트가 정초하였던
자유주의적 기획을 다시 시도하려 한다. 이를 위해 롤즈는 "근원적인 지위"(원
초적인 지위)(original position)와 "무지의 베일"(veil of ignorance)을 전제로 하면서
'두 가지 정의원칙'을 통해 이러한 기획을 실현하려 한다. 여기서 두 원칙이란
다음을 말한다.[32]

- 각자는 가장 포괄적인 체계의 평등한 자유를 향유할 수 있는 평등한 권리
  를 가지며, 이러한 체계는 다른 모든 사람들에게도 가능해야 한다.
- 사회적·경제적 불평등은 가장 혜택을 받지 못하는 사람에게 가장 많은 이
  익을 가져다주는 것이어야 하며, 누구에게나 개방된 지위와 결부된 것이어
  야 한다.

그런데 여기서 우리는 롤즈가 제시한 정의이론은 근대 계몽주의가 지향했
던 자유주의와는 차이가 있다는 점을 발견한다. 왜냐하면 롤즈는 두 번째 정의
원칙을 통해 근대 자유주의가 안고 있던 형식적인 폐단을 교정하려 하기 때문
이다. 그러나 바로 이 때문에 롤즈는 자유지상주의를 부르짖은 노직(R. Nozick)
에 의해 비판을 받는다. 『무정부주의, 국가 그리고 유토피아』(Anarchy, State and
Utopia)를 통해 자유지상주의를 전개한 노직은 자유주의의 형식적 한계를 수정
하려 했던 롤즈의 시도를 비판한다. 그러면서 노직은 근대 계몽주의 사상가인
존 로크(J. Locke)의 사상을 더욱 발전시키고자 한다. 그 결과 노직은 철저하게
고전적인 자유주의에 토대를 둔 정의론을 시도한다. 이에 따르면, 모든 인간은
원래부터 생명·신체·재산에 대한 권리를 가지며, 국가의 존재의의는 이러한
권리를 보호하는 데 필요한 최소한의 한도에서만 인정할 수 있다고 한다.

샌델(M. J. Sandel), 맥킨타이어(A. MacIntyre) 그리고 월저(M. Walzer)를 중심
으로 하여 전개된 공동체주의적 정의는 자유주의적 정의가 강조하는 '개인 중
심주의' 그리고 '보편적인 사고'를 비판한다. 가령 샌델은 롤즈가 바탕으로 한

---

32 J. Rawls, *A Theory of Justice* (Harvard Uni. Press, 1971), 60쪽; K. Seelmann, 앞의 책(주4), 204쪽
에서 다시 인용.

칸트의 '의무론적 자유주의'를 비판한다. 그러면서 한편으로는 아리스토텔레스를 그리고 다른 한편으로는 헤겔을 바탕으로 하여 정의론을 공동체적으로 다시 구성한다. 그 결과 자유주의적 정의가 상정했던 '옳은 것'(the right)과 '좋은 것'(the good)을 구별하는 것을 거부하면서 양자를 같은 것으로 파악하려 한다.

사실 이러한 논의는 지금까지 전개된 정의론의 측면에서 볼 때 전혀 새로운 것은 아니다. 이는 기존의 정의론을 새로운 관점에서 재구성한 것이라 할 수 있다. 그 이유는 이미 우리 법체계에서도 자유주의적 정의와 공동체주의적 정의의 이념을 찾아볼 수 있기 때문이다. 가령 자유주의적 정의론은 헌법상 기본권에서 찾을 수 있다. 헌법이 규정한 각종 기본권들은 자유주의적 정의론의 이념을 반영한 것이다.[33] 또한 공동체주의적 정의론은 헌법 제37조 제2항이 규정한 "공공복리"라든가, 행정법에서 강조하는 '공익' 개념에서 발견할 수 있다.[34]

한편 이러한 정의론은 형법에서 다음과 같이 구체화된다고 생각한다. 예를 들어, 자유주의적 정의는 형법을 고전적인 근대 계몽주의의 법치국가 형법으로 이해하는 견해에서 찾을 수 있다.[35] 이와 달리 공동체주의적 정의는 적극적 일반예방 또는 통합예방을 강조하는 형법이론에서 발견할 수 있다.[36]

그렇다면 이러한 두 정의론은 서로 어떤 관계를 맺는가? 만약 양자가 서로 충돌할 경우, 이 갈등을 어떻게 해결할 것인가? 이 문제는 형식적 정의와 실질적 정의의 관계가 그런 것처럼 어느 한 쪽을 택일함으로써 해결할 수 있는 것은 아니다. 궁극적으로는 두 정의론을 변증적으로 지양·승화시켜 갈등을 해결하는 것이 가장 타당하다. 예컨대 우리 헌법 제37조 제2항이 규정하듯이, 한편으로는 기본권 제한을 인정하면서도, 다른 한편으로는 기본권의 본질내용을 침해하지 못하게 한 것이 대표적인 경우라 할 수 있다. 또한 극단적인 자유주의와 공동체주의, 달리 말해 고전적인 법치국가 형법과 위험형법을 모두 변증적으로

---

33 이는 헌법상 기본권을 자연권으로 이해하는 데서도 찾을 수 있다. 가령 C. Schmitt, *Verfassungslehre* (Berlin, 1954), Ⅱ. § 14.

34 공익 개념에 대해서는 우선 최송화, 『공익론』(서울대학교출판부, 2002) 참고.

35 대표적인 견해로 W. Hassemer, "현대 형법의 특징과 위기", 배종대·이상돈 (편역), 『형법정책』(세창출판사, 1998), 191쪽 아래.

36 G. Jakobs, 조상제 (역), "책임과 예방", 심재우 (편역), 『책임형법론』(홍문사, 1995), 153쪽 아래.

지양하려는 "델타모형적 형법이론"에서도 그 예를 찾을 수 있다.[37] 나아가 독일의 사회철학자 하버마스(J. Habermas)가 1992년에 출간한 『사실성과 타당성』에서 대화원칙으로 재구성한 '민주주의'를 통해 자유주의와 공화주의를 변증적으로 지양하려 한 것도 좋은 예가 된다.[38]

3. 실체적 정의와 절차적 정의

한편 최근 독일에서 논의되는 정의론으로 '실체적 정의'와 '절차적 정의'를 거론할 수 있다. 실체적 정의는 정의에 대응하는 실질적인 내용이 시간과 공간 속에서 '실체'(Substanz)로서 존재한다고 말한다. 이와 달리 절차적 정의는 정의의 실질적인 내용은 존재하지 않고, 다만 절차참여자에 의해 그때그때 구성되는 것이라고 주장한다.

정의론은 원래 실체적 정의론에서 출발한다. 이는 서양철학의 근원이라 할 수 있는 플라톤에게서 찾아볼 수 있다. 플라톤은 현상과 본질을 분리하는 것에서 자신의 철학을 시작한다. 그러면서 변하지 않으면서 실체로서 존재하는 본질, 즉 '이데아'만을 참된 것으로 인정한다. 이러한 주장은 인식론뿐만 아니라 국가론·정의론에서도 관철된다. 여기서 우리는 참된 것, 다시 말해 정의는 현상과는 달리 불변하는 실체로서 존재한다고 말하는 실체적 정의론의 원형을 발견한다.

실체적 정의론은 오랜 역사를 거치면서도 그 원형이 유지된다. 이는 특히 자연법이론에서 가장 잘 드러난다. 중세 기독교 철학을 집대성한 토마스 아퀴나스 이후 자연법이론은 국제법학자이자 자연법이론가인 그로티우스(H. Grotius)와 푸펜도르프(S. Pufendorf), 토마지우스(C. Thomasius), 사회계약론자인 홉스(T. Hobbes), 로크(J. Locke) 등을 거치면서 서구 법철학의 지배적인 사상이 된다. 이러한 자연법이론은 〈주체-객체 모델〉과 '실체존재론적 사고'에 입각하고 있어서 정의 역시 실체적인 것으로 파악한다. 그래서 자연법이론에 따르면, 정의는 마치 플

---

37 김일수, "과학기술의 발달과 형법", 『한일법학연구』 제14집(1994), 145쪽 아래.
38 J. Habermas, *Faktizität und Geltung* (Frankfurt/M., 1992), 109쪽 아래 참고.

라톤의 이데아처럼 시간과 공간을 차지하고 있는 어떤 대상으로 인식된다.

이러한 실체적 정의론은 독일의 철학자 아펠(K.-O. Apel)과 하버마스를 중심으로 한 '절차주의'에 의해 비판을 받는다.[39] 먼저 이들은 실체적 정의론이 바탕을 두고 있는 〈주체-객체 인식모델〉을 비판한다. 그 이유를 인식과정을 매개하는 언어에서 찾는다. 아펠과 하버마스에 의하면, 언어는 인식대상을 투명하게 반영하는 것이 아니라 이해자의 선이해(해석학적 구조)나 구체적인 상황(화용론적 사고)에 따라 다양하게 이해될 여지가 있다. 따라서 우리가 언어를 매체로 하여 대상을 투명하게 인식하는 것은 불가능하다고 말한다. 그러면서 '상호주관적 인식모델'을 대안으로 제시한다. 인식의 초점을 대상에서 분리하여, 언어 사용자와 다른 언어 사용자 사이의 관계에 초점을 맞추는 것이다. 그 결과 등장한 것이 곧 '절차적 정의론'이다. 특히 하버마스는 진리와 정의는 발견되는 것이 아니라 '합리적 대화'(rationaler Diskurs)라는 절차 안에서 합의되는 것이라고 함으로써 실체적 사고로부터 정의 개념을 분리한다.

이러한 절차주의적 정의론 가운데 하버마스의 이론은 독일의 공법학자이자 법철학자인 알렉시(R. Alexy)에 의해 법학에 수용된다.[40] 특히 알렉시는 하버마스의 대화원칙을 더욱 발전시켜 다양한 논증규칙을 정립한다. 더 나아가 알렉시는 이른바 "특수 경우 테제"(Sonderfall These)를 제시하여 자신이 발전시킨 다양한 도덕적·실천적인 논증규칙을 제한적이나마 법적 논증에도 원용할 수 있다고 한다. 이에 의하면, 다양한 논증규칙을 활용함으로써 법적인 주장을 정당화할 수 있다. 이러한 알렉시의 관점에서 보면, 정의란 합리적인 법적 논증으로 획득하는 절차적인 것이라고 이해할 수 있을 것이다. 그러나 절차적 정의론이 지지만을 얻은 것은 아니다. 이미 여러 학자들에 의해 절차적 정의론에 대한 비판이 전개되었다.[41] 이를테면 바인베르거(O. Weinberger), 힐겐도르프(E. Hilgendorf), 회페(O. Höffe) 등에 의해 절차적 정의론은 내용이 없는 공허한 것에 불과하다는 비판을 받기도 하였다.

---

39 심헌섭, "독일 철학 및 법철학계에서의 정의론의 동향", 『서울대학교 법학』 제34권 제3·4호(1993. 12), 39쪽 아래.
40 R. Alexy, 앞의 책(주2) 참고.
41 심헌섭, 앞의 논문(주39), 50쪽 아래.

이러한 실체적 정의론과 절차적 정의론에 대해 독일의 법철학자인 아르투어 카우프만(Arth. Kaufmann)은 두 정의론을 절충한 정의론을 전개한다.[42] '진리수렴이론'에 입각한 정의론이 그것이다. 카우프만은 어느 한 쪽만을 양자택일하지 않는다. 왜냐하면 실체적 정의론이나 절차적 정의론 모두 나름대로 설득력을 갖고 있다고 보기 때문이다. 그래서 양자가 갖고 있는 장점을 살리면서도 각각의 한계를 넘어서려는 정의론을 전개하는 것이다.

먼저 카우프만은 전통적인 실체적 정의론이 안고 있는 한계, 즉 〈주체―객체 인식모델〉의 한계를 간파한다. 그러면서 독일의 철학자 가다머(H.―G. Gadamer)의 '존재론적 해석학'과 칼 포퍼(K. Popper)의 '비판적 합리주의'를 수용함으로써 상호주관적 인식모델을 받아들인다. 그렇다고 해서 카우프만이 절차주의적 관점을 모두 인정하는 것은 아니다. 그 대신 카우프만은 진리수렴이론에 입각하여 절차적 정의론이 간과하기 쉬운 실체적 관점을 남겨둔다. 또한 '논증원칙', '반증원칙'을 원용함으로써 절차적 정의론을 더욱 설득력 있게 만든다.

그뿐만 아니라 카우프만은 일찍이 독일의 법철학자 베르너 마이호퍼(W. Maihofer)가 시도했던 '관계존재론'의 관점을 수용하여 절차적 정의론이 넘어설 수 없는 한계를 설정한다. 이때 관계존재론의 바탕이 되는 것이 바로 '인격'(Person)이다. 카우프만은 이러한 인격에 바탕을 둔 인격적 사고는 "처분할 수 없는 것"이라고 함으로써 절차적 정의론에 한계를 긋는다. 그런데 이렇게 정의를 관계적인 것으로 파악하는 카우프만의 시도는 헨켈의 시도와 유사하다. 왜냐하면 헨켈도 정의원칙을 관계적이며 개방적인 원칙이라고 보기 때문이다.

그렇다면 어떤 정의론이 가장 설득력을 얻을 수 있을까? 그러나 이 문제는 법철학의 근본 문제에 해당한다. 따라서 이 책에서 이 문제를 정면에서 다루는 것은 적절하지 않다. 그러므로 여기에서는 이에 대해 필자가 갖고 있는 생각을 간략하게 정리하는 것으로 논의를 마무리하고자 한다. 위에서 본 것처럼, 카우프만은 진리수렴이론을 실체적 정의론과 절차적 정의론을 종합한 것으로서 제시한다. 그렇지만 진리수렴이론을 면밀하게 검토하면 이 이론이 실상 절차적

---

42 Arth. Kaufmann, *Rechtsphilosophie in der Nach―Neuzeit* (Heidelberg, 1990), 32쪽 아래; 또한 김영환, "아르투어 카우프만의 인격적 법이론", 『법철학연구』 제9권 제1호 (2006. 5), 117~144쪽 참고.

정의론, 그 중에서도 하버마스의 정의론과 실질적으로 차이가 없다는 것을 알수 있다. 그 이유는 다음과 같다. 카우프만이 진리수렴이론을 제시하는 이유는 절차적 정의론이 자칫 절차맹목주의에 빠져 정의를 기능적인 것으로 전락시킬지도 모른다는 우려 때문이다. 하지만 이러한 시도는 이미 하버마스가 제시하고 있는 절차적 정의론의 조건, 즉 '이상적 대화상황'이나 '합리적 대화'를 통해서도 실현할 수 있다고 생각한다. 더군다나 하버마스 자신이 이론이성 영역에서는 진리합의이론을 관철하는 것을 포기함으로써 이제는 하버마스의 진리합의이론과 카우프만의 진리수렴이론 사이에서 실질적으로 큰 차이를 발견할 수 없다.[43] 그러므로 진리수렴이론과 진리합의이론을 엄격하게 구분하는 것은 큰 실익이 없다.

그러면 이러한 실체적 정의론과 절차적 정의론은 어떻게 제도적으로 구현되고 있는가? 우리는 이를 각각 실체법과 절차법에서 발견할 수 있다. 물론 실체법과 절차법이 각각 실체적 정의와 절차적 정의만을 반영하는 것은 아니다. 왜냐하면 실체법에서도 절차적 정의의 이념을, 반대로 절차법에서도 실체적 정의의 이념을 발견할 수 있기 때문이다. 그렇다 하더라도 역시 실체법과 절차법은 기본적으로 실체적 정의와 절차적 정의를 각각 대변한다고 할 수 있다. 예를 들어, 우리 헌법이 규정하는 인간의 존엄에 대한 기본권(헌법 제10조)은 실체적 정의의 이념을 반영한다. 반면 특히 형사소송법에서 중요시되는 적정절차원칙은 절차적 정의를 잘 대변한다고 말할 수 있다.

4. 기타의 정의론

그밖에 헬무트 코잉(H. Coing)의 정의론과 심헌섭 교수의 정의론을 눈여겨볼 필요가 있다.

(1) 코잉의 정의론

독일의 법철학자이자 법사학자인 헬무트 코잉은 아리스토텔레스의 정의론을 수용 및 발전시켜 '평균적 정의', '배분적 정의', '보호적 정의'라는 세 가지 정

---

43 J. Habermas, *Wahrheit und Rechtfertigung: philosophische Aufsätze* (Frankfurt/Main, 2004).

의를 제시한다.[44] 이때 평균적 정의는 평등관계를, 배분적 정의는 공동체관계를, 보호적 정의는 국가권력관계를 전제로 한다. 이러한 코잉의 정의론에서 특기할 만한 것은, 그가 평균적 정의와 배분적 정의 이외에 보호적 정의를 별도로 인정한다는 것이다. 그러나 코잉과 같이 별도로 보호적 정의를 인정할 필요는 없다고 생각한다. 왜냐하면 원래 보호적 정의는 국가와 개인의 관계에서 문제되는 것인데, 이 관계는 보호적 정의를 따로 인정하지 않아도 평균적 정의와 배분적 정의만으로도 충분히 규율할 수 있기 때문이다. 그러므로 비록 코잉이 생활관계를 유형화하여 정의를 분류한 것은 그 의미가 있다 할지라도 보호적 정의를 별도의 정의 유형으로 인정할 필요는 없다고 말할 수 있다.[45]

(2) 심헌섭 교수의 정의론

한편 지금은 작고하신 법철학자 심헌섭 교수는 콜러(P. Koller)의 견해를 바탕으로 하여 다음과 같이 정의론을 전개한다.[46] 먼저 심헌섭 교수는 코잉처럼 생활관계를 '교환관계', '공동체적 관계', '지배관계', '불법관계'로 유형화한다. 여기서 불법관계란 고의나 과실로 타인의 권리 또는 의무를 침해한 경우에 발생하는 관계를 말한다. 그러면서 이에 대응하여 정의를 '교환적 정의', '배분적 정의', '보호적 정의', '시정적 정의'로 유형화한다. 그러나 코잉의 정의론에 대해 비판하였듯이, 정의를 이렇게 네 가지로 유형화하는 것은 큰 의미가 없다고 생각한다. 왜냐하면 보호적 정의나 시정적 정의 모두 한편으로는 교환적 정의에, 다른 한편으로는 배분적 정의에 포섭될 수 있기 때문이다.

V. 헌법에서 정의가 갖는 의미

지금까지 법이 추구해야 하는 정의가 무엇인지, 정의론은 어떻게 유형화할 수 있는지 살펴보았다. 그러면 이러한 정의는 실정법에서는 구체적으로 어떤 의미를 갖는가? 여기에서는 헌법을 예로 하여 정의가 실정법에서 구체적으로

---

44 심헌섭, 앞의 논문(주24), 95~97쪽.
45 같은 견해로는 H. Henkel, 앞의 책(주4), 408쪽.
46 심헌섭, 앞의 논문(주24), 95쪽 아래.

어떤 의미를 지니는지, 어떤 역할을 하는지 살펴보도록 한다. 두 가지 측면에서 이를 검토하도록 한다. 첫째는 헌법원리의 측면이고, 둘째는 사법심사기준의 측면이다.

1. 헌법원리로서 정의

먼저 정의는 민주주의나 법치주의, 사회국가 원리와 마찬가지로 헌법이 직접 규정하고 있지는 않지만 헌법원리의 일종으로 파악할 수 있다.[47] 이는 코잉이 제시한 정의론에서 어느 정도 찾아볼 수 있다. 코잉은 공법관계와 같은 권력관계에서 적용되는 정의를 보호적 정의라고 하였다. 그렇다면 이러한 보호적 정의는 헌법관계에도 적용될 수 있다. 왜냐하면 헌법관계야말로 가장 대표적인 공법관계라 할 수 있기 때문이다. 그러나 헌법관계에 보호적 정의와 같은 정의의 한 범주만이 적용된다고 말할 수는 없다. 왜냐하면 공법관계에 대해서는 가령 형식적 정의뿐만 아니라 실질적 정의도 모두 적용된다고 말할 수 있기 때문이다. 예를 들어, 형식적 정의는 헌법 제11조가 규정하는 평등권에서 찾아볼 수 있다. 헌법 제11조 제1항은 "누구든지 성별, 종교, 사회적 신분에 의하여 정치적, 경제적, 사회적, 문화적 생활의 모든 영역에서 차별을 받지 아니한다."고 규정한다. 그리고 제11조 제2항은 사회적 특수계급제도는 인정하지 않는다고 규정한다. 이는 형식적 정의를 단적으로 드러낸 것이다. 그러나 헌법재판소도 인정하고 있듯이, 합리적 근거에 의한 차별은 허용된다. 가령 공무원을 임용할 때 여성할당제를 통해 여성을 우대하거나 장애인을 특별히 배려하는 것이 그 예가 된다. 이는 실질적 정의의 모습을 예시한다. 나아가 자유주의적 정의와 공동체주의적 정의도 헌법관계에서 나타난다. 예컨대, 헌법상 국가권력의 기본권 기속성이나 기본권을 제한하는 경우 반드시 준수해야 하는 본질내용 침해금지는 자유주의적 정의를 대변한다. 이에 대해 공동체주의적 정의는 '국가안전보장'이나 '질서유지' 또는 '공공복리'를 위해 기본권을 제한할 있도록 하는 헌법 제37조 제2

---

[47] 이에 대한 상세한 연구로는 Dokyun Kim, *Gerechtigkeit und Verfassung: Eine Rawlssche Deutung der bundesverfassungsgerichtlichen Formel »eine am Gerechtigkeitsgedanken orientierte Betrachtungsweise«* (Baden–Baden, 2004) 참고.

항에서 찾아볼 수 있다.

이와 같이 정의는 헌법관계에서 일종의 원리로서 작동한다. 헨켈이 시사한 것처럼, 정의는 한편으로는 지도원리로서 그리고 다른 한편으로는 비판원리로서 헌법을 규율한다. 그러나 정의 그 자체는 추상적인 개념이고 헌법이 정면에서 규정하고 있지는 않은 원리여서, 정의는 많은 경우 더욱 구체적인 규범원칙이나 기본권 등을 통해 헌법에서 작동한다. 예를 들어, 헌법의 기본원리인 법치주의는 형식적 정의가 지향하는 바를 구체적으로 실현한다. 나아가 헌법이 규율하는 적법절차 원칙(헌법 제12조 제1항)은 절차적 정의 이념을 그리고 비례성 원칙(헌법 제37조 제2항)은 배분적 정의 이념을 실현하는 데 기여한다. 뿐만 아니라, 헌법이 규정하는 각종 기본권 목록은 자유주의적 정의를 실현하는 데 결정적인 역할을 수행한다.

2. 헌법재판의 기준으로서 정의

나아가 정의는 일정한 국가작용이 정의에 위반하여 이루어진 경우 이러한 국가작용을 통제하는 심사기준으로 작동할 수 있다. 더욱 구체적으로 말하면, 정의는 헌법재판의 심사기준으로서 정의에 위반한 국가작용을 통제하는 데 기여할 수 있다. 그 이유는 국가작용을 최종적으로 통제하는 역할을 헌법재판이 수행하기 때문이다. 일정한 국가작용이 정의에 위반하여 행해지면 그 국가작용은 정당성 기반을 잃어버린다. 따라서 이는 위법한 국가작용이 된다. 그러므로 이를 통해 권리를 침해당했거나 정의롭지 못한 의무를 부담해야 하는 때에는 국가에 대해 법적 구제를 요구할 수 있다. 예를 들어, 입법작용이 정의에 반한 때에는 헌법재판소에 위헌법률심판이나 헌법소원을 제기할 수 있다. 행정작용이 정의에 반한 때에는 행정소송이나 경우에 따라서는 직접 헌법소원을 제기할 수 있다. 이렇게 정의에 위반한 국가작용을 이유로 하여 헌법재판이 이루어지는 경우, 정의는 헌법재판의 심사기준으로 그 역할을 수행할 수 있는 것이다.

물론 정의 개념 자체는 매우 추상적이어서 정의를 헌법재판의 심사기준으로 직접 원용하는 것은 쉽지 않을지 모른다. 대부분의 사건에서는 정의를 구체

화하는 다른 규범원칙이나 기본권 등에 힘입어 국가작용을 심사·통제하게 될
것이다. 그렇지만 통상적인 기준으로는 해결하기 어려운 '하드케이스'의 경우
에서는 결국 정의가 결정적인 기준으로 작동하게 될 것이다. 예를 들어, 정의
이념을 조화롭게 체계화한 '라드브루흐 공식'은 일종의 한계상황을 해결하는
데 유용한 기준으로 활용될 수 있을 것이다. 독일 연방헌법재판소가 '국경수비
대' 사건을 해결하기 위해 다시 라드브루흐 공식을 원용한 것이 좋은 예가 될
것이다.

제3절

법의 효력과 근거

I. 왜 논의해야 할까?

특정한 법이 적법하게 제정되면 우리는 이 법을 준수해야 한다. 법을 준수하지 않으면 우리는 법을 위반하는 것이 된다. 그렇게 되면 우리의 행위는 위법한 것으로 평가되어 형벌과 같은 법적 제재를 받아야 한다. 예를 들어, 우리 형법은 제250조에서 살인죄를 규정함으로써 살인행위를 금지하는데, 만약 우리가 이에 위반하여 타인을 살인하면 우리는 이에 대한 제재로서 형벌을 부과 받아야 한다. 여기서 우리는 다음과 같은 의문을 제기할 수 있다. 왜 우리는 법을 준수해야 하는가? 법은 과연 어떤 근거에서 우리에게 의무나 금지를 명령할 수 있는 것일까? 이러한 의문과 관련되는 문제가 바로 법의 효력 및 그 근거에 관한 문제이다. 이는 '법의 개념' 및 '정의' 문제와 더불어 법철학에서 가장 어려운 문제에 속한다. 제3절에서는 법의 효력이란 무엇인지, 그 근거는 무엇인지에 관해 그동안 이루어진 논의를 정리하면서 필자의 생각을 간략하게 제시하도록 한다.

Ⅱ. 법의 효력 개념 분석

1. 효력이란?

일반적으로 법규범이 효력을 갖는다는 것은 이러한 법규범이 "법규범으로서 고유하게 존재한다는 것을 의미"한다.[1] 그렇다면 여기서 "법규범으로서 고유하게 존재한다는 것"은 구체적으로 무엇을 뜻하는가? 일단 이는 법규범을 준수해야 하는 수범자가 법규범이 정한 내용대로 행동하도록 요청할 수 있는 것이라고 말할 수 있다. 달리 말해, 법규범이 효력을 갖고 있다는 명제는 법규범이 수범자에게 '의무를 부과할 수 있는 힘'(Verpflichtungskraft)을 갖고 있다는 것으로 이해할 수 있다.[2]

2. 개념의 분화

(1) 효력 개념의 세 가지 의미맥락

그러나 사실 '법규범이 수범자에게 의무를 부과할 수 있는 힘을 갖고 있다.'는 명제도 그리 명확한 것만은 아니다. 왜냐하면 이 명제도 각기 상이한 의미맥락을 담고 있기 때문이다. 여기서 효력 개념은 세 가지 의미맥락으로 나누어 파악할 수 있다.[3] 첫째는 '실효성'(Wirksamkeit)의 측면이고, 둘째는 '합법성'(Legalität)의 측면이며, 셋째는 '정당성'(Legitimität)의 측면이다. 첫째, 법규범의 효력은 이 법규범이 수범자들 또는 한 사회공동체에 의해 '사실상' 준수되고 있다는 의미를, 다시 말해 법규범이 사회 속에서 이른바 '살아있는 법'(lebendes Recht)으로 작동하고 있다는 의미를 가질 수 있다. 이러한 '실효성'의 맥락에서는 법규범의 효력이 무엇보다도 '국가권력의 강제력'과 결합되어 나타나는 경우가 많다.[4] 둘째, 법규범의 효력은 이 법규범이 일정한 국가공동체가 마련해 놓

---

1 김영환, 『법철학의 근본문제』(홍문사, 2006), 112쪽.
2 이상영·김도균, 『법철학』(한국방송통신대학교출판부, 2006), 31~32쪽.
3 이에 관해서는 김영환, 앞의 책(주1), 112~113쪽.
4 물론 법규범의 '실효성'은 이 법규범이 모든 수범자들에 의해 '승인'되는 경우에도 확보될 수 있다. 이 점에서 법규범의 '실효성'은 한편으로는 국가권력의 강제력을 통해서 '타율적'으로, 다른 한편으로는 수범자들의 승인을 통해 '자율적'으로 확보될 수 있다.

은 법체계에 합치하고 있다는 의미를 가질 수 있다. 다시 말해, 법규범이 국가 공동체가 제도화한 입법절차에 따라 제정되었으며, 따라서 이 법규범은 전체 법질서에 부합한다는 의미를 가진다는 것이다. 이러한 맥락에서 보면, 법규범의 효력 개념은 '합법성'과 동일한 의미로 새길 수 있다. 오스트리아 출신의 공법학자 한스 켈젠이 정립한 효력이론이 이와 같은 관점을 가장 극명하게 보여준다. 셋째, 법규범의 효력은 그 법규범이 내용적으로 정당하다는, 다시 말해 형식적으로 합법적일 뿐만 아니라 내용적으로 타당하다는 의미를 가질 수 있다.[5] 여기서 법규범의 효력 개념은 '정당성'(Legitimität) 또는 '타당성'(Gültigkeit)과 동일한 의미로 사용된다.

(2) 효력 개념의 내적 분화

이처럼 효력 개념은 단일한 의미를 갖는 것이 아니라 다중적인 의미를 동시에 가질 수 있다. 그리고 바로 이 점에서 법규범의 효력 '근거'를 캐묻는 작업은 이 중에서 어떤 의미를 더욱 강조하는가에 따라 각기 상이하게 전개된다. 이는 무엇보다도 효력 개념 자체가 내적으로 분화됨으로써 촉진되었다. 권력분립이 이루어지지 않고, 법규범의 효력이 국가권력의 강제력과 동일한 선상에서 파악되었던 절대국가에서는 효력 개념이 다원적으로 이해되기보다는 오히려 단일한 의미로 사용되었다. "법이 힘을 만드는 것이 아니라, 힘이 법을 만든다."는 언명이 시사하는 것처럼, 절대국가에서 법규범의 효력은 국가권력의 실효성과 동일한 의미로 사용되었다.[6] 그렇지만 법치국가 원리가 독자적인 법적 원리로 성장하고,[7] 더 나아가 국가의 구성원리로 정착하면서 '국가권력의 강제력'이라는 사실적 측면과 '합법성'이라는 규범적 측면은 각기 독자적인 요소로 분화되

---

5 이는 합법성과 정당성이 개념적·내용적으로 분리된다는 점을 전제로 한다. 이 문제에 관해서는 양천수, "합법성과 정당성: 칼 슈미트의 이론을 중심으로 하여", 『영남법학』 제25호(2007. 10), 91~115쪽 참고.

6 물론 법철학사의 견지에서 더욱 정확하게 말하면, 자연법이론과 법실증주의 사이에서 전개되었던 논쟁이 효력 개념에서도 되풀이되어, 법규범의 효력을 국가권력과 동일시하는 권력실증주의적 관점 이외에도 법규범의 효력을 실정법을 넘어서는 자연법에서 찾으려는 자연법적 관점이 역사적으로 존재했다는 점은 언급할 필요가 있다.

7 이에 관해서는 김도균, "근대 법치주의의 사상적 기초: 권력제한, 권리보호, 민주주의 실현", 김도균·최병조·최종고, 『법치주의의 기초: 역사와 이념』(서울대학교출판부, 2006), 3쪽 아래.

었다.[8] 이에 따라 효력 개념 안에서 '실효성'이라는 의미와 '합법성'이라는 의미가 각기 독자적인 의미요소로 자리 잡았다. 아울러 법치국가 원리 자체가 '형식적' 법치국가와 '실질적' 법치국가로 분화되면서, '합법성' 개념으로부터 다시 '정당성' 개념이 독자적인 의미요소로 독립하였다. 이에 따라 원래는 효력 개념 안에서 공존하던 세 의미맥락이 효력 개념의 내적 분화를 통해 각기 독자적인 의미로 작동하기 시작하였다.

그러나 이렇게 효력 개념이 내적으로 분화되면서, 법규범의 효력'근거'를 찾고자 하는 시도는 더욱 더 어려움에 처하게 되었다. 왜냐하면 효력 개념 안에서 내적으로 분화된 '실효성', '합법성', '정당성' 중에서 어디에 더 무게중심을 두는가에 따라 법규범의 효력근거가 각기 달라지기 때문이다. 그런데 더 큰 문제는 이러한 세 의미요소 중에서 어디에 더 무게중심을 두어야 하는지를 결정해주는 '메타기준'이 분명하게 존재하는 것은 아니라는 점이다. 이 문제에 관해서는 아래 Ⅳ.에서 다루기로 한다.

Ⅲ. 법규범의 효력근거에 관한 이론

1. 분석틀

'오늘날의 민주적 법치국가에서는 법규범의 효력근거를 어디서 찾을 것인가?'라는 문제에 답하기 위한 전제로서, 그동안 법규범의 효력근거에 관해 어떤 이론들이 제시되었는지를 살펴보도록 한다. 그러나 그동안 제시된 이론들을 평면적으로 그리고 상세하게 다루는 것은 제한된 지면을 갖는 이 책에서는 가능하지도 않고, 또한 필자의 역량을 넘어서는 일이기도 하다.[9] 따라서 아래에서 필자는 두 가지 차원의 분석틀을 원용하여 효력근거에 관한 이론들을 정리하고자 한다. 첫 번째 분석틀은 '주관성', '객관성', '상호주관성'이라는 인식론적 틀에

---

8 국가의 구성원리로서 법치주의에 관해서는 장영수, "헌법의 기본원리로서 법치주의", 『안암법학』 제2호(1994. 8), 133~180쪽 참고.

9 이에 관해서는 우선 U. Neumann, "Das Problem der Rechtsgeltung", in: ders., *Recht als Struktur und Argumentation* (Baden‒Baden, 2008), 224쪽 아래; 이상영·김도균, 앞의 책(주2), 32~38쪽 등 참고.

서 기존의 이론을 분석하는 것이다.[10] 두 번째 분석틀은 '존재'와 '당위'라는 방법이원론의 틀에서 기존의 이론을 분석하는 것이다. 물론 기존의 이론을 분석하기 위해, 이러한 분석틀을 논리필연적으로 원용해야 하는 것은 아니다.[11] 그렇지만 이러한 틀은 기존의 이론들을 일목요연하게 정리하고, 각 이론이 지닌 차별성을 부각시키는 데 도움을 준다고 생각한다. 다만 여기서는 이러한 두 가지 분석틀을 병렬적으로 사용하기보다는, 첫 번째 분석틀에 중심을 두어 기존의 이론을 분석하면서 두 번째 분석틀을 입체적으로 원용하고자 한다.

2. 법규범의 효력근거에 관한 이론 분석

법규범의 효력근거를 어디서 찾을 것인가에 관해서는 그동안 사회적 실효성에서 효력근거를 찾으려는 '사회학적 효력이론', 실정법 체계 그 자체에서 찾으려는 '합법성설', '법의 이념' 또는 '도덕적 정당성'에서 찾고자 하는 '정당성설', 개인의 자율적 '양심'에서 찾으려는 '양심설'이나 승인에서 찾으려는 '승인설', 이를 넘어서 '계약'이나 '합리적 대화' 또는 '절차'에서 법규범의 효력근거를 발견하려는 '절차주의설' 등이 전개되었다.

(1) 주관성에 기반을 둔 효력이론

1) 양심설

먼저 주관성에서, 다시 말해 법규범을 준수해야 하는 수범자의 주관적인 측면에서 법규범의 효력근거를 찾으려는 견해를 언급할 수 있다. 이러한 이론으로서 '양심설'과 '승인설'을 거론할 수 있다. 여기서 양심설은 법규범을 준수해야 하는 행위자의 주관적 양심에서 법규범의 효력근거를 찾으려 한다.[12] 이렇게

---

10 이러한 분석틀을 원용한 경우로는 양천수, "안락사의 정당화 구조: 형법철학의 측면에서", 『형사법연구』 제19권 제4호(2007. 12), 241~260쪽 참고.

11 이와 더불어 무엇을 '주관적인 것'으로 그리고 무엇을 '객관적인 것'으로 볼 것인지도 정확하게 판단하기는 쉽지 않다. 이 문제에 대한 지적으로는 R. Alexy, "Grundrechte als subjektive Rechte und als objektive Normen", in: ders., *Recht, Vernunft, Diskurs* (Frankfurt/M., 1995), 264쪽 아래; 김해원, "헌법적 논증에서 객관헌법과 주관헌법", 『헌법학연구』 제16권 제1호(2010. 3), 169쪽 아래 참고.

12 이에 관해서는 아르투어 카우프만, 김영환 (옮김), 『법철학』(나남, 2007), 422쪽 아래.

양심설은 행위자의 철저한 자율성을 법규범의 효력근거로 삼음으로써 법규범의 효력을 가장 순수하게 주관적으로 파악한 이론이라고 평가될 수 있다. 이와 같은 견해를 밀고 나가는 진영에서는 양심은 개념필연적으로 주관적일 수밖에 없다는 점에서 심지어 '객관적 양심'이라는 개념마저 부정한다. 이는 양심설에 비판적인 한스 벨첼(Hans Welzel)의 다음과 같은 언명에서도 찾아볼 수 있다.[13]

"특정 개인의 주관적 양심에 대립되고 오로지 침해될 수 없는 신성한 영역으로서만 간주되는 '객관적' 양심의 이념은 (…) 실제로 '고유한 형태의' 양심의 말살을 의미한다는 것이다. 주관적─개별적인 것이 아닌 객관적─일반적 양심이란 (…) 자기모순이다. 그래서 헤겔이 구체적 윤리로 이행하는 순간에, '자신의 편일 수도 있고 자신에게 대립되는 것일 수도 있는 각 개인의 고집과 고유한 양심이 윤리적 실질성에서 사라지는 것'도 놀랄 만한 일이 아니다. 양심과 주관적 개별성에 관한 헤겔의 모든 고상한 말에도 불구하고, 그는 양심을 실체적 일반성의 바다 속에, 보다 정확히 말해, 국가 속에 (…) 해소시키고 말았다."

그러나 이러한 양심설은 철저하게 주관적인 측면에서 법규범의 효력근거를 찾고자 함으로써 오히려 객관적인 혹은 상호주관적인 성격을 가질 수밖에 없는 법규범의 효력근거를 확보하지 못하는 난점에 빠지고 만다. 이를 카우프만(Arth. Kaufmann)은 적절하게 다음과 같이 지적한다.[14]

"각자가 자기 자신의 입법자인 곳에서, 어떻게 인간의 행동에 대해 의무를 부여하는 규범들이 근거지어진다는 말인가? 어떻게 보편적 입법자가 나와 많은 다른 사람들이 무엇을 행하여야 하는가를 말할 수 있을까? 각 규범적 질서의 핵심문제, 즉 일반화의 문제는 더 이상 해결될 수 없게 된다."

---

13 H. Welzel, *Naturrecht und materiale Gerechtigkeit*, 4. Aufl. (Göttingen, 1962), 176쪽; 아르투어 카우프만, 위의 책(주12), 427쪽에서 다시 인용.
14 아르투어 카우프만, 앞의 책(주12), 423쪽.

2) 승인설

이와 같은 양심설은 '방법이원론'의 견지에서 볼 때 존재영역보다는 당위영역에, 다시 말해 사실적인 측면보다는 규범적인 측면에 주안점을 둔 이론이라고 이해할 수 있다. 이와 달리 승인설은 양심설보다 더욱 넓은 스펙트럼을 갖는다. 우선 승인설 역시 양심설과 마찬가지로 수범자의 주관적 '승인'(Anerkennung)에서 법규범의 효력근거를 확보하고자 한다. 19세기 후반에서 20세기 초반에 걸쳐 활동했던 독일의 법철학자 비얼링(E. R. Bierling)의 효력이론에서 이러한 승인설의 전형을 발견할 수 있다.[15] 물론 여기서 우리가 주의해야 할 점은, 승인설에서 말하는 승인 개념은 양심설에서 말하는 양심 개념보다는 더욱 넓은 의미맥락을 갖는다는 점이다. 그 이유는 양심이 좀 더 '당위'를 지향하는 것에 비해, 승인 개념은 양심과 같은 당위적 개념뿐만 아니라 '주관적 심리상태'와 같은 사실적 개념도 포함하기 때문이다.[16] 다만 독일 법학에서는 20세기 초반 이러한 승인설에 관해 비얼링과 켈젠 사이에서 논쟁이 전개되었는데, 승인설을 비판한 켈젠에 대해 비얼링은 후에 자신의 승인 개념은 경험적인 개념이 아니라, 오히려 켈젠이 강조하는 '근본규범'처럼 '선험적인 개념'이라고 강조한다.[17] 이렇게 보면, 승인 개념은 규범성을 지향하는 양심 개념과 실질적으로 차이가 없어진다고 말할 수 있다. 바로 이 점에서 승인설과 유사하게 '인정'(Akzeptanz)에서 법규범의 효력을 찾고자 하는 회르스터(N. Hoerster)의 이론이 지닌 차별성이 부각되기도 한다. 가령 회르스터는 모든 법규범의 최상위 실정법규범에 해당하는 헌법규범의 법적 성격, 즉 효력문제를 다루는 문제에서 다음과 같이 말한다.[18]

"이렇게 보면 헌법규범의 법적 성격은 이 헌법규범에 따라 국민들에 대해 강제를 정립하도록 요구받는 사람들이 이 규범을 실제로 인정하고 또한 이를 기본적

---

15 비얼링의 승인설에 관해서는 우선 Z. — W. Yoon, *Rechtsgeltung und Anerkennung: Probleme der Anerkennungstheorie am Beispiel von Ernst Rudolf Bierling* (Diss., 2009), 27쪽 아래.

16 이는 무엇보다도 비얼링의 승인설에 대한 켈젠의 비판에서 읽을 수 있다. 윤재왕, "법, 도덕 그리고 사실: 비얼링의 승인설에 대한 켈젠의 비판", 『고려법학』 제54호(2009. 9), 18쪽.

17 윤재왕, 위의 논문(주16), 23쪽.

18 노베르트 회르스터, 윤재왕 (옮김), 『법이란 무엇인가?: 어느 법실증주의자가 쓴 법철학 입문』(세창출판사, 2009), 23쪽.

으로 준수한다는 사실에 근거한다. 즉, 한 법질서의 최고규범인 헌법을 이 규범을 통해 임명된 공직자들이 인정하기 때문에 이 최고규범 자체와 이로부터 파생되는 다른 일반적 규범들이 하나의 통일된 법질서에 속하는 법규범이 된다. (…) **따라서 강제를 정립하는 공직자들이 헌법을 인정하는 것이 곧 국가와 법질서의 궁극적인 규범적 기초이다.**"(강조는 원문에 따름)

영국의 법철학자 하트(H.L.A. Hart)의 '승인율'(승인규칙)을 연상시키는 회르스터의 '인정' 개념을 어떻게 이해할 것인가는 승인 개념과 마찬가지로 또 다른 문제가 될 수 있다.[19] 그렇지만 그 자신이 법실증주의자라는 점을 강조하는 회르스터의 견지에서 볼 때, 더군다나 '효력'(Geltung)과 '유효성'(Gültigkeit)을 개념적으로 구별하는 회르스터의 이론을 전체적으로 바라볼 때,[20] '인정' 개념은 규범적인 개념이 아니라 경험적인 개념으로, 즉 당위 개념이 아니라 존재 개념으로 이해하는 것이 타당하다.[21]

그러나 회르스터의 '인정설'을 포함한 승인설은 양심설과 마찬가지로 다음과 같은 문제에 부딪힌다. 먼저 각 개별 수범자들이 일정한 법규범을 실제로 승인했는지가 문제되고, 나아가 승인을 한 것처럼 보이는 경우에도 이것이 진정 '자율적으로 승인'을 한 것인지, 아니면 타율적으로 '인정'한 것에 지나지 않는지 문제된다. 이 뿐만 아니라, 승인을 한 개별 주체가 실제로 승인능력을 갖고 있는지도 문제되고, 마지막으로 이러한 승인은 전체 법질서를 대상으로 하는 것인지, 아니면 몇몇 가령 '근본적인' 법규범만 승인하더라도 충분한 것인지 문제된다. 이미 이와 같은 문제들을 켈젠이 비얼링에 대해 제기한 바 있다.[22] 켈젠

---

19 회르스터 자신이 고백하는 것처럼, 회르스터는 하트의 법철학에서 많은 영향을 받았다. 이를 시사하는 노베르트 회르스터, 위의 책(주18), 3쪽.

20 독일어 'Gültigkeit'는 보통 '타당성'이라고 번역하지만, 회르스터 이론의 맥락에서는 '유효성'이라고 번역하는 것이 더욱 적절해 보인다. 회르스터의 이론체계에서 '유효성'과 '효력'은, 윤재왕 교수의 설명방식을 빌리면, 다음과 같이 구분할 수 있다. "전자는 어떤 법규범이 법질서의 최상위 규범인 헌법으로부터 직접 또는 간접적으로 도출될 수 있음을 뜻하고, 후자는 특정한 수범자가 법규범을 인정한다는 것을 뜻한다." 노베르트 회르스터, 앞의 책(주18), 186쪽 (옮긴이 후기).

21 Z.-W. Yoon, 앞의 논문(주15), 13쪽.

22 H. Kelsen, *Hauptprobleme der Staatsrechtslehre* (Wien, 1911), 311쪽 아래; 이를 요약해서 소개하는 윤재왕, 앞의 논문(주16), 14~22쪽 참고.

에 따르면, 비얼링이 강조하는 승인은 일종의 '허구적 의제'에 불과하다.[23]

> "이러한 의제는 승인설에 대해 (…) 일련의 구체적인 물음들을 제기해보면 분
> 명하게 드러난다. 즉, 누구의 승인을 말하는가? 연령, 성별, 의사능력의 차이를 고
> 려하지 않은 채 그저 모든 법주체의 승인을 말하는가? 모든 사람의 승인이 필요한
> 것인가 아니면 일부 사람의 승인이 필요한 것인가? 만일 다수의 승인만으로 충분
> 하다면, 어떠한 종류의 다수이며, 이를 어떻게 확인할 수 있다는 말인가? 불법은
> 과연 이 불법행위를 통해 위반된 법규를 승인하고서 행해지는 것인가 아니면 그
> 러한 승인이 없이 행해지는 것인가? 승인의 대상은 무엇인가? 개별 법규인가, 법
> 질서 전체인가, 아니면 실정법규범 이외의 어떤 다른 규범인가? 승인과 법에 대한
> 지식은 어떠한 관계에 있는가?"

3) 명령설

이외에도 주관성에 기반을 둔 효력이론으로서 '명령설'을 생각할 수 있다.
그러나 다른 이론들에 비해 명령설은 다소 이중적인 의미를 갖는다. 왜냐하면
명령설은 주권자의 명령에서 법규범의 효력근거를 찾고자 하는데, 주권자가 국
왕인 왕국과는 달리 오늘날 민주적 공화국에서는 국민 전체가 주권자가 되기
때문이다. 그 때문에 명령설은 한편으로는 주관성에 기반을 둔 이론으로 볼 수
있으면서도, 다른 한편으로는 '합법성설'과 마찬가지로 객관성에 기반을 둔 또
는 상호주관성에 기반을 둔 이론으로 파악할 수 있다.

(2) 객관성에 기반을 둔 효력이론

1) 사회학적 효력이론

둘째, 객관성에 기반을 둔 효력이론을 거론할 수 있다. 이는 법규범을 준수
해야 하는 수범자라는 주관성의 측면에서 법규범의 효력근거를 찾으려는 이론
이 아니라, 이를 넘어서는 객관적인 차원에서 법규범의 효력근거를 발견하려는
이론을 말한다. 이렇게 객관성에 기반을 둔 효력이론은 다시 존재영역을 지향

---

23 윤재왕, 앞의 논문(주16), 22쪽.

하는 이론과 당위영역을 지향하는 이론으로 구별할 수 있다. 먼저 한편으로는 객관성에 기반을 두면서 다른 한편으로는 존재적 근거를 지향하는 이론으로 '사회학적 효력이론'을 들 수 있다. 독일의 법사회학자 가이거(Th. Geiger)에게서 전형적으로 발견할 수 있는 이 이론은 일정한 법규범이 한 사회 속에서 실제로 실효성을 갖는지에 따라, 다시 말해 '살아 있는 법'으로서 작동하고 있는가에 따라 법규범의 효력 여부를 결정한다.[24] 여기서 주의해야 할 점은, 사회학적 효력이론에서는 당해 법규범이 정당한지 여부가 그리 중요한 것은 아니라는 것이다. 오히려 법규범이 사실적인 측면에서 실제로, 이것이 국가의 강제력 때문이든 아니면 사회구성원들의 승인이나 인정에 의한 것이든 상관없이, 법수범자들에게 실효성을 미치고 있는가 하는 점이 중요하다.[25] 이와 같은 사회학적 효력이론은 철저한 '관찰자 관점'에서 일정한 법규범이 한 사회 속에서 효력을 갖는가 여부를 판단하려 한다는 점에서 나름 그 의미를 부여할 수 있다.[26] 그렇지만 이 이론에 따르면, 절대국가나 나치와 같은 전체주의국가에서 제정한 법규범도 효력을 갖는 규범으로 볼 수 있는 가능성을 열어둔다는 점에서 이론적 약점을 갖기도 한다.

2) 합법성설

그 다음으로 한편으로는 객관성에 기반을 두면서도 다른 한편으로는 당위영역에서 법규범의 효력근거를 획득하려는 이론으로 '합법성설'과 '정당성설'을 생각할 수 있다. 전자는 실정법체계에서, 후자는 실정법을 넘어서는 가령 자연법과 같은 초실정적 규범에서 법규범의 효력근거를 찾고자 한다.[27] 여기서 전자의 합법성설은 다시 '명령설', 켈젠의 '법단계설', 하트의 '승인율'로 나누어볼 수 있다. 이 중에서 명령설은 법규범은 주권자가 내린 명령이라는 점에서 법규범의 효력근거를 찾고자 한다. 주권자가 내린 명령은 우리가 경험적으로 지각할

---

24 Th. Geiger, *Vorstudien zu einer Soziologie des Rechts* (Berlin, 1964), 253쪽 아래 참고.
25 이를 시사하는 G. Radbruch, *Rechtsphilosophie* (Heidelberg, 1999), 80~81쪽.
26 '관찰자 관점' 개념에 관해서는 양천수, "법 영역에서 바라본 참여자 관점과 관찰자 관점", 『안암법학』 제23호(2006. 11), 89~120쪽 참고.
27 이에 관해서는 U. Neumann, "Theorien der Rechtsgeltung", ders., *Recht als Struktur und Argumentation* (Baden–Baden, 2008), 100쪽 아래 참고.

수 있는 것이면서 사실이 아닌 규범에 속하는 것이므로, 명령설은 법실증주의
적 속성을 띠고 그 점에서 합법성설의 한 유형으로 분류할 수 있다. 다만 주권
자가 국왕인가 아니면 전체 국민인가에 따라 명령설은 주관성에 기반을 둔 이
론일 수도 있고, 반대로 객관성에 기반을 둔 이론으로 볼 수도 있다.

합법성설 중에서 두 번째로 언급한 켈젠의 법단계설은 합법성설의 백미라
고 일컬을 만하다. 법학의 순수성을 위해 존재와 당위를 엄격하게 구분하고, 당
위 중에서도 오직 국가가 제정한 법률만을 법학의 대상으로 삼고자 했던 한스
켈젠은, 존재로부터 당위의 근거를 추론할 수 없다는 전제 아래 법규범의 효력
도 오직 법규범으로부터 이끌어내고자 하였다. 이러한 맥락에서 등장한 것이
바로 유명한 법단계설이다.[28] 켈젠의 법단계설에 따르면, 일정한 법규범의 효력
근거는 오직 이보다 높은 단계에 있는 상위규범으로부터만 이끌어낼 수 있다.
가령 행정규칙은 법규명령에서, 법규명령은 법률에서 그리고 법률은 헌법에서
효력근거를 찾을 수 있다. 다만 문제는 헌법의 효력근거를 어디에서 이끌어낼
수 있는가 하는 점이다. 왜냐하면 현행 실정법체계상 헌법보다 더 상위에 존재
하는 실정법규범은 존재하지 않기 때문이다. 이 문제를 해결하기 위해 켈젠이
내놓은 해결책이 바로 '인식론적인 규범'에 해당하는 '근본규범'이다. 켈젠은 이
와 같은 고민을 다음과 같이 말한다.[29]

"한 규범의 효력근거를 찾고자 할 때 결과에 대한 원인을 찾듯이 끝도 없이 갈
수는 없는 노릇이다. 효력근거를 모색하는 것은 최고·최후의 규범으로 전제된 어
떤 규범에 종착역을 두어야만 한다. 이 최고·최후의 규범은 더 높은 규범에서부
터 권한과 효력을 부여받는 것은 아니라고 가정되므로, 이 규범의 효력근거는 더
이상 물을 필요는 없다. 이처럼 최고·최후의 규범으로서 효력근거를 물을 수 없
고 물을 필요도 없는 규범을 '근본규범'이라고 하자. 이 근본규범은 동일한 법체계
에 속하는 모든 법규범들의 효력을 근거 짓는 최후의 효력근거이다."

그러나 켈젠의 법단계설은 바로 이 근본규범 때문에 비판에 부딪힌다. 그

---

28 이를 요약해서 소개하는 윤재왕, 앞의 논문(주16), 7~14쪽 참고.
29 H. Kelsen, *Reine Rechtslehre* (Wien, 1960), 197쪽; 번역은 이상영·김도균, 앞의 책(주2), 35쪽을
따랐다.

자체가 효력근거에 해당하는 근본규범은 켈젠이 치밀하게 고민한 끝에 내놓은 법단계설에 합치하지 않는 것처럼 보이기 때문이다. 이러한 근본규범을 깊이 있게 다루는 것은 그 자체 흥미로운 작업이 될 수 있지만 지면 관계상 여기서 는 생략하기로 한다.[30]

켈젠과는 다소 다른 차원의 법실증주의를 정립한 하트는 법규범의 효력근거 역시 켈젠과는 다르게 논증한다. 하트는 비트겐슈타인(L. Wittgenstein)의 영향을 받아 법규범을 '규칙'(rule)으로 이해하면서, 일정한 규범적 주장이 법규범으로 인 정되려면 수범자를 직접 규율하는 '일차규칙' 이외에 이러한 '일차규칙에 대한 규 칙'에 해당하는 '이차규칙'이 존재해야 한다고 말한다.[31] 하트는 이러한 이차적 규 칙으로서 '승인규칙'(승인율)(rules of recognition), '변경규칙'(rules of change), '재판 규칙'(rules of adjudication)을 언급한다.[32] 이 중에서 법규범의 효력과 관련을 맺 는 규칙이 바로 승인규칙(승인율)이다. 하트에 따르면, 일차규칙이 법규범으로서 효력을 가질 수 있는 이유는 바로 승인율이 존재하기 때문이다. 일정한 규범적 주장이 승인율을 통해 일차규칙으로 '승인'(recognition)되었기 때문에 법규범으 로서 효력을 가질 수 있다는 것이다. 이렇게 보면, 하트의 승인율은 켈젠의 근 본규범과 유사한 기능을 수행한다. 그러나 바로 이 점에서 승인율 역시 문제에 봉착할 수밖에 없다. 두 가지 문제를 제기할 수 있다. 첫째는 승인율이 구체적 으로 무엇인가 하는 점이고, 둘째는 이러한 승인율도 다시 근본규범처럼 일정 한 메타규칙을 필요로 할 수밖에 없다는 점이다.[33]

3) 정당성설

마지막으로 정당성설을 언급할 수 있다. 실정법을 넘어서는 초실정적인 규 범에서 법규범의 효력근거를 발견하려는 정당성설은 한편으로는 객관성에 기반

---

30 이에 관한 연구로는 우선 심헌섭, "근본규범 이론 소고", 『분석과 비판의 법철학』(법문사, 2001), 139쪽 아래 참고.

31 이에 대한 충실한 연구로는 권경휘, 『법해석에 있어서 언어적 비결정성: 모호성의 문제를 중심으 로』(연세대학교 법학석사 학위논문, 2006) 참고.

32 허버트 하트, 오병선 (옮김), 『법의 개념』(아카넷, 2001), 125~127쪽.

33 이에 관한 상세한 논의는 김도균, "자연법론적 승인율 모델의 가능성", 『법철학연구』 제3권 제2 호(2000. 12); 김도균, "자연법론적 승인율의 필연성에 대하여", 『법철학연구』 제4권 제1호(2001. 5) 등 참고.

을 두면서, 다른 한편으로는 실정법이 아닌 당위규범에서 효력근거를 찾으려는 이론이라고 말할 수 있다. 전통적인 자연법론이나 하르트만(N. Hartmann)의 '실질적 가치론' 그리고 유명한 '라드브루흐 공식' 등이 대표적인 예라고 할 수 있다. 그렇지만 전통적인 자연법론이 존재론적·인식론적 차원에서 비판에 직면하는 것처럼, 정당성설 역시 비슷한 비판에 부딪힌다. 더군다나 자연법론에서 주장하는 규범적 주장들의 상당 부분이 헌법을 통해 실정화된 오늘날 정당성설은 '관습헌법' 논쟁이 보여주는 것처럼 자칫 헌법의 규범력을 약화시키는 무기로 사용될 여지도 없지 않다.[34]

(3) 상호주관성에 기반을 둔 이론

'상호주관성에 기반을 둔 이론'은 지금까지 살펴본 '주관성에 기반을 둔 이론'과 '객관성에 기반을 둔 이론'들이 전통적인 〈주체－객체 모델〉에서 벗어나지 않고 있다는 반성에서 출발한다. '상호주관성에 기반을 둔 이론'은 전통적인 이론들이 처할 수밖에 없는 인식론적 문제를 넘어서기 위해 '상호주관성 모델'을 수용하고 이에 토대를 두어 '상호주관적 과정', 즉 '합의'나 '계약', '절차' 등에 힘입어 법규범의 효력을 근거 짓고자 한다. 이러한 측면에서 이를 '절차주의적 효력이론'이라고 말할 수 있다. 달리 말해, '상호주관성에 기반을 둔 이론'은 '절차를 통한 효력정립'을 추구하는 이론이라고 할 수 있다. 이러한 이론의 대표적인 경우로 하버마스의 대화이론을 거론할 수 있다.

하버마스는 '법의 대화이론'(Diskurstheorie des Rechts)을 통해 법규범의 효력 및 정당성을 근거 짓는다. 법의 대화이론은 도덕이론으로서 성장한 '대화원칙'(Diskursprinzip)에 기반을 둔다.[35] 대화원칙에 따르면, 일정한 행위규범은 다

---

34 물론 그렇다고 해서 '정당성설'이 지닌 의미를 전적으로 부정할 수는 없다고 생각한다. 가령 정당성설이 추구하는 '처분불가능성'이 지닌 가치는 오늘날에도 여전히 유효하다. 다만 필자는 이와 같은 '처분불가능성'을 전통적인 자연법이론이 수행했던 것과는 다른 방식으로 오늘날 복원해야 한다고 생각한다. 이를 시사하는 연구로는 양천수, "법문화와 처분불가능성: 법문화를 통한 처분불가능성의 논증가능성", 『중앙법학』 제8집 제3호(2006. 10), 433~454쪽 참고.
35 대화원칙은 다음과 같은 이론적 성장과정을 통해 정착하였다. 초기에 하버마스는 프랑크푸르트 학파의 비판이론을 수용하여 '해방적 인식관심'과 '반성'을 강조하는 '비판적 해석학'을 정립한다. 이후 '언어적 전회'를 거쳐 유명한 '진리합의이론'을 정초하고, 1981년에 출간한 주저 『의사소통행위이론』을 통해 '의사소통적 합리성'과 '이원적 사회이론'을 근거 짓는다. 이어서 하버마스는

음과 같이 효력 또는 정당성을 주장할 수 있다.

> "행위규범은 그것이 합리적 대화에 참여하는 모든 가능한 관련자들로부터 동의
> 를 얻을 수 있는 것인 한에서만 타당하다."[36]

여기서 잘 알 수 있듯이, 대화원칙은 도덕적인 행위규범을 어떻게 정당화
할 수 있는가 하는 문제와 관련을 맺는다. 이러한 대화원칙에 따르면, 도덕적인
행위규범을 정당화할 때 합리적 대화과정으로 얻게 되는 동의가 가장 핵심적인
표지가 된다. 이때 '합리적 대화'란 모든 가능한 참여자들이 자유롭고 평등하게
일체의 외적인 장애 없이 논증적인 대화 과정에 참여하여 자신의 주장을 펼치
고 이를 논증하거나 근거를 제시하는 과정을 말한다. 합리적 대화에서는 '자유
롭고 평등한 참여'가 가장 전면에 등장한다. 이를 통해 알 수 있듯이, 합리적 대
화에 기반을 둔 대화원칙에서는 '형식성'과 '상호주관성' 및 '절차를 통한 합의'
가 전면에 드러난다. 그 이유를 다음과 같이 말할 수 있다. 첫째, 대화원칙은 특
정한 실질적인 기준을 제시하지 않는다. 대신 '합리적 대화'와 '동의'라고 하는
절차적이면서 형식적인 기준을 핵심요소로 제시한다. 둘째, 대화원칙은 합리적
대화에 참여하는 '모든 가능한 관련자들'로부터 동의를 얻을 것을 요청한다. 이
는 대화원칙이 주체를 중심으로 하여 작동하는 것이 아니라 관련자들 사이에
서, 다시 말해 상호주관적으로 작동하는 원칙이라는 점을 보여준다. 셋째, 대화
원칙에서는 이러한 합리적 대화와 동의 과정으로 획득한 '합의'가 행위규범의
타당성을 결정하는 데 핵심적인 역할을 수행한다. 그 때문에 하버마스의 이론
을 '합의에 기반을 둔 효력이론', 즉 '합의설'이라고 부르기도 한다.[37]

한편 이러한 대화원칙은 도덕영역에서 '보편화 원칙'으로 구체화된다. '보

이러한 시각을 도덕영역에 끌어들여 '대화윤리'를 발전시키는데 이를 통해 정식화한 것이 바로
대화원칙이다. 이와 같은 하버마스의 사상에 관해서는 우선 장춘익 외, 『하버마스의 사상』(나남,
1996) 참고.

36 J. Habermas, *Faktizität und Geltung*, 2. Aufl. (Frankfurt/M., 1994), 138쪽.

37 그러나 하버마스 자신도 초기에는 법규범의 정당성 원천을 '승인'에서 찾기도 하였다. 이를 지적
하는 Z.−W. Yoon, 앞의 논문(주15), 22쪽.

편화 원칙'은 다음과 같이 말한다.

> "모든 타당한 규범은 이 규범을 준수함으로써 모든 개인의 이해관계 충족에 미칠 수 있는 결과와 부작용들이 모든 관련자들에 의해 비강제적으로 수용될 수 있는 조건을 충족시켜야 한다."[38]

보편화 원칙은 어떻게 하면 한편으로는 '형식성'과 '상호주관성'을 추구하면서도, 다른 한편으로는 보편성을 추구할 수 있는지에 좋은 해답을 제공한다. 역시 이 경우에도 핵심적인 표지는 "모든 관련자들에 의해 비강제적으로", 다시 말해 '자발적으로' "수용될 수 있는 것"이라고 할 수 있다. '모든 관련자들이 자발적으로 받아들일 수 있는 것'이라면, 그것은 내용이 어떻든 간에 보편적인 것이 될 수 있다는 것이다. 이 점에서 보편화 원칙은 칸트의 '정언명령'이 의도하는 '보편화 가능성'을 상호주관성 모델로 구체화한 것이라고 말할 수 있다.[39]

문제는 대화원칙을 구체화한 보편화 원칙은 일종의 도덕이론으로서 도덕적 행위규범의 효력을 근거 짓기에는 적합할 수 있지만, 법규범의 효력을 정초하기에는 적합하지 않다는 점이다. 그 이유를 두 가지로 말할 수 있다. 보편화 원칙은 첫째, '이상적 상황'을 전제로 하고 있고, 둘째, 도덕과 법 사이에 존재하는 질적 차이를 간과하고 있다는 점이다. 이는 하버마스 자신도 인정한다. 하버마스는 법과 도덕을 구별하는 칸트의 논의를 원용하여, 법적 대화와 도덕적인 대화는 차이가 있을 수밖에 없음을 인정한다.[40] 가령 행위자의 자율성을 전제로 하고 행위자의 내면성을 지향하는 도덕적인 대화와는 달리, 법적 대화는 행위자의 외면성을 지향하면서 강제력을 수반한다. 또한 법적 대화는 도덕적인 대화뿐만 아니라 윤리적·실용적인 대화까지 포함한다. 나아가 법적 대화는 시간

---

38 J. Habermas, *Erläuterungen zur Diskursethik* (Frankfurt/M., 1991), 10쪽.

39 이를 지적하는 양천수, "인권의 보편성에 대한 철학적 논증 가능성", 『인권이론과 실천』 제1호 (2007. 4), 23~35쪽.

40 이 점에서 가령 독일의 정치철학자인 페터 니젠(P. Niesen)은 하버마스의 민주주의 이론을 "실증주의적 민주주의"라고 규정하기도 한다. P. Niesen/O. Eberl, "Demokratischer Positivismus: Habermas und Maus", in: Buckel/Christensen/Fischer-Lescano (Hrsg.), *Neue Theorien des Rechts* (Stuttgart, 2006), 3쪽 아래.

적·인적·물적인 차원에서 제한을 받는다. 그러나 그렇다고 해서 하버마스가 켈젠처럼 법과 도덕을 완전하게 단절시키는 것은 아니다. 비록 양자를 기본적으로 구별하지만, 동시에 하버마스는 법과 도덕 사이에 내적 연관성이 존재한다는 점 역시 긍정한다.

이렇게 법과 도덕은 구별되기 때문에 도덕이론으로서 제시된 보편화 원칙은 법규범의 효력을 근거 짓는 데 직접 원용할 수 없다. 이러한 근거에서 하버마스는 그 대안으로 법영역에서 대화원칙의 이념을 반영한 것으로서 민주주의를 언급한다. 하버마스에 따르면, 민주주의는 대화원칙이 법영역에서 구체화된 원칙이다. 이를 하버마스는 다음과 같이 말한다.[41]

"법률은 법적으로 짜인 대화적 입법과정에서 모든 법적 관련자들의 동의를 얻을 수 있을 때만 정당한 효력을 주장할 수 있다."

이를 통해 민주주의는 단순히 국가를 구성하는 기본원리로서만 의미를 갖는 것이 아니라 일종의 법적 대화원칙으로서 더욱 넓은 스펙트럼을 갖게 된다. 구체적으로 말해, 민주주의는 단순히 국가의 구성원리로서 정치영역에만 머무는 것이 아니라, 이를 넘어서 국가를 전제로 하지 않는 영역에서도 적용될 수 있는 원리로 확장된다.

이렇게 대화원칙으로 재구성된 민주주의로써 법규범의 효력을 정당화한다는 점에서 하버마스의 이론은 절차주의적 효력이론이라고 명명할 수 있다. 더 나아가 하버마스는 민주주의 원칙에서 '법적으로 짜인 대화적 입법과정'을 통해 법규범이 제정될 것을 강조하고 있다는 점에서 그리고 하버마스에 따르면 이러한 입법과정에 모든 관련자들이 자유롭고 평등하게 참여할 수 있도록 보장해주는 것이 바로 헌법으로 '실정화된' 기본권이라는 점에서 하버마스의 이론은 달리 '합법성을 통한 정당성'(Legitimität durch Legalität) 이론이라고도 말할 수 있다.[42]

---

41 J. Habermas, 앞의 책(주36), 141쪽.
42 이를 보여주는 J. Habermas, "Wie ist Legitimität durch Legalität möglich?", in: ders., *Faktizität und Geltung* (Frankfurt/M., 1994), 541쪽 아래 참고.

그런데 하버마스의 이론에 관해서는 다음과 같은 문제를 제기할 수 있다. 하버마스의 효력이론에서는 모든 관련자들이 '법적으로 짜인 대화적 입법과정'에 참여할 것을 강조하는데, 만약 관련자들 중에서 일부가 참여하지 않았거나, 참여하고 싶어도 참여할 수 있는 능력이 결여되어 참여하지 못한 경우 또는 참여를 통해 당해 법규범의 정당성을 거부한 경우에는 이를 어떻게 취급할 것인가 하는 점이다. 이 경우 법규범의 효력은 이 법규범을 제정하는 과정에 참여하지 않았거나 참여할 수 없었던 또는 참여를 통해 이 법규범의 정당성을 부인하였던 관련자들에게는 미치지 않는다고 보아야 하는가? 이 문제에 대해 하버마스의 이론을 법영역에 수용한 독일의 법철학자 클라우스 귄터(K. Günther)는 다음과 같이 답변한다.[43]

"법이 적극적으로 효력을 갖는가 여부는 일정한 규범이 절차에 적합하게 형성되었는가에 근거를 두는 것이지, 개별 국민이 이 규범에 동의했는가 아니면 거부했는가에 근거를 두는 것은 아니다. 그러므로 법은 이 법을 제정하는 과정에서 참여권을 행사하지 않았거나, 이러한 민주적 절차에 참여하기는 했지만 이 법규범에 대한 자신의 거부의사를 수정해야겠다고 설득하지는 못한 국민들에 대해서도 구속력을 주장할 수 있다."

결국 이에 따르면, 당해 법규범을 제정하는 과정이 얼마나 합리적 대화에 가깝게 짜여 있는지가 핵심이 되지, 이 법규범을 제정하는 과정에 '실제로' 관련자들이 자유롭고 평등하게 참여했는지가 핵심이 되는 것은 아니다. 이와 같은 답변은 한 가지 해법이 될 수는 있지만, '승인' 개념이 그런 것처럼 이를 통해 '참여' 및 '합의'가 허구적 개념으로 의제되는 것은 피하기 어려울 것이다.

---

43 K. Günther, "Welchen Personenbegriff braucht die Diskurstheorie des Rechts?: Überlegungen zum internen Zusammenhang zwischen deliberativen Person, Staatsbürger und Rechtsperson", in: H. Brunkhorst/P. Niesen (Hrsg.), *Das Recht der Republik* (Frankfurt/M., 1999), 93쪽.

Ⅳ. 오늘날 법규범의 효력근거는 무엇일까?

1. 기본 태도

이상으로 '주관성', '객관성', '상호주관성'의 틀에서 지금까지 제시된 법의 효력이론에 관해 살펴보았다. 정신과학 영역의 이론이 흔히 그런 것처럼, 지금까지 전개된 법의 효력이론은 모두 그 나름대로 장점과 단점을 지니고 있다. 그렇다면 오늘날의 민주적 법치국가에서 법규범의 효력근거는 어떻게 파악해야 하는 것이 좋을까? 이에 대해 필자는 하버마스를 좇아 기본적으로 절차주의적 효력이론을 법규범의 효력이론으로 수용하고자 한다. 이에 따라 '합법성을 통한 효력부여 이론'을 효력이론의 기본 토대로 삼고자 한다. 물론 이외에도 필자는 부분적으로 '승인이론'과 켈젠의 '법단계론'도 수용한다. 이는 무엇보다도 법규범의 효력에 관한 단계를 '법제정단계', '법준수단계', '법적용단계'로 구별할 때 설득력을 얻을 수 있다고 생각한다.

2. 현대 민주적 법치국가의 구조적 특징

먼저 현대 민주적 법치국가가 안고 있는 구조적 특징에서 한 가지 근거를 찾을 수 있다. 현대사회의 구조를 어떻게 특징지을 것인가 하는 문제에 대해서는 보는 시각과 원용하는 이론틀에 따라 각기 다양하게 대답할 수 있을 것이다. 논의를 간략하게 하기 위해 필자의 생각만을 제시하면, 필자는 '세분화', '전문화', '복잡화'를 현대사회의 구조적 특징으로 언급할 수 있다고 생각한다. 이러한 특징들은 기존의 효력이론이 지닌 이론적 설득력을 검토하는 과정에도 영향을 미친다. 예를 들어, 사회가 지속적으로 세분화되고 이에 따라 '다원성'이 사회의 거의 모든 영역을 지배하면서, 이에 반비례하여 전통적인 자연법의 확실성은 점차 약화되고 있다. 이는 현대사회의 또 다른 특징인 '복잡화'를 통해 가속화된다. 가령 일정한 규범적 주장의 핵심내용을 이루는 당위 혹은 가치에 대한 기준이 다원화되고 복잡해지면서, 전통적인 자연법사상이 추구하였던 '보편타당한 객관적 규범'이라는 전제는 점점 설득력을 잃어가

고 있다.[44] 이에 따라 실정법을 넘어서는 초실정적 규범에서 법규범의 효력근거를 찾고자 하는 효력이론들은 어려움에 처할 수밖에 없다. 이러한 어려움은 대부분의 자연법적 규범들이 헌법으로 실정화되면서 더욱 가중된다. 오늘날 헌법규범은 '실정화된 자연법규범'으로서 헌법재판을 통해 개별 하위규범에 영향력을 행사하고 있다. 더군다나 헌법규범은 대부분 '일반조항'의 형식을 취함으로써 '개방성'을 획득하고 있고, 이를 통해 헌법규범은 법실증주의의 한계에 매몰되지 않고 오히려 이러한 일반조항적 헌법규범을 통해 법체계와 사회적 체계들 사이의 소통가능성을 확보하고 있다.[45] 바로 이러한 근거에서 전통적인 정당성설은 더 이상 설득력을 주장하기 쉽지 않고, 반대로 이러한 헌법을 통해 부분적으로 법단계설이 타당한 효력이론으로 자리매김할 수 있다고 생각한다.

이와 아울러 현대사회에서 진행되는 '전문화'는 양심설이나 승인설과 같이 '주관성에 기반을 둔 효력이론'이 작동하는 데 장애가 된다. 왜냐하면 사회가 전문화됨에 따라 이를 규율하는 법규범도 전문화됨으로써 법규범은 전승된 도덕규범에 토대를 둔 '생활세계' 속에서 살아가는 법수범자들의 자율적인 양심이나 승인능력을 이미 넘어서고 있기 때문이다. 전문화된 법규범을 자율적으로 승인하려면, 이를 승인하는 수범자 역시 전문적인 지식을 갖고 있어야 하는데 이는 현실적으로 불가능에 가깝다. 이러한 근거에서 양심설이나 승인설도 오늘날의 민주적 법치국가에서 전적으로 수용할 만한 효력이론으로 받아들이기는 쉽지 않다.[46]

그렇다면 합법성설은 적절한 대안이 될 수 있는가? 자연법이 헌법으로 실정화되고, 거의 모든 사회 영역이 법제화의 대상이 되고 있는 오늘날의 시점에서 보면, 합법성설 역시 효력이론으로서 타당한 이론이 될 수 있다. 이러한 점에서 켈젠의 법단계설은 부분적으로 타당한 효력이론으로 받아들일 수 있다. 오늘날 활발하게 작동하고 있는 헌법재판제도가 이를 예증한다. 그렇지만 모든

---

44 이에 대한 지적으로는 이상돈, 『로스쿨을 위한 법학입문』(법문사, 2009), 13~16쪽.
45 '일반조항'에 대한 이와 같은 분석으로는 G. Teubner, in: *Alternativkommentar zum Bürgerlichen Gesetzbuch*, Bd. 2: Allgemeines Schuldrecht (Frankfurt/M., 1980), 84쪽.
46 다만 카우프만은 양심설을 절차주의적 합의이론과 결합함으로써 양심설의 기획을 여전히 살리려고 한다. 아르투어 카우프만, 앞의 책(주12), 436쪽.

법체계는 거의 언제나 일정한 흠결을 안고 있을 수밖에 없다는 점, 헌법이 비록 자연법을 실정화했다 하더라도 헌법의 개방성 때문에 사실 헌법이 구체적으로 말하는 바가 명확한 것만은 아니라는 점, 바로 이 때문에 헌법이나 법규범을 구체화해야 하는 헌법재판소나 법원이 중요한 역할을 할 수밖에 없는데, '관습헌법' 결정이 보여주는 것처럼 이들 역시 과오에 빠질 수 있다는 점에서 볼 때, 경직된 합법성설을 채택하는 것은 적절한 선택이 아니라고 생각한다. 바로 이점에서 필자는 정당성설과 합법성설 및 승인설을 함께 고려하는 하버마스 식의 효력이론을 선택하고자 하는 것이다.

3. 〈법제정-법준수-법적용〉의 단계화에 따른 효력이론의 배분

한편 필자는 하버마스의 절차주의적 효력이론과 법단계설만을 수용하는 것이 아니라, 역시 부분적으로는 승인이론을 받아들이고자 한다. 이에 대한 근거는 법규범의 효력을 문제 삼는 지점을 법제정단계, 법준수단계, 법적용단계로 구별하는 것에서 찾을 수 있다.

먼저 새로운 법규범을 정립하는 법제정단계에서는 전적으로 하버마스의 효력이론이 적용된다. 민주주의 원칙에 따라 "법적으로 짜인 대화적 입법과정에서 모든 법적 관련자들의 동의"를 획득한 법규범만이 정당한 효력을 주장할 수 있다. 그러나 현실적으로 모든 법적 관련자들의 동의를 얻는 것은 거의 불가능하므로 일반적으로는 다수결 원칙에 따라 법규범의 효력 여부가 결정될 것이다. 다만 이렇게 다수결 원칙을 적용할 때도 그 전에 법 제정을 논의하는 과정에서 합리적인 대화와 토론이 이루어지도록 해야 한다.

다음 제정된 법규범이 일정기간 동안 시행되는 법준수단계에서는 부분적으로 승인이론을 수용할 수 있다. 여기서 승인의 주체는 법을 제정하는 단계에서는 동의하지 않았던 관련자들이다. 이들은 법이 제정되어 상호주관적 차원에서 효력을 획득한 이후에도 여러 가지 동기로 당해 법규범을 자율적으로 승인함으로써 법규범의 효력발생주체에 합류할 수 있다.[47] 이때 승인은 전적으로 자

---

47 물론 이들이 법이 제정된 이후에도 여전히 이러한 법을 승인하지 않고 있다 하더라도, 민주주의

율적인 승인이어야 하고, 규범성을 지향하는 승인이어야 하며, 개별 법규범 그 자체에 대한 승인이어야 한다. 다만 이 지점에서 검토해야 할 문제가 있다. 현대사회의 전문화로 말미암아 오늘날 제정되는 상당수의 법규범은 전문성을 가질 수밖에 없다. 그렇다면 이러한 전문적인 법규범을 어떻게 일반적인 수범자가 승인할 수 있도록 할 수 있을까? 이에 대해 필자는 크게 두 가지로 대답할 수 있다고 생각한다. 첫째, 법을 집행해야 하는 국가가 적극적으로 '법정보화'를 수행함으로써 수범자의 승인을 유도할 수 있다. 둘째 답변은 체계이론의 시각을 응용한 것으로서 좀 더 상세하게 다룰 필요가 있다.

　　체계이론이 주장하는 것처럼, 현대사회에서는 '사회적 체계들'(soziale Systeme)이 전면에 등장한다. 이 때문에 현대사회에서는 법규범이 개별 법수범자들을 지향하기보다는 오히려 각각의 사회적 체계들을 지향하는 경우가 더 많다. 사실이 그렇다면, 오히려 오늘날에는 개별적인 수범자들보다 사회적 체계들이 법규범의 효력과 직접적인 관련을 맺는다고도 말할 수 있다. 그렇다면 전문화가 지속되는 오늘날에는 전문성을 획득하지 못한 개별적 수범자들이 아니라, 오히려 전문적인 기능을 수행하는 사회적 체계들이 각각의 기능적 시각에 따라 해당 법규범을 승인한다고 말할 수 있다.[48] 이렇게 보면 전문성의 문제는 어느 정도 해소된다. 그러나 또 다른 문제는 이 경우 개별 수범자들은 어떤 역할을 수행하는가 하는 점이다. 이에 관해서는 다음과 같이 말할 수 있다. 오늘날 개별 수범자들은 인격체(Person)로서 각각의 사회적 체계들에 '포함'(Inklusion)될 수 있다.[49] 그렇다면 이렇게 각각의 사회적 체계들에 편입된 개별 수범자들은 인권이나 기본권을 통해 각각의 체계 안에서 체계들이 일정한 법규범을 승인하는 과정에 참여하고 소통함으로써 체계들이 수행하는 승인에 합류하거나 또는 이러한 승인을 거부, 심지어는 변경할 수 있다. 요컨대, 개별 수범자들은 각각의 전문화된 사회적 체계에 소통적으로 참여함으로써 체계가 수행하는 승인과정에

에 따라 제정된 이상 이 법은 원칙적으로 효력을 갖는다고 보아야 한다. 다만 이러한 '효력'은 이 법을 승인하지 않은 관련자들을 '내면적으로' 설득하는 데 성공하지는 못한 셈이다.

48 이를 지적하는 N. Luhmann, *Legitimation durch Verfahren* (Frankfurt/M., 1983), 32~33쪽.

49 이에 대한 간략한 소개로는 윤재왕, "'포섭/배제'−새로운 법개념?: 아감벤 읽기 Ⅰ", 『고려법학』 제56호(2010. 3), 265~270쪽. 한편 여기서 윤재왕 교수는 독일어 'Inklusion'을 '포섭'으로 번역한다.

참여할 수 있는 것이다.[50] 이를 통해 각 개인들은 전문화의 장벽을 어느 정도는 넘어설 수 있다고 생각한다. 한편 이러한 과정을 통해서도 법규범을 승인하지 않은 각 수범자들은 공론장에서 해당 법규범을 적극적으로 비판하거나 시민불복종 등을 행함으로써 법규범의 효력을 문제 삼는 행위를 할 수도 있을 것이다.

마지막으로 법적 분쟁이 발생하였을 때 법이 개입하는 법적용단계에서는 다시 하버마스의 모델과 부분적으로는 법단계설이 적용된다. 법을 적용하는 과정은 주어진 법적 분쟁에 법규범을 기계적으로 적용하는 과정이 아니라 일종의 해석학적·대화적 과정이라고 말할 수 있다.[51] 법규범의 구체적 의미내용은 이러한 과정을 통해 비로소 부여된다. 그런데 만약 이와 같은 법적용과정이 법관에 의해 권위적·비대화적으로 진행된다면, 이러한 과정을 통해 생산된 법적 결정 역시 그 효력을 주장할 수 없다고 보아야 한다. 그러므로 법관이 내리는 법적 결정이 정당한 효력을 획득할 수 있으려면, 법적 결정을 생산하는 과정 역시 대화원칙에 입각하여 그리고 상위규범에 근거를 두어 진행될 필요가 있다.

---

50 이를 이론화하는 군터 토이브너, 홍성수 (역), "익명의 매트릭스: '사적' 초국적 행위자들에 의한 인권 침해", 『인권이론과 실천』 제6호(2009. 12), 45쪽 아래 참고.
51 이러한 시각을 보여주는 이상돈, 『법이론』(박영사, 1996) 참고.

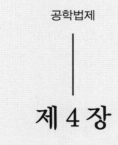

공학법제

제 4 장

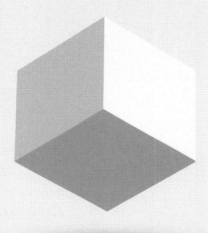

기본 법률에는 무엇이 있을까?

제4장에서는 우리 법체계 및 법학에서 중요한 비중을 차지하는 법을 간략하게 소개한다. 이러한 법으로 헌법과 행정법, 헌법소송법과 행정소송법, 민법 및 상법과 민사소송법, 형법과 형사소송법을 언급할 수 있다. 이들 법은 실제로 발생하는 법적 분쟁을 해결하는 데 중요한 비중을 차지할 뿐만 아니라, 우리의 법적 사고력을 함양하는 데도 핵심적인 역할을 한다. 제4장에서는 이러한 법을 간략하게 소개하는 데 초점을 맞추고자 한다.

개 관

1. 전통적인 대륙법 체계로서 기본 삼법 체계

이렇게 우리 법체계에서 중요한 비중을 차지하는 법들을 다루기에 앞서 이러한 법들이 바탕으로 삼는 이론적 토대 및 구별기준을 간략하게 소개한다. 흔히 우리 법체계는 대륙법 체계를 계수한 것이라고 말한다. 독일법과 프랑스법으로 대변되는 대륙법 체계는 이른바 '기본 삼법 체계'를 취한다. 기본 삼법 체계는 전체 법체계를 크게 공법·사법·형사법으로 구별하는 것을 말한다. 여기서 공법은 헌법과 행정법으로, 사법은 민법과 상법 및 민사소송법으로 그리고 형사법은 형법과 형사소송법으로 분화된다.[1] 그 때문에 기본 삼법 체계를 흔히 '기본 육법 체계'로 부르기도 한다.[2] 이러한 기본 삼법 체계는 일본을 거쳐 우리나라에도 그대로 수용되어 지금까지 우리 법학은 이러한 체계에 따라 법학연구와 교육을 수행해 왔다.[3]

---

1 물론 일반적으로 민사'소송법'은 사법이 아닌 공법으로 분류한다. 그러나 민사소송법이 규율하는 내용을 고려하면, 민사소송법은 공법이 아닌 사법에 포함시킬 수 있다. 독일 법학에서도 민사소송법은 사법학자가 담당한다.

2 여기서 행정법은 제외된다.

3 그러나 2007년 7월 3일 국회를 통과한 「법학전문대학원 설치·운영에 관한 법률」에 따라 2009년부터 출범한 법학전문대학원에서는 이러한 기본 삼법 체계를 넘어서는 새로운 체계와 틀 위에서

그런데 이러한 기본 삼법 체계는 대륙법 체계에서만 찾아볼 수 있는 것은 아니다. 판례법 전통에 기반을 둔 영미법에서도 정도의 차이가 있기는 하지만 이러한 기본 삼법 체계를 발견할 수 있다. 다만 미국의 경우를 보면, 민법이 각각 계약법, 불법행위법, 재산법 등으로 세분화되어 있다는 점에서 차이가 있기는 하다. 그렇지만 공법·사법·형사법을 주축으로 하는 기본 삼법 체계는 미국법에서도 기본적으로 유지된다. 그 이유는 아마도 원칙적으로 공법과 사법을 준별했던 로마법 전통을 대륙법 뿐만 아니라 영미법 역시 어느 정도 계수했다는 점에서 찾을 수 있을지 모른다.[4]

2. 기본 삼법 체계와 판덱텐 체계의 결합

그러나 비록 한편으로는 대륙법과 영미법이 모두 원칙적으로 기본 삼법 체계를 수용하고 있지만, 다른 한편으로 양 법계는 중대한 차이를 보인다. 크게 두 부분을 언급할 수 있다. 첫째, 대륙법은 실정법을 중심으로 하여 법체계가 형성된 반면, 영미법은 판례법을 중심으로 하여 법체계가 형성되었다는 점이다. 둘째는 더욱 본질적인 차이로 독일을 중심으로 한 대륙법은 특히 민법을 중심으로 하여 '판덱텐 체계'(Pandektensystem)를 갖추고 있는 반면, 영미법은 이러한 판덱텐 체계를 수용하지 않았다는 점이다. 그렇다면 여기서 말하는 판덱텐 체계는 무엇을 뜻하는가?

판덱텐 체계는 주로 로마법학을 연구했던 19세기 독일의 판덱텐 법학자들이 일구어놓은 법체계를 말한다. 이들은 개념과 체계를 강조하고, 상위 개념으로부터 하위 개념까지 논리적으로 연결되는 '개념의 피라미드' 및 흠결이 없는 완결된 체계를 추구하였다. 그런 이유에서 독일의 로마법학자 예링(Rudolf von Jhering)은 비아냥조로 이러한 판덱텐 법학을 '개념법학'으로 부르기도 하였다.[5]

법학교육을 행할 것을 요구한다.

4 영미법 역시 로마법 전통을 계수했다는 주장에 관해서는 로슨, 양창수·전원열 (역), 『대륙법입문』 (박영사, 1994), 117쪽 아래 참고.

5 양천수, "개념법학: 형성, 철학적·정치적 기초, 영향", 『법철학연구』 제10권 제1호(2007. 5), 233~234쪽; R. v. Jhering, 양창수 (역), "다시 지상에서: 어떻게 개선할 것인가?", 양창수 (편역), 『독일민법학논문선』(박영사, 2005), 31쪽 아래.

판덱텐 법학은 개념법학적 방법을 동원해 판덱텐 체계를 형성하는데, 이러한 판 덱텐 체계의 특징은 우선적으로 '총칙'(Allgemeiner Teil)에서 찾아볼 수 있다. 특 히 민법'총칙'에서 판덱텐 체계가 지닌 특징이 극명하게 드러난다. 민법 전 분야 에서 가장 추상적이고 어려운 총칙규정을 통해 판덱텐 법학자들은 현실세계에 서 발생하는 일체의 민사법적 문제를 규율하고자 하였고, 또 그렇게 할 수 있다 고 믿었다. 말하자면, 판덱텐 법학자들은 민법총칙을 통해 판덱텐 법학이 추구 했던 완결된 개념과 체계를 구현하고자 했던 것이다. 기본 삼법 체계는 이러한 판덱텐 체계와 결합함으로써 모든 법적 문제를 해결할 수 있는 체계로 자리 잡 고자 하였다.

3. 기본 삼법 체계의 사회이론적 의미

한편 공법과 사법 그리고 형사법을 구분하는 기본 삼법 체계는 그 배후에 일정한 정치적·사회적 의미를 담고 있다. 〈국가—사회 이원론〉이 그것이다.[6] 〈국가—사회 이원론〉은 국가 영역과 사회 영역이 서로 독립된 실체(혹은 체계)로 서 분리되어 존속한다고 말한다. 물론 〈국가—사회 이원론〉에 따르더라도 각 영 역은 서로 교착되기도 하지만, 〈국가—사회 이원론〉은 두 영역이 본질적으로 독 립되어 있고 각기 다른 원칙이 두 영역을 지배한다고 본다. 가령 사회 영역은 '사적 자치' 원칙이 지배하는 반면, 국가 영역은 민주주의적인 참여를 핵심으로 하는 '공적 자치' 원칙 및 법치국가 원칙이 지배한다. '이익' 역시 이러한 이원론 에 따라 분화되어 국가 영역에서는 '공익'이 그리고 사회 영역에서는 '사익'이 문 제된다. 법을 기본적으로 공법과 사법으로 분리하는 태도는 이러한 〈국가—사회 이원론〉에서 출발하는 것이라 할 수 있다. 공법이 국가 영역을 대변하고 사법이 사회 영역을 대변한다.[7] 이미 고전기 로마법에서 찾아볼 수 있는 〈국가—사회 이원론〉은 근세 이후 서구 사회의 핵심적인 공동체 구성원리로 정착되어 왔다. 더욱이 〈국가—사회 이원론〉은 자유주의와 결합하여 사회 영역의 자유는 가능

---

6 이에 관해서는 E.‒W. Böckenförde, 김효전 (역), 『국가와 사회의 헌법이론적 구별』(법문사, 1989) 참고.
7 여기서 형사법은 넓게 보면 공법 범주에 포함시켜 생각할 수 있다.

한 한 많이 그리고 국가권력은 가능한 한 적게 행사되도록 공동체의 기본 틀을 짜는 데 기여하였다. '자유주의 법모델'은 바로 여기서 기원한다.[8] 이러한 자유주의 법모델에 따르면, 기본 삼법 중에서 사법(私法), 그 중에서도 민법이 가장 핵심적인 지위를 차지한다.

---

8 이상돈, 『법철학』(법문사, 2003), 161쪽 아래.

제2절

헌법과 헌법재판

1. 헌법이란?

헌법이란 국가의 구성원리, 국민의 권리와 의무, 국가의 기본이 되는 조직과 작용을 규율하는 법으로서 한 국가의 최고법이자 기본 바탕이 되는 법을 말한다. 우리가 정치뉴스에서 쉽게 만나는 국회와 대통령, 법원, 헌법재판소 및 국민의 기본권에 관한 내용을 규정하는 법이 바로 헌법인 것이다. 헌법은 국가 안에 존재하는 실정법 중에서 가장 최상위에 있는 법으로 다른 모든 실정법의 효력근거가 된다. 또한 헌법은 국가를 만들어내는 법이기도 하다. 헌법이 제정되고 시행되어야 비로소 국가가 성립할 수 있기 때문이다. 대한민국 헌법이 제정된 때가 1948년 7월 17일, 대한민국 정부가 수립된 날이 1948년 8월 15일이라는 점을 상기할 필요가 있다. 대한민국 헌법은 1948년에 제정되어 지금까지 9차례 개정되었다. 현행 헌법은 1987년에 있었던 6월 항쟁의 결과물로 개정된 것이다.

이러한 헌법은 중요한 국가기관의 권한이나 선출 및 구성방식을 규정하고 있다는 점에서도 중요하지만, 일반 국민의 관점에서 보면 가장 기본이 되는 권리, 즉 기본권을 규정하고 있다는 점에서 중요하다. 요컨대, 헌법은 국민의 기본적 권리를 집대성해 놓은 '권리장전'인 셈이다. 이처럼 헌법은 국민의 기본권을 규정하고 있다는 점에서 그리고 이러한 기본권은 오늘날 우리의 일상생활에 직접적인 영향을 미치고 있다는 점에서 언제 시간을 내서 헌법조문 전체를 숙독해 볼 필요가 있다.

2. 헌법재판이란?

예전에는 헌법은 비록 형식적으로는 국가의 최고법이지만 실제로는 국민의 일상생활에 별다른 영향을 미치지 못하는 '장식적인 법'으로 취급되기도 하였다. 그러나 지금은 다르다. 다른 일반 법률과 마찬가지로 헌법은 국민의 일상생활에 실제적으로 강한 영향을 미치는 법으로 자리매김하고 있다. 그 이유는 헌법재판 덕분이다. 1987년에 개정된 현행 헌법은 헌법재판제도와 이를 관할하는 헌법재판소를 도입함으로써 헌법이 더 이상 장식적인 법이 아니라 실제로 효력이 있는 살아 있는 법으로 만들었다(헌법 제111조).

헌법재판이란 헌법과 관련된 분쟁, 즉 헌법적 분쟁이 발생한 경우 이를 해결하는 재판을 말한다. 예를 들어, 특정한 법률이 국민의 기본권을 침해하는 문제가 발생한 경우 이는 헌법이 규정하는 기본권을 침해하는 것이므로 헌법적 분쟁이라 할 수 있는데, 이를 해결하는 재판이 바로 헌법재판인 것이다. 이러한 헌법재판은 헌법재판소가 담당한다. 헌법재판소는 넓은 의미의 사법기관에 속하지만, 대법원을 정점으로 하는 일반 법원체계와는 구별되는 독립된 재판기관이다.

헌법 및 헌법재판소법에 따르면, 헌법재판으로는 다섯 가지가 있다(헌법 제111조 제1항). 위헌법률심판, 탄핵심판, 위헌정당해산심판, 권한쟁의심판, 헌법소원심판이 그것이다. 첫째, 위헌법률심판은 법률이 헌법에 위반되는지 여부가 재판의 전제가 된 경우에 당해 법률이 헌법에 위반되는지를 심판하는 헌법재판을 말한다(헌법재판소법 제41조 제1항). 둘째, 탄핵심판은 대통령과 같이 헌법재판소가 특별히 규정하는 공무원이 그 직무를 집행하는 과정에서 헌법이나 법률을 위반한 경우 그 공무원의 탄핵 여부를 심판하는 헌법재판을 말한다(헌법재판소법 제48조). 셋째, 위헌정당해산심판이란 정당의 목적이나 활동이 민주적 기본질서에 위배되는지가 문제되는 경우에 그 정당의 해산 여부를 심판하는 헌법재판을 말한다(헌법재판소법 제55조). 넷째, 권한쟁의심판이란 국가기관 상호간, 국가기관과 지방자치단체 간 및 지방자치단체 상호간에 권한의 유무 또는 범위에 관하여 다툼이 있을 때 이를 심판하는 헌법재판을 말한다(헌법재판소법 제61조). 다섯째, 헌법소원심판이란 공권력의 행사 또는 불행사로 인하여 헌법이 보장하는 기본권이 침해된 경우에 이를 심판하는 헌법재판을 말한다(헌법재판소법 제68조). 이 중에서 가장 많이 사용되는 헌법재판으로 위헌법률심판과 헌법소원심판을 들 수 있다.

행정법과 행정소송

1. 행정법이란?

행정법이란 행정을 규율하는 법을 말한다.[1] 그리고 행정이란 국가가 시민의 권리를 보장하거나 공익을 실현하기 위해 허가나 금지, 명령과 같은 국가작용을 실행하는 과정을 말한다. 이를 고려하여 행정법을 다시 정의하면, 행정법이란 시민의 권리를 보장하거나 공익을 실현하기 위해 국가가 실행하는 행정작용을 규율하는 법이라 말할 수 있다. 이러한 행정법이야말로 가장 대표적인 공법에 해당한다. 공법은 공익을 실현하는 법이므로, 행정법이야말로 공익을 실현하는 가장 대표적인 공법이라고 말할 수 있다.

오늘날 복지국가 원리에 따라 국가가 개입하는 사회 영역이 증가하면서 행정법이 지속적으로 확대되고 있다. 오늘날 제정되는 법들의 상당수는 행정법에 속한다. 과학기술과 관련되는 법들도 대부분 행정법에 해당한다. 그만큼 오늘날 양적·질적인 측면에서 행정법이 차지하는 비중은 엄청나다. 이는 반대로 행정법을 공부하는 것이 그만큼 쉽지 않다는 것을 뜻한다. 무엇보다도 행정법은 헌법이나 민법, 형법처럼 단일한 법전을 갖고 있지 않다. 특히 '총칙'이 법률로 규

---

1 행정법에 관한 교과서로는 김남진·김연태, 『행정법 1~2』(법문사, 2019) 참고.

정되어 있지 않다. 예를 들어, "로앤비"에서 '행정법'이라는 이름으로 법령을 검색하더라도 이러한 이름의 법령을 찾을 수는 없다. 그나마 가장 비슷한 법으로 「행정절차법」을 찾을 수 있을 뿐이다. 따라서 '행정법 총칙'이라는 개념과 내용은 오직 행정법학이라는 학문의 차원에서만 존재할 뿐이다. 그 때문에 일반 시민들이 행정법을 정확하게 이해하는 것은 쉽지 않다.

2. 행정소송이란?

행정소송이란 국가가 위법한 행정작용을 하여 시민의 권리가 침해된 경우 이러한 위법한 행정작용을 무효 또는 취소하여 시민의 권리를 보호하는 소송을 말한다. 법치주의에 따르면, 국가는 적법한 행정작용만을 해야 하지만 실제로는 여러 이유로 위법한 행정작용을 하는 경우도 발생한다. 특히 과거 권위주의가 지배하던 시절에는 국가가 권력을 남용하여 위법한 행정작용을 하는 경우가 많았다. 그런데 그 당시에는 행정소송 제도가 미비하여 위법한 행정작용으로부터 시민의 권리를 보장할 수 있는 법적 가능성이 그다지 많지 않은 편이었다. 그렇지만 민주화가 사회 전반적으로 진척되고 법치주의가 국가 전 영역에 정착하면서 시민의 권리를 보장하기 위한 행정소송 제도 역시 발전하게 되었다. 이에 비례하여 국가가 위법한 행정작용을 하는 경우도 적어지고 있을 뿐만 아니라, 위법한 행정작용으로부터 시민의 권리를 보장할 수 있는 법적 가능성 역시 제고되고 있다.[2] 그 덕분에 오늘날 행정소송은 헌법재판과 더불어 시민의 권리를 실질적으로 보장하는 중심축으로 자리매김하고 있다.

---

2 이를 분석하는 연구로는 양천수, "행정에 대한 사법적 통제범위의 법정책: 기초법학의 관점에서", 『공법학연구』 제17권 제4호(2016. 11), 173~199쪽 참고.

제4절

민법과 상법

1. 민법이란?

민법은 '사적 영역'에서 형성되는 법적 관계를 규율하는 법을 말한다. 여기서 '사적 영역'은 '공적 영역' 또는 '국가 영역'에 대비되는 영역을 말한다. 달리 '사회 영역'이라고 새겨도 무방하다. 민법은 프랑스어로는 'code civil', 독일어로는 'bürgerliches Recht', 영어로는 'civil law'라고 부른다. 그런데 이러한 외국어가 보여주는 것처럼, 민법을 더욱 정확하게 말하면 '시민법'이라고 할 수 있다. 서로에 대해 자유롭고 평등한 시민들 사이의 법적 관계를 규율하는 법이라고 해서 시민법이라고 부르는 것이다.[1]

민법은 모든 법의 기본법이라고 부를 수 있을 만큼 전체 법체계에서 아주 중요한 비중을 차지한다. 역사도 형법과 더불어 가장 오래되어 현재 우리가 사용하는 민법은 고대 로마법까지 거슬러 올라간다. 고대 로마제국에서 시행했던 로마법이 현대 민법의 근간이 되고 있는 것이다. 이처럼 민법은 아주 중요한 법이기에 단행 법률로는 가장 많은 1,000조가 넘는 방대한 조문으로 구성된다.

---

1 이를 보여주는 책으로는 존 헨리 메리만, 윤대규 (역), 『시민법전통: 대륙법과 영미법의 비교』(경남대학교 출판부, 2007) 참고.

민법은 총칙, 물권, 채권, 친족, 상속의 다섯 영역으로 구성된다. 총칙은 독일어 'Allgemeiner Teil'을 번역한 말인데, 민법 전체 영역을 규율하는 기본 개념 및 일반원리를 담고 있다. 쉽게 말해, 민법의 기초에 해당한다. 물권은 소유권과 같은 물건의 권리에 대한 규율을, 채권은 매매계약과 같은 채권채무관계에 대한 규율을 담고 있다. 이렇게 물권과 채권을 규율하는 민법을 각각 물권법, 채권법이라고 부른다. 이를 통틀어 '재산법'이라고 부르기도 한다. 친족은 가족관계를 규율하는 내용을 담고 있고, 상속은 상속관계를 규율하는 내용을 담고 있다. 이를 각각 친족법, 상속법이라고 부른다. 이를 모두 포괄하여 '가족법'이라고 부르기도 한다.

2. 민법의 기본원리

민법 전체를 규율하는 원리를 민법의 기본원리라고 한다.[2] 민법의 기본원리로는 흔히 다음 다섯 가지를 언급한다. 소유권 절대의 원리, 계약자유의 원리, 과실책임의 원리, 권리능력 평등의 원리, 사회적 형평의 원리가 그것이다. 여기서 소유권 절대의 원리, 계약자유의 원리, 과실책임의 원리는 근대 민법의 기본원리로, 권리능력 평등의 원리와 사회적 형평의 원리는 현대 민법의 기본원리로 부르기도 한다.

(1) 소유권 절대의 원리

소유권 절대의 원리는 각 개인이 갖고 있는 소유권은 절대적으로 보장된다는 원리를 말한다. 이는 민법이 규율하는 물권법의 토대가 되는 중요한 원리에 해당한다. 소유권 절대의 원리에 의해 소유권이 제도적으로 보장됨으로써 자본주의의 기초가 되는 사유재산제도가 확립되고, 이를 통해 각자가 소유하는 재화를 자유롭게 교환할 수 있는 시장 역시 가능해진다.

그러나 소유권 절대의 원리는 오늘날 철저하게 관철되지는 않는다. 오히려 오늘날에는 '공공복리'라는 사회적 요청을 위해 소유권을 포함하는 재산권을 제한할 수 있다는 원리가 통용되고 있다(헌법 제23조 제2항). '토지공개념'이나 '종

---

2 민법의 기본원리에 관해서는 우선 我妻榮, 조재석 (역), 『민법안내: 민법의 길』(육법사, 1989) 참고.

합부동산세' 등이 이를 잘 보여준다. 다만 그렇다고 해서 소유권의 본질적 내용이 침해될 수 있는 것은 아니다(헌법 제37조 제2항).

(2) 계약자유의 원리

계약자유의 원리란 각 당사자는 계약의 내용이나 형식, 상대방을 자유롭게 선택 및 결정할 수 있다는 원리를 말한다. 소유권 절대의 원리가 소유권을 포함하는 물권법 영역을 규율하는 기본원리라면, 계약자유의 원리는 계약을 포함하는 채권법 영역을 규율하는 기본원리에 해당한다. 계약자유의 원리에 따라 각 당사자는 자유롭게 자신이 원하는 상대방과 자신이 원하는 내용의 계약을 체결할 수 있다. 물론 이때 각 당사자는 상대방의 동의 또는 승낙을 얻어야 한다. 이러한 계약자유의 원리는 자신이 원하는 것은 자율적으로 결정할 수 있다는 '사적 자치 원리'의 하부원리에 속한다. 이때 주의해야 할 점은, 아무리 계약자유의 원리가 적용된다 하더라도 여기에는 일정한 한계가 있다는 것이다. 예를 들어, 선량한 풍속이나 사회질서에 위반되는 것을 내용으로 하는 계약, 가령 청부살인이나 자살 등을 내용으로 하는 계약은 아무리 각 당사자가 합의했다 하더라도 허용될 수 없다(민법 제103조).

(3) 과실책임의 원리

과실책임의 원리란 특정한 행위자가 사고를 일으켰을 때 그 행위자에게 과실, 더욱 정확하게 말하면 고의 또는 과실이 있는 경우에만 이에 대해 책임을 진다는 원리를 말한다(민법 제750조). 이를 반대로 말하면, 행위자가 고의 또는 과실 없이 특정한 사고를 일으킨 경우에는 이에 대해 책임을 지지 않아도 된다는 것을 뜻한다. 과실책임의 원리에 따르면, 이는 어쩔 수 없는 불행인 것이다. 이러한 과실책임의 원리는 소유권 절대의 원리, 계약자유의 원리와 더불어 근대 민법에서 아주 중요한 역할을 수행한다. 과실책임의 원리가 민법의 기본원리로 자리매김함으로써 행위자의 자유영역은 그만큼 확장될 수 있었다. 왜냐하면 행위자가 자신이 어떤 경우에 책임을 져야 하는지를 알게 됨으로써 무엇을 할 수 있고 또 무엇을 할 수 없는지를 예측할 수 있게 되었기 때문이다.[3]

---

3 이를 분석하는 양천수·이동형, "문화와 법체계 그리고 비교법학: 민법상 거래안전의무를 예로 하

(4) 권리능력 평등의 원리

권리능력 평등의 원리란 민법에서 주체가 되는 사람은 모두 평등하게 권리능력을 갖는다는 원리를 말한다. 여기서 권리능력이란 민법상 권리의 주체가 될 수 있는 능력 또는 자격을 뜻한다. 앞에서 언급한 소유권 절대의 원리, 계약자유의 원리, 과실책임의 원리가 근대 민법의 기본원리에 속한다면, 권리능력 평등의 원리는 현대 민법에서 중요한 민법의 원리로 부각되고 있다. 애초에 근대 민법 역시 모든 주체는 '인격체'(Person)로서 모두 평등하다는 것을 전제로 하였다. 이에 따라 그 이전까지 존속하였던 봉건적 신분제는 철폐되었다. 그렇지만 근대 민법에서 말하는 평등은 형식적인 평등에 불과하였다. 예를 들어, 여성이나 아이에게는 권리능력이 평등하게 인정되지 않았다. 자본가나 노동자 같이 경제적 강자와 약자 사이에서도 실질적으로 평등이 존재하지 않았다. 형식적·외견적으로는 모두가 평등하게 권리능력을 보유하고 있지만, 실질적으로는 불평등하게 권리능력이 인정되고 있었던 것이다. 이러한 문제를 해결하고자 오늘날의 민법에서는 헌법이 규정하는 기본권, 특히 평등권을 고려하여 각 주체가 실질적으로 권리능력을 평등하게 보유할 수 있도록 하는 점이 강조된다. 바로 이 점에서 권리능력 평등의 원리가 강조되는 것이다.

(5) 사회적 형평의 원리

마찬가지 이유에서 사회적 형평을 고려하라는 원리가 오늘날 민법에서 중요한 지위를 차지한다. 근대 민법에서는 형식적 평등과 더불어 형식적 자유가 강조됨으로써 사회적 강자와 약자 사이에 실제로 존재하는 권리와 지위의 불평등을 적절하게 해결하지 못하는 경우가 많았다. 고용계약이 대표적인 경우이다(민법 제655조). 민법이 규율하는 고용계약은 사용자와 노무자가 서로 자유롭고 평등하다는 것을 전제로 한다. 그 때문에 사용자는 고용계약을 언제든지 자유롭게 해지할 수 있다(민법 제659조~제660조). 그러나 이는 사회적·경제적 약자에 속하는 노무자에게는 커다란 위협이 된다. 이는 노무자의 자유를 실질적으로 침해하는 것이 되기도 한다. 바로 이러한 문제를 해결하고자 노동법이 새롭게

여", 『민족문화논총』 제36집(2007. 9), 121~152쪽 참고.

등장하기도 하였다. 이처럼 형식적 평등과 자유를 강조하는 근대 민법은 실제 사회에서 여러 문제를 야기했기에 오늘날 민법에서는 사회적 형평을 고려하는 것이 기본원리로 강조되고 있는 것이다.

3. 민법의 주체

(1) 주체란?

민법에서 주체는 여러 의미를 뜻한다. 먼저 민법에서 주체는 '권리주체'의 의미를 뜻한다. 여기서 권리주체란 민법이 인정하는 권리와 의무를 보유할 수 있는 주체를 뜻한다. 예를 들어, 물권이나 채권을 보유할 수 있는 주체가 바로 권리주체에 해당한다. 이러한 권리주체는 권리나 의무를 보유할 수 있는 지위 또는 능력을 갖는다. 이를 민법에서는 '권리능력'이라고 부른다.

다음으로 민법에서 주체는 '행위주체'의 의미를 뜻한다. 여기서 행위주체란 민법이 인정하는 법적 행위를 할 수 있는 주체를 뜻한다. 예를 들어, 매매계약을 체결할 수 있는 주체가 바로 행위주체에 해당한다. 이러한 행위주체는 민법이 인정하는 법적 행위를 할 수 있는 지위 또는 능력을 갖는다. 이를 민법에서는 '행위능력'이라고 부른다.

마지막으로 이러한 민법의 주체는 민사소송법상 당사자능력과 연결된다. 민법의 주체로서 권리능력이 인정되는 사람은 민사소송법상 당사자능력도 갖게 되는 것이다.

(2) 권리능력

위에서 언급한 것처럼, 권리능력이란 권리주체가 될 수 있는 자격 또는 능력을 말한다. 민법은 원칙적으로 살아 있는 사람에게만 권리능력을 인정한다(민법 제3조). 따라서 동물은 권리능력이 없다. 말하자면, 동물은 권리의 주체가 될 수 없는 것이다. 다만 예외적으로 민법은 법인 및 태아에게는 제한적이나마 권리능력을 인정한다(민법 제35조, 제762조 등).

(3) 행위능력

행위능력이란 법적 행위를 할 수 있는 자격 또는 능력을 말한다. 민법은 권리능력과 행위능력을 엄격하게 구분한다(민법 제3조와 제5조 등). 왜냐하면 권리능력을 갖고 있다고 해서 곧바로 행위능력을 갖는 것은 아니기 때문이다. 민법은 권리주체를 보호하기 위해 특정한 경우에는 행위능력을 제한한다. 미성년자나 피한정후견인, 피성년후견인이 바로 그들이다(민법 제5조, 제9조 및 제10조).

(4) 당사자능력

당사자능력이란 민사소송의 당사자가 될 수 있는 자격 또는 능력을 말한다. 민사소송의 소를 제기하거나 소송에 참여하기 위해서는 당사자능력을 갖고 있어야 한다. 당사자능력은 민법상 권리능력과 연결된다(민사소송법 제51조). 민법상 권리능력을 갖고 있는 경우에는 곧바로 민사소송법상 당사자능력도 갖게 된다. 반대로 말하면, 민법상 권리능력을 갖지 않는 경우에는 법률에 특별한 규정이 있지 않는 한 당사자능력 역시 가질 수 없다. 예를 들어, 도롱뇽과 같은 동물은 민법상 권리능력을 가질 수 없기에 당사자능력도 가질 수 없다. 따라서 도롱뇽이 원고가 되어 소를 제기하는 것은 허용되지 않는다.

이러한 당사자능력과 구별해야 하는 개념으로 당사자적격이 있다. 당사자적격은 구체적인 민사분쟁이 발생하였을 때 이러한 민사분쟁에서 당사자가 될 수 있는 자격을 말한다. 좀 어렵게 말하면, 당사자능력은 민사소송의 당사자가 될 수 있는 추상적 능력이라면, 당사자적격은 구체적인 민사소송에서 당사자가 될 수 있는 구체적 능력을 말한다. 당사자적격이 인정되려면, 먼저 당사자능력을 갖고 있어야 하고, 다음으로 소의 이익을 갖고 있어야 한다.[4]

4. 손해배상

(1) 손해배상이란?

손해배상은 민법에서 가장 중요한 책임추궁방법이다. 상대방이 특정한 행

---

[4] 이에 관한 상세한 분석은 우세나·양천수, "민사소송에서 소의 이익에 관한 몇 가지 문제: 법이론의 관점에서", 『영남법학』 제44호(2017. 6), 243~272쪽 참고.

위로 나의 권리를 침해하는 경우 이를 구제할 수 있는 방안, 달리 말해 상대방에 대해 책임을 추궁할 수 있는 방안으로 가장 대표적인 것이 손해배상인 것이다. 손해배상을 청구함으로써 자신의 권리를 침해한 상대방으로부터 금전적인 배상을 받을 수 있다. 손해배상은 크게 두 가지 경우에 청구할 수 있다. 첫째는 상대방이 계약의무와 같은 채무를 이행하지 않는 경우이다. 둘째는 상대방이 나에게 불법행위를 저지르는 경우이다.

(2) 채무불이행

나에게 채무가 있는 사람, 즉 채무자가 채무의 내용에 따른 이행을 하지 않는 경우를 민법은 채무불이행이라고 부른다. 이렇게 채무자가 채무불이행을 저지른 경우에는 나는 상대방에 대해 손해배상을 청구할 수 있다(민법 제390조). 예를 들어, 내가 부동산 소유자와 부동산 매매계약을 체결한 경우 부동산 소유자는 나에게 부동산 소유권을 이전해 주어야 하는 채무가 발생한다. 그런데 부동산 소유자가 매매대금을 받고도 나에게 부동산 소유권을 이전해 주지 않는 경우에는 채무를 이행하지 않는 것이 되어 채무불이행이 성립한다. 이 경우 나는 부동산 소유자에게 손해배상을 청구할 수 있다. 다만 이 경우에도 예외가 있다. 채무자가 고의나 과실 없이 채무불이행을 저지른 경우에는 손해배상청구가 인정되지 않는다. 이는 과실책임의 원리에 따른 것이다.

(3) 불법행위

채무불이행은 상대방에게 특정한 채무가 있을 것을 전제로 한다. 만약 상대방에게 나에게 이행해야 하는 채무가 없다면 애초에 채무불이행이 성립하지 않는다. 그러나 상대방에게 채무가 없는 경우에도 나에게 손해배상을 해야 할 경우가 존재한다. 상대방이 불법행위를 저지른 경우가 바로 그것이다. 불법행위란 고의 또는 과실로 인한 위법행위로 타인에게 손해를 가하는 행위를 말한다. 예를 들어, 운전자가 과실로 자동차를 잘못 운전하여 내 자동차와 부딪혀 자동차를 파괴하는 손해를 일으키는 경우가 가장 전형적인 불법행위에 해당한다. 이렇게 불법행위로 나에게 손해가 발생한 경우 나는 상대방에 대해 손해배상을 청구할 수 있다(민법 제750조). 물론 여기서도 주의해야 할 점은, 불법행위는 행위자의 고의나 과실을 필수요건으로 한다는 점이다. 행위자가 고의나 과실이 없이 타인에게 손해를 일으키는 행위를 한 경우에는 불법행위가 성립하지 않는다. 이는 어쩔 수 없는 불행에 해당한다.

5. 상법

(1) 상법이란?

상법이란 쉽게 말해 상인이 수행하는 상행위를 규율하는 법을 말한다. 여기서 상인이란 자기명의로 상행위를 하는 사람을 말한다(상법 제4조). 그리고 상행위란 영업으로 하는 행위로서 상법이 별도로 규정하는 행위를 말한다(상법 제46조). 그런데 상법이 규정하는 상행위를 면밀하게 들여다보면, 이는 민법이 인정한 법적 행위를 특별하게 규정한 것이다. 따라서 상행위는 넓게 보면 민법이 인정하는 법적 행위에 속한다. 같은 맥락에서 상인 역시 민법이 규정하는 주체의 특별한 형태에 해당한다. 말하자면, 민법상 주체 중에서 자기명의로 그리고 영업을 목적으로 법적 행위를 하는 사람이 바로 상인인 것이다. 이렇게 보면, 상법이 규율하는 상인이나 상행위는 모두 넓게 보면 민법의 규율대상에 포함된다. 이로부터 다음과 같은 결론을 추론할 수 있다. 상법은 민법의 특별법이라는 것이다. 민법의 특별한 형태가 바로 상법인 것이다. 이는 상법 제1조에서도 확인할 수 있다. 상법 제1조는 "상사적용법규"라는 표제 아래 "상사에 관하여 본법에 규정이 없으면 상관습법에 의하고 상관습법이 없으면 **민법**의 규정에 의한다."고 정한다.[5]

넓게 보면 모두 민법에 포섭되는데도 별도로 상법을 만든 이유는 무엇일까? 크게 두 가지 이유를 들 수 있다. 첫째는 역사적인 이유이고, 둘째는 법정책적인 이유이다. 첫째, 서구의 중세시대부터 형성되기 시작한 '상관습법'(lex mercatoria)을 별도의 실정법으로 만들 필요가 있었다는 점이다. 둘째, 상인이나 상행위는 민법이 규정하는 일반 주체나 법적 행위에 비해 영업을 목적으로 하고 있고 이로 인해 전문적인 능력도 갖추고 있기에, 이를 규율하는 법은 민법보다 전문성

---

5 강조는 인용자가 추가한 것이다.

이나 거래안정 등을 더욱 강화할 필요가 있다는 점이다. 이에 부응하기 위해 민법과는 구별되는 상법이 별도로 제정되어 시행되고 있는 것이다.

(2) 상법의 규율내용

현행 상법은 다음과 같은 내용을 규율한다. 총칙(제1편), 상행위(제2편), 회사(제3편), 보험(제4편), 해상(제5편), 항공운송(제6편)이 그것이다. 이외에도 실질적 의미의 상법에 속하는 법으로 「어음법」과 「수표법」을 들 수 있다.

민사소송법

1. 민사소송법이란?

민사소송법이란 민사에 관해 발생한 분쟁을 해결하기 위한 소송절차를 규율하는 법을 말한다.[1] 예를 들어, 어떤 사람이 다른 사람의 불법행위로 손해를 입은 경우 불법행위를 일으킨 사람에 대해 손해배상을 청구할 수 있다(민법 제750조). 그런데 만약 그 사람이 손해배상을 거부하면, 피해자는 법이 정한 절차를 통해 자신이 갖고 있는 손해배상청구권을 실현할 수 있어야 한다. 그렇게 하지 않으면, 피해자가 갖고 있는 민법상 손해배상청구권은 법적으로 의미를 가질 수 없다. 바로 이러한 경우에 적용되는 법이 민사소송법인 것이다. 이러한 민사소송법에 대응하는 법으로 형사소송법이 있다. 민사소송법이 민사분쟁을 해결하는 데 필요한 절차를 규율하는 법이라면, 형사소송법은 형사분쟁을 해결하는 데 필요한 절차를 규율하는 법이다.

2. 민사소송에는 어떤 유형이 있는가?

민사소송은 민사소송법이 규율하는 대상이다. 민사소송은 민사분쟁을 해결

---

[1] 민사소송법에 관한 교과서로는 우선 정동윤·유병현·김경욱, 『민사소송법』(법문사, 2019); 이시윤, 『신민사소송법』(박영사, 2019) 참조.

하기 위해 국가, 더욱 정확하게 말해 법원에 의해 진행되는 소송절차를 말한다. 근대 민법의 자유주의 이념에 따라 민사소송은 기본적으로 개인을 당사자로 하는 개인소송 또는 단독소송을 원칙으로 한다. 이에 의하면, 민사소송의 당사자인 원고와 피고는 개인이 된다. 쉽게 말해, 원고와 피고가 각 1명으로 구성되어 진행되는 소송이 민사소송의 기본 모습인 것이다.

그러나 민사분쟁이 개인과 개인 사이에서만 발생하는 것은 아니다. 오히려 현대사회에서는 민사분쟁이 집단과 개인 또는 집단과 집단 사이에 발생하는 경우가 더 많다. 소비자 관련 분쟁이나 아파트 관련 분쟁을 생각하면 된다. 그런데 단독소송은 이러한 집단분쟁을 해결하기에 적합하지 않다. 민사소송법 역시 이를 해결하기 위해 단독소송과는 대비되는 공동소송제도, 이를테면 필요적 공동소송이나 소송참가와 같은 제도를 마련하고 있다(민사소송법 제67조 및 제71조 등). 그렇지만 이러한 공동소송만으로는 오늘날 발생하는 이른바 현대적 민사분쟁을 해결하는 데 한계가 있다. 이러한 문제를 해결하고자 오늘날 법체계의 선진국들은 새로운 소송형태로서 집단소송제도를 별도로 제도화하고 있다. 미국의 대표당사자소송이나 광역소송, 독일의 단체소송 등이 그 예에 해당한다. 우리도 이러한 집단소송을 증권관련 집단소송, 소비자 단체소송 등으로 제도화하고 있다.[2]

3. 소송이 아닌 분쟁해결제도

민사소송은 민사분쟁을 해결하는 데 사용되는 가장 대표적인 분쟁해결제도이다. 그렇지만 민사분쟁을 해결하는 분쟁해결제도로서 민사소송만 있는 것은 아니다. 소송이 아닌 분쟁해결제도, 즉 소송을 대체하는 분쟁해결제도도 존재한다. 이를 흔히 'ADR'(Alternative Dispute Resolution)이라고 부른다. ADR은 민사소송이 야기하는 문제 또는 한계를 극복하기 위한 대안으로 등장하였다. 민사소송은 민사분쟁을 법적으로 해결하기 위한 좋은 방안이기는 하지만 여러 문

---

2 이에 관해서는 우선 우세나·양천수, "집단소송제도 재검토: 법이론의 관점에서", 『영남법학』 제45호(2017. 12), 295~321쪽; 우세나, 『집단분쟁과 집단소송제도』(세창출판사, 2007) 등 참고.

제를 안고 있다. 가령 시간과 비용이 많이 들고, 소송의 승패가 명확하게 갈려 소송 결과를 두고 논란이 발생하는 경우가 많다. 요컨대, 민사소송은 반드시 패배하는 사람을 만들 수밖에 없는데, 이렇게 소송에서 패배한 사람은 소송 결과에 불만을 가질 수밖에 없다. 이 같은 문제를 해결하고자 등장한 것이 바로 ADR이다. ADR은 분쟁당사자가 모두 만족할 수 있는 분쟁해결방안을 모색한다. 이러한 ADR로서 화해, 조정, 중재 등이 제시된다.

4. 나 홀로 소송해 보기

(1) 변호사 대리 원칙

민사소송은 당사자 자신이 직접 수행하는 경우도 있지만, 소송가액이 큰 분쟁의 경우에는 대부분 대리인을 선임하여 수행한다. 이때 소송대리인은 아무나 선임할 수 없다. 우리 「변호사법」에 따르면, 소송대리인은 변호사만이 할 수 있다(변호사법 제109조 제1호). 따라서 대리인을 내세워 민사소송을 수행하고자 하는 사람은 반드시 변호사를 대리인으로 선임해야 한다. 물론 우리나라는 '변호사 강제주의'를 채택하지 않기 때문에 민사소송을 하기 위해 언제나 변호사를 선임해야 하는 것은 아니다. 민사소송은 당사자가 직접, 달리 말해 '나 홀로' 수행할 수도 있다. 소송가액이 크지 않고, 경제적 여유가 없는 경우에는 '나 홀로 소송'을 수행하는 것도 고려할 만하다.

(2) 소장 직접 써보기

'나 홀로 소송'을 수행할 수 있으려면, 민사소송에서 가장 중요한 '소장'을 직접 쓸 수 있어야 한다.[3] 소장을 어떻게 써야 하는가에 관해서는 대한법률구조공단 홈페이지에서 제공하는 정보를 참고할 수 있다. 소장을 구성하는 중요 개념으로는 원고, 피고, 사건명, 청구취지, 청구원인, 증거방법, 첨부서류, 관할법원을 들 수 있다. 원고는 소를 제기하는 사람, 피고는 소를 제기 받는 사람을 말한다. 청구취지와 청구원인, 증거방법 및 첨부서류는 민사소송에서 아주 중요

---

3 소장에 관해서는 양천수·우세나, "법학방법론의 관점에서 본 민사소송법상 소장", 『법학논총』(조선대) 제26집 제2호(2019. 8), 29~50쪽 참고.

한 개념이므로 아래에서 별도로 설명한다. 관할법원은 자신의 사건을 담당하는 법원을 말한다. 민사소송법은 법원이 담당할 수 있는 사건이 무엇인지를 엄격하게 규율하고 있으므로(민사소송법 제1편 제1장 제1절), '나 홀로 소송'을 하고자 하는 사람은 자신의 사건을 담당하는 법원이 어느 법원인지 정확하게 파악하고 있어야 한다. 예를 들어, 불법행위 사건이 경상북도 경산시에서 발생하였는데, 이에 대한 소를 서울에서 제기하는 것은 허용되지 않는다(민사소송법 제18조 제1항).[4] 이에 관한 상세한 내용은 민사소송법을 직접 참고해야 한다.

(3) 청구취지와 청구원인

청구취지와 청구원인은 소장에서 아주 중요한 역할을 한다. 소를 제기하기 위해서는 소장에 반드시 청구취지와 청구원인을 적어야 하기 때문이다(민사소송법 제249조 제1항). 청구취지는 소로써 구하고자 하는 목적이다. 예를 들어, 내가 타인의 불법행위로 손해를 입어 손해배상을 청구하고자 한다면, 손해배상 청구가 청구취지가 된다. 이는 보통 소장에는 "피고는 원고에게 손해배상으로서 금 1,000만원과 그 이자를 지급하라."라는 형식으로 기재한다.[5] 이러한 청구취지는 피고가 소에 응하여 민사소송이 진행되면 민사소송의 분쟁대상, 즉 소송물이 된다. 그리고 소송이 끝나 판결을 내리고 이게 확정되면, 이러한 소송물은 기판력의 객관적 효력이 미치는 범위가 된다(민사소송법 제216조 제1항). 이렇게 청구취지는 민사소송 전반에 걸쳐 아주 중요한 역할을 한다.

청구원인은 청구취지에 대한 근거 또는 이유가 된다. 어떤 근거에서 청구취지가 타당한지를 논증하는 부분이 청구원인인 것이다. 청구원인은 보통 사실로 구성된다. 앞에서 언급한 예로 돌아가면, 원고가 언제 어디서 피고의 불법행위로 손해를 입었다는 부분이 바로 청구원인을 구성하는 사실이 된다. 이를 '청구원인사실'이라고 부른다. 원고가 제기한 청구가 법원에 의해 받아들여지기 위해서는 청구원인사실을 정확하고 상세하게 작성해야 한다.

---

4 물론 예외도 있다.
5 정확한 형식은 이보다 좀 더 복잡하다. 실제 소장을 찾아 참고하길 바란다.

(4) 증거방법과 첨부서류

방금 말한 것처럼, 청구원인사실은 청구취지가 타당한지에 대한 논증 근거가 된다. 그런데 청구원인사실이 청구취지의 타당성을 뒷받침하려면, 청구원인사실이 실제로 사실이 되어야 한다. 이는 민사소송에서 증명되어야 한다. 만약 증명이 되지 않으면, 청구원인사실은 그저 주장으로만 그칠 수 있다. 그러면 자신이 제기한 청구원인사실을 증명하기 위해서는 어떻게 해야 하는가? 이때 필요한 것이 바로 증거방법이다. 이는 달리 증거수단으로 새길 수 있다. 증거방법에는 인적 증거와 물적 증거가 있다. 인적 증거는 '증인 등'을 말한다. 물적 증거는 각종 서류나 문서 등을 말한다. 그런데 증인은 여러 사정으로 위증을 할 가능성이 있기에 실제 재판에서는 증인보다 서류, 즉 인적 증거보다는 물적 증거가 선호된다. 바로 이 점에서 소송에서 이기기 위해서는 자신의 주장을 증명할 수 있는 각종 서류를 부지런하게 최대한 많이 확보하여 제출해야 한다. 섬세하고 치밀하게 준비된 각종 첨부서류가 민사소송에서 이기는 데 결정적인 역할을 하는 경우가 많다는 점을 명심해야 한다.

(5) 증명책임

실제 소송에서는 자신이 제기한 청구원인사실이 진실이라는 점을 증명하는 것이 그 무엇보다 중요하다. 청구원인사실이 진실이라고 증명되지 않으면, 청구취지 역시 인정될 수 없기 때문이다. 그러나 인간은 신이 아니기에 아무리 열심히 증거방법을 동원한다 하더라도 청구원인사실을 증명하지 못하는 경우가 발생한다. 더욱 정확하게 말해, 청구원인사실이 진실이라고 담당 법관을 설득하는 데 실패하는 경우가 발생할 수 있는 것이다. 이를 민사소송법학에서는 '진위불명' 상태라고 말한다. 그러면 이렇게 진위불명 상태가 발생한 경우 어떻게 해야 하는가? 이러한 경우 민사소송은 중단되어야 하는가? 그러나 재판은 거부될 수 없다는 '재판거부금지 원칙'에 따라 이 경우에도 담당 법관은 판단을 내려야 한다. 이 문제를 해결하기 위해 등장한 것이 바로 증명책임 제도이다.[6] 증명책임은

---

6 이에 관해서는 양천수·우세나, "민사소송법상 증명책임분배론에 대한 법이론적 고찰: 레오 로젠베르크의 규범설을 중심으로 하여", 『중앙법학』 제10집 제3호(2008. 10), 7~36쪽 참고.

진위불명의 상태가 발생한 경우 이에 따른 불이익을 누가 부담해야 하는지를 결정하는 기준을 말한다. 증명책임에 관해서는 일반적으로 "소송으로 이익을 얻는 자가 이에 대한 부담도 져야 한다."는 원칙이 적용된다. 그러나 구체적인 민사소송에서 증명책임을 어떻게 배분해야 하는가를 결정하는 것은 쉬운 일이 아니다. 예를 들어, 양식장에서 사료를 새로 구입하여 물고기에게 주었는데 그 후 물고기가 떼죽음을 당한 경우 증명책임을 어떻게 배분해야 하는가? 휴대폰의 배터리가 폭발하여 휴대폰 소유자에게 피해를 입힌 경우 증명책임을 어떻게 배분해야 하는가? 언뜻 보면 쉽게 보이지만, 실제 소송에서 증명책임을 어떻게 배분해야 하는가를 결정하는 것은 생각만큼 쉽지 않다.

　　한편 우리 법은 특정한 경우에, 이를테면 피해자가 사회적 약자에 해당하는 경우에는 그가 부담해야 하는 증명책임을 상대방에게 전가시키는 것을 인정한다. 이를 '증명책임의 전환'이라고 한다. 제조물 책임법 제3조의2 및 특허법 제130조가 이를 규정하는 대표적인 예에 해당한다. 또한 의료사고에 따른 소송에서 법원은 피해자가 부담해야 하는 증명책임의 정도를 완화시키기도 한다. 이를 '증명책임의 완화'라고 한다. 이러한 증명책임의 전환이나 완화는 민사소송에서 '실질적 정의'가 실현되도록 하는 데 기여한다.

(6) 소송비용

　　마지막으로 소송비용을 언급할 필요가 있다. 자본주의 사회에서는 대개 그렇듯이 민사소송도 공짜로 진행되지는 않는다. 소를 제기하고 소송을 수행하기 위해서는 당연히 비용이 든다. 이를 소송비용이라고 한다. 소송비용에는 소를 제기하는 데 필요한 인지대나 변호사 수임료 등이 포함된다. 소송비용은 많은 경우 소를 제기하는 데 장애사유가 된다. 소송비용이 부담되어 소를 제기하지 못하는 경우가 많은 것이다. 따라서 민사소송으로 분쟁을 해결하고자 하는 사람은 소송비용 부담을 합리적으로 고려하여 그래도 소송을 하는 것이 자신에게 이익이 되는지 냉정하게 따져 보아야 한다. 특정한 경우에는 국가 또는 공익단체가 무료 또는 저렴한 가격으로 소송을 도와주기도 한다. 법률구조공단이 이러한 예에 해당한다.

형법과 형사소송법

1. 형법이란?

형법은 범죄와 형벌을 규율하는 법을 말한다. 어쩌면 모든 법 중에서 일상 시민들에게 가장 익숙한 법이라 할 수 있다. 살인과 같은 범죄는 우리가 각종 언론매체에서 쉽게 접할 수 있는 사건이고, 그때마다 형법 또는 형벌이 언급되기 때문이다. 그 때문에 보통 사람들은 법하면 흔히 형법을 떠올린다.

형법은 범죄를 규율대상으로 한다. 범죄는 형법이 직접 규정하는 사회적 일탈행위를 말한다. 여기서 두 가지 점을 주의해야 한다. 첫째, 모든 사회적 일탈행위가 범죄가 되는 것은 아니라는 점이다. 예를 들어, 부모님에게 불효를 하는 것은 사회적으로 비난받을 만한 일탈행위이지만, 이러한 불효가 모두 범죄가 되는 것은 아니다. 형법은 사회적 일탈행위 중에서 특히 중대한 것을 선별해 이를 형법상 범죄로 규정한다. 둘째, 형법의 기본원리인 '죄형법정주의'에 따라 형법이 미리 범죄로 규율하지 않으면 범죄가 될 수 없다는 것이다. 여기서 죄형법정주의란 범죄와 형벌은 미리 법률로 정해놓아야 한다는 원리를 말한다(형법 제1조). 죄형법정주의는 형법이 남용되는 것을 억제함으로써 일반 시민의 자유를 보장한다. 물론 때로 죄형법정주의는 일반 시민들의 정의관념이나 법감정에 맞지 않을 수도 있다. 예를 들어, 사회적으로 비난받아 마땅한 데도 형법이 아직

범죄로 규율하지 않아 범죄로 처벌하지 못하는 경우를 들 수 있다. 이를테면 현행법에 따르면, 아파트 단지 안에 있는 도로는 「도로교통법」이 정하는 도로가 아니어서 여기서 교통사고가 발생해도 「도로교통법」이 규율하는 각종 형벌을 부과할 수 없다. 「도로교통법」이 규율하는 내용 중에는 형법적 내용도 있는데, 이에 대해서도 죄형법정주의가 적용되기 때문이다.[1] 하지만 그렇다고 해서 죄형법정주의를 쉽사리 포기할 수는 없다. 만약 그렇게 되면 권력자에 의해 형법이 남용될 수 있기 때문이다.

형법이 규율하는 범죄는 다시 세 단계로 판단한다. 구성요건 해당성, 위법성, 책임이 그것이다. 특정한 일탈행위가 형법상 범죄로 인정되려면, 먼저 형법이 규정하는 구성요건에 해당해야 한다. 예를 들어, 특정한 일탈행위가 살인죄로 인정되려면 이러한 일탈행위가 형법 제250조가 규정하는 살인죄 구성요건에 해당해야 한다. 다음으로 위법성이 인정되어야 한다. 이는 위법성 조각사유가 존재하지 않는가를 기준으로 하여 판단한다. 우리 형법은 위법성 조각사유로 정당행위(제20조), 정당방위(제21조), 긴급피난(제22조), 자구행위(제23조), 피해자의 승낙(제24조)을 규정한다. 마지막으로 책임이 인정되어야 한다. 위법성을 판단하는 경우처럼, 책임 역시 책임조각사유가 존재하는가를 기준으로 하여 판단한다. 책임능력이 존재하지 않는 경우가 가장 대표적인 책임조각사유가 된다(형법 제9조 및 제10조).

형법상 범죄가 인정되면 이에 형벌을 부과해야 한다.[2] 형벌은 범죄에 대한 효과로서 범죄자에게 부과되는 불이익을 말한다. 우리 형법은 형벌로서 생명형, 자유형, 재산형을 인정한다. 생명형으로는 사형을, 자유형으로는 징역형과 금고형을, 재산형으로는 벌금형을 들 수 있다. 이 중에서 사형을 여전히 존치해야 하는가에 관해서는 사회적으로 논란이 진행된다. 상당수의 법률가들은 이를 폐지해야 한다고 주장하지만, 일반 시민들은 사형이 여전히 필요하다고 말한다. 현재 우리나라는 사형선고는 하지만, 사형집행은 하지 않고 있다. 사실상 '사형폐지국'으로 인정되고 있다.

---

1 「도로교통법」이 담고 있는 형법적 내용을 형법학에서는 '교통형법'이라고 부르기도 한다.
2 형법학에서는 왜 이러한 형벌을 인정해야 하는지, 우리는 무엇 때문에 범죄자에게 형벌을 부과해야 하는지 논란이 전개된다. 자세한 내용은 형법 교과서를 참고하기 바란다. 형법교과서로는 이상돈, 『형법강론』(박영사, 2017) 참고.

2. 형사소송법이란?

민법에 관한 분쟁을 해결하기 위해 민사소송법이 존재하는 것처럼 형법에 관한 분쟁, 즉 범죄를 해결하기 위해 형사소송법이 존재한다. 범죄가 발생한 경우 이러한 범죄를 수사하고 재판하여 이에 상응하는 형벌을 부과하는 데 필요한 절차를 규율하는 법이 형사소송법인 것이다. 여기서 형사소송법이 규율대상으로 삼는 절차를 형사소송절차라고 한다. 이러한 형사소송절차는 크게 두 단계로 구분된다. 첫째는 범죄를 수사하는 수사절차이다. 둘째는 수사기관이 제기한 범죄사실이 진실인지를 판단하고 이에 상응하는 형벌을 부과하는 재판절차이다. 수사절차는 검찰이 주도한다면, 재판절차는 형사법원이 주도한다.

수사는 범죄사실을 밝히는 절차를 말한다. 영어로는 '조사'(investigation)라고도 한다. 최근 '검찰개혁'의 일환으로 오랜 논란 끝에 형사소송법이 개정되면서 수사 역시 중대한 변화를 맞게 되었다. 개정 전의 형사소송법에 따르면, 수사에 관한 권한은 검찰의 구성원인 검사가 가졌다(구 형사소송법 제195조). 다만 실제 수사를 하는 과정에서는 경찰, 즉 사법경찰관이 주도적인 역할을 하는 경우가 많았다(구 형사소송법 제196조).[3] 원래 경찰은 수사를 주된 임무로 하는 조직이 아니다. 위험을 예방하거나 제거하는 것을 주된 임무로 하는 조직이다. 도로교통을 안전하게 관리하는 경찰이 가장 전형적인 경찰의 모습이라고 할 수 있다. 하지만 경찰은 거대한 조직을 갖고 있기에 검찰을 도와 수사에 협조하는 경우도 많았다. 그렇지만 개정 전의 형사소송법에 따르면, 경찰은 수사에 대한 권한은 갖고 있지 않았다. 수사에 관해서는 검사의 지휘를 받아야 했다(구 형사소송법 제196조 제1항). 그래서 실제로 수사는 경찰이 하는 경우가 많은데도 수사권이 없는 것에 대해 경찰은 오래 전부터 불만을 갖고 있었다. 바로 이 때문에 경찰도 수사권을 가져야 한다는 이른바 '경찰수사권 독립 논쟁'이 오래 전부터 진행되었다. 그리고 오랜 논쟁 끝에 최근 형사소송법이 개정되어 수사를 둘러싼 검찰과 경찰의 관계가 대폭 바뀌게 되었다. '검찰과 경찰의 관계'가 '수사지휘에 따른 수직적인 관계'에서 '수사협조에 따른 수평적인 관계'로 변경된 것이

---

3 사법경찰관을 흔히 '형사'라고 부른다.

다. 이번에 새롭게 개정된 형사소송법 제195조 제1항은 이를 다음과 같이 정한다. "검사와 사법경찰관은 수사, 공소제기 및 공소유지에 관하여 서로 협력하여야 한다." 이에 따라 검사뿐만 아니라 경찰 역시 독자적으로 수사를 할 수 있게 되었다(개정 형사소송법 제196조 및 제197조).

기본적으로 일반 시민이 직접 소를 제기하는 민사소송과는 달리, 형사소송에서는 원칙적으로 검사만이 소, 즉 공소를 제기할 수 있다(형사소송법 제246조).[4] 이를 '기소독점주의'라고 말한다.[5] 또한 검사는 공소제기를 할지 여부에 대한 재량권도 갖는다. 이를 '기소편의주의'라고 말한다(형사소송법 제247조). 이에 따라 검사는 범죄혐의가 인정되는 경우에도 그 정도가 미약한 경우에는 기소를 하지 않는 처분, 즉 '기소유예처분'도 할 수 있다.

공소제기가 이루어지면 형사재판이 시작된다. 이를 '공판'이라고 부른다.[6] 민사소송과는 달리, 형사소송에서는 법관이 더욱 많은 권한을 갖는다. 그리고 증명책임이 중요한 역할을 하는 민사소송과는 달리, 형사소송에서는 증거능력이 중요한 역할을 한다. 증거능력이란 증거가 될 수 있는 자격을 말한다. 과거 형사소송에서는 강력한 권한을 갖는 수사기관에 의해 위법한 방법과 절차에 따라 증거를 수집하는 경우가 많았기 때문에, 이러한 문제를 해결하고자 증거능력이라는 제도를 둔 것이다. 예를 들어, 과거에는 고문으로 자백을 받는 경우가 많았는데, 이를 막기 위해 고문 등과 같은 위법한 방식으로 증거를 수집한 경우에는 증거능력을 부정함으로써 이러한 위법한 수사를 억제하는 것이다. 형사소송법은 자백배제법칙(제309조), 위법수집증거 배제법칙(제308조의2), 전문법칙(제310조의2)과 같은 복잡한 증거법칙을 마련하고 있는데, 이는 증거능력을 엄격하게 인정하려는 형사소송법의 태도와 밀접한 관련을 맺는다.[7]

---

4 '공소제기'를 약칭하여 '기소'라고도 부른다.
5 다만 지난 2019년 12월 30일 「고위공직자범죄수사처 설치법」, 이른바 '공수처 설치법'이 국회를 통과하면서 '검찰청 검사'만이 아니라 '공수처 검사' 역시 공소를 제기할 수 있게 되었다. '기소독점주의'에 대한 중대한 예외가 생긴 것이다.
6 공판이란 공적인 성격을 갖는 재판을 뜻한다.
7 상세한 내용은 형사소송법 교과서를 참고하기 바란다.

제7절

국 제 법

1. 국제법이란?

지금까지 설명한 헌법, 민법, 형법 등은 모두 한 국가를 전제로 한다. 한 국가가 설정한 법질서 안에서 정립된 법이 바로 헌법, 민법, 형법 등이라 할 수 있다. 이러한 법들은 한 국가의 경계 안에서 효력을 갖는다는 점에서 '국내법'이라고 부른다. 그러나 법에 국내법만 있는 것은 아니다. 한 국가의 경계를 넘어서서 효력을 발휘하는 법도 존재한다. 이를 '국제법'이라고 부른다. 국제법이란 국내법에 대비되는 법적 개념으로 한 국가의 경계를 넘어서는 법 일체를 뜻한다.[1]

2. 국제법의 유형

국내법이 공법과 사법으로 구분되는 것처럼, 국제법 역시 국제공법과 국제사법으로 구분된다. 국제사법은 다시 좁은 의미의 국제사법(섭외사법)과 국제거래법, 국제경제법 등으로 구분된다.

---

1 이때 말하는 국제법은 '초국가적 법'(transnational law)을 포함하는 '넓은 의미의 국제법'을 뜻한다.

(1) 국제공법

국제공법이란 국가와 국가의 관계를 규율하는 법을 말한다. 국가와 국가 간에 체결하는 조약이 가장 대표적인 국제공법에 해당한다. 조약은 일반 계약처럼 두 개의 국가 사이에서 체결되기도 하지만(양자 간 조약), 다수의 국가들 사이에서 체결되기도 한다(다자 간 조약). 우리에게 익숙한 「제네바협약」이나 「헤이그육전규칙」, 각종 UN 협약 등이 대표적인 조약에 해당한다. 전통적인 의미의 국제법, 달리 말해 좁은 의미의 국제법이라고 하면 이러한 국제공법을 뜻한다.

(2) 좁은 의미의 국제사법

요즘과 같은 글로벌 시대에는 국제결혼 역시 심심치 않게 이루어진다. 그런데 사람 일이 흔히 그렇듯이 이러한 국제결혼 관계에서도 법적 분쟁이 발생할 수 있다. 이러한 경우 어느 나라의 가족법을 적용해야 하는지가 문제될 수 있다. 예를 들어, 한국인과 베트남인이 결혼하였는데 결혼과정에서 문제가 발생한 경우 한국의 가족법을 적용해야 하는지, 아니면 베트남의 가족법을 적용해야 하는지 문제될 수 있다. 말하자면, 국제적으로 발생한 법적 분쟁의 기준 또는 준거가 되는 국가법을 결정해야 하는 문제가 등장하는 것이다. 이러한 문제는 국제적인 거래관계에서도 발생한다. 전 세계가 글로벌 사회로 변모하고 이로 인해 국가 간의 거래나 결혼, 이동 등이 많아지면서 자연스럽게 이에 관한 법적 문제 역시 증가하는 것이다. 이때 이러한 문제를 해결하는 법이 바로 좁은 의미의 국제사법이다. 이는 달리 '섭외사법'이라고 부르기도 한다. 국제사법은 국제사법적인 법적 분쟁이 발생하였을 때 이에 대한 준거법을 어떻게 결정해야 하는지를 규율한다.

(3) 국제거래법

국제거래법은 국가 간의 사적 거래를 규율하는 법을 말한다. 쉽게 말해, 국내 상법이 국제적으로 확장된 법이라고 이해하면 된다. 이러한 국제거래법의 예로서 국제 어음수표행위, 국제운송행위, 국제해상행위 등을 규율하는 법을 들 수 있다. 이들 행위들은 이미 오래 전부터 국제적으로 상인들 사이에서 이루어졌는데, 이에 관한 거래비용과 거래위험을 줄이고 거래안정을 도모하기 위해 상인들은 국제적인, 달리 말해 '초국가적인 상관습법'(lex mercatoria)을 만들어 이용하였다. 이러한 상관습법은 이후 근대국가가 등장하면서 다수의 국가들이 참여하는 국제거래법으로 변모하여 오늘날 적용되고 있다.

(4) 국제경제법

국제거래법과 유사한 법으로 국제경제법을 들 수 있다. 우리나라 법학을 기준으로 보면, 국제거래법은 상법학의 한 분과로서 다루어지는 경우가 많은 반면, 국제경제법은 국제법학에서 다루는 경우가 많다. 국제거래법이 국제적으로 이루어지는 거래를 규율하는 법이라면, 국제경제법은 국제적인 경제질서를 규율하는 국제기구, 예를 들어 WTO 등을 규율하는 법이라 할 수 있다. 다만 이러한 WTO 등은 국가와 같은 국가기관이 아니므로, 엄격하게 보면 WTO 등을 규율하는 법은 국제공법에 속한다고 말할 수는 없다. 바로 이 점에서 이들 법은 국제법 중에서 넓은 의미의 국제사법에 해당한다고 말할 수 있다.

3. 분쟁해결기구

한 국가 안에서 법적 분쟁이 발생하였을 때 이를 해결하는 기관으로 법원을 두는 것처럼, 국제법에서도 국제적인 법적 분쟁이 발생하였을 때 이를 해결하는 분쟁해결기구를 설치하여 운용한다. 국제법상 일반적인 분쟁을 처리하는 '국제사법재판소'(International Court of Justice: ICJ), 국제법상 특정한 형사분쟁을 해결하는 '국제형사재판소'(International Criminal Court: ICC), 국제해양법상 문제를 관할하는 '국제해양법재판소'(International Tribunal for the Law of the Sea: ITLOS) 등이 여기에 해당한다.

4. 국제법의 문제들

국내법과 달리 국제법은 독립된 주권을 갖고 있는 국가들을 규율주체로 한다는 점에서 여러 어려운 문제들과 마주한다. 이 중 몇 가지를 소개하도록 한다.

첫째, 국제법이 과연 법인가? 라는 문제가 제기된다. 법원이 확정판결을 내리면 이를 강제적으로 집행할 수 있는 권력이 담보되어 있는 국내법과는 달리, 국제법에서는 분쟁해결기구가 내린 판단을 강제적으로 집행할 수 있는 권력이 담보되지 않는다. 이 때문에 국제법이 과연 법인가? 라는 문제가 등장한다.

둘째, 무엇을 국제법으로 보아야 하는가의 문제가 있다. 이는 보통 '국제법의 법원(法源)'이라는 이름으로 논의된다. 일반적으로 조약과 같은 실정국제법 및 국제관행과 같은 국제관습법을 국제법의 법원으로 인정한다. 이외에도 일반적으로 승인된 일반원칙 역시 국제법에 포함시킨다. 그러나 구체적으로 무엇을 국제관습법으로 볼 것인지, 무엇을 일반적으로 승인된 일반원칙으로 볼 것인지를 판단하는 것은 쉽지 않다.

셋째, 국제법과 국내법의 관계를 어떻게 파악할 것인지가 문제된다. 이에 관해서는 국제법 우위설과 국내법 우위설이 대립하는데, 우리나라는 헌법 제6조 제1항을 통해 이 문제를 해결한다. 이에 따르면, "헌법에 의하여 체결·공포된 조약과 일반적으로 승인된 국제법규는 국내법과 같은 효력을 가진다." 헌법이 국제법규보다 우위에 있다고 보는 것이다.

넷째, 외국판결을 어떻게 승인할 것인지, 이를 어떻게 국내에서 집행할 것인지의 문제가 있다.

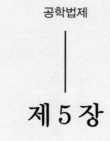

제 5 장

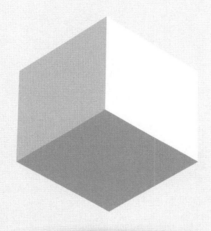

과학기술과 법 개관

제5장은 과학기술과 법을 간략하게 스케치하는 공간이다. 제5장에서는 과학기술과 법이 서로 어떤 관계를 맺는지, 양자가 결합되어 등장한 과학기술법은 어떤 특징을 지니는지, 과학기술법에는 어떤 유형이 있는지를 개괄적으로 살펴본다.

제5장

과학기술과 법 개관

1. 오늘날 서로 연결되는 과학기술과 법

현대사회는 '과학기술의 시대'라 할 수 있을 만큼 과학기술이 현대사회에서 차지하는 비중은 상상을 초월할 정도다. 컴퓨터, 인터넷, 스마트폰, 빅데이터, 인공지능 등으로 대변되는 현대 과학기술은 우리 삶의 패러다임을 근본적으로 바꾸었을 정도로 사회변화를 야기하고 있다. '정보화사회', '지식기반사회', '초연결사회', '빅데이터사회', '알고리즘사회' 그리고 최근 화두가 되고 있는 '제4차 산업혁명'과 같은 개념들이 이러한 현상을 잘 보여준다.[1] 이로 인해 사이버 보안 침해나 개인정보 유출과 같은 새로운 법적 문제가 등장하고 있고, 이에 대응하기 위해 새로운 법적 규제장치가 끊임없이 마련되고 있다.[2] 또한 과학기술은 엄청난 경제적 가치를 창출하는 새로운 성장동력이 되고 있다. 요즘 세계경제를 주도하는 애플이나 구글, MS, 아마존, 우버, 넷플릭스 등은 모두 당대의 최신 과학기술을 선도적으로 경제에 적용함으로써 엄청난 부를 획득하였다. 미국 실리콘밸리의 뛰어난 인재들은 최신 과학기술로 무장한 '스타트업'(start up)을

---

1 이에 관해서는 양천수, 『제4차 산업혁명과 법』(박영사, 2017) 참고.
2 이러한 문제를 다루는 연구로는 양천수·심우민·전현욱·김중길, 『디지털 트랜스포메이션과 정보보호』(박영사, 2019) 참고.

통해 제2의 애플이나 제2의 구글을 꿈꾸고 있다. 이러한 경향은 우리나라에서도 찾아볼 수 있다. 창업을 꿈꾸는 유능한 공대생들이 점점 늘어나고 있다. 이처럼 현대 과학기술이 새로운 성장동력으로, 새로운 먹을거리를 창출하는 원천으로 자리매김하면서 국가는 이를 지원하기 위해 다양한 과학기술 관련 법제를 마련하고 있다. 요컨대, 오늘날 법체계는 한편으로 과학기술의 위험을 적절하게 관리하는 규제체계가 되는 동시에, 다른 한편으로는 과학기술이 원활하게 발전하고 이러한 발전이 경제에 '환류'(feed back)될 수 있도록 지원하는 지원체계가 되고 있다. 이처럼 현대사회에서 과학기술과 법은 서로 밀접한 관련을 맺고 있고, 이로 인해 과학기술과 관련된 법률들이 매년 새롭게 제정 및 개정되고 있다. 이렇게 과학기술과 밀접한 관련을 맺는 법을 '과학기술법'이라고 부를 수 있을 것이다.

2. 과학기술법의 특징

이러한 과학기술법은 다음과 같은 특징을 지닌다.

(1) 전문법

과학기술법은 '전문법'의 일종이다. 여기서 전문법이란 고도로 전문적인 영역을 규율하는 법을 말한다.[3] 그 때문에 전문법을 제대로 입법하고 이를 적용하기 위해서는 매우 전문적인 지식이 필요하다. 과학기술법의 경우에는 최근 과학기술에 대한 전문적인 지식과 경험이 요청된다.

(2) 과학기술에 종속되는 법

과학기술법은 과학기술에 종속되는 특징을 지닌다. 이는 다른 일반 법규범과 비교할 때 분명하게 차이가 난다. 일반 법규범의 경우에는 일반 법규범과 이러한 법규범이 규율하는 규제대상의 관계에서 볼 때 법규범이 규범적 주도권을 갖는 경우가 많다. 따라서 규제대상의 특성 때문에 해당 법규범의 규범적 성격

---

3 전문법에 관해서는 우선 양천수, "*私法* 영역에서 등장하는 전문법화 경향: 도산법을 예로 본 법사회학적 고찰", 『법과 사회』 제33호(2007. 12), 111~135쪽 참고.

이 약해지지는 않는다. 그렇지만 과학기술법에서는 그 관계가 반대로 설정되는 경우가 많다. 법규범이 과학기술체계에 종속되는 것이다. 이러한 이유에서 현대 과학기술의 전문성과 특성으로 인해 과학기술법의 규범적 체계성이나 독자성이 약화되는 경우가 많다.

(3) 자주 개정되는 법

이처럼 과학기술법은 현대 과학기술에 종속된다는 점에서 다음과 같은 특징도 나타난다. 과학기술이 비약적으로 발전하면서 이에 대응하기 위해 법이 빈번하게 개정된다는 것이다. 예를 들어, 「과학기술기본법」은 2001년 1월 16일에 제정된 이래 2019년 8월 27일까지 모두 28번 정도 개정되었다. 「기초과학연구진흥법」은 1989년 12월 30일에 제정된 이래 2011년 3월 9일까지 모두 19번 정도 개정되었다. 그 사이 전부개정 및 법명개정도 이루어져 지금은 「기초연구진흥 및 기술개발지원에 관한 법률」로 불린다. 과학기술법에서는 이렇게 법의 이름이 바뀌는 경우도 많은데, 이를테면 1973년 2월 5일에 제정된 「기술용역육성법」은 이후 4번 정도 개정되었다가 1992년 11월 25일에 「엔지니어링 기술진흥법」으로 이름이 바뀐다. 그 후 10번 가량 개정되었다가 2010년 4월 12일에 「엔지니어링산업 진흥법」으로 명칭이 바뀐다. 그 이후에도 7번이 더 개정되었다. 이렇게 과학기술법은 과학기술의 발전에 발맞추기 위해 자주 개정되는데, 이로 인해 법의 규범적 체계성이 약해지는 문제도 발생한다. 왜냐하면 급변하는 현실에 맞추어 법을 자주 바꾸면 법의 현실적응력은 높아지지만, 반대로 법의 핵심적 기능인 법적 안정성은 약화되기 때문이다.

3. 과학기술법의 유형

우리나라는 현재 꽤 많은 수의 과학기술법을 제정해 시행하고 있다. 앞에서 언급한 것처럼, 과학기술법은 과학기술의 급속한 발전에 발맞추어 그때그때 제정되었기에 전체적으로 체계적인 면모를 갖추고 있지 않다. 이는 제정을 위해 오랜 시간 준비되어 아주 체계적인 면모를 갖추고 있는 민법이나, 형법, 상법 등과 대비된다. 그런데도 과학기술법은 대략적으로 다음과 같이 유형화할 수 있다.

(1) 기본법

먼저 기본법을 들 수 있다. 기본법은 해당 과학기술 분야의 기본적 토대가 되는 법이다. 이러한 예로서「과학기술기본법」,「국가정보화 기본법」,「지식재산 기본법」등을 들 수 있다.

(2) 특별법

이러한 기본법에 대비되는 법으로서 특별법을 들 수 있다. 기본법이 기본적 토대가 되는 법이라면, 특별법은 다른 법에 비해 특별한 지위를 누리는 법을 말한다. 과학기술법 중에서 이러한 특별법의 대표적인 예로서 흔히 'ICT 특별법'이라고 일컫는「정보통신 진흥 및 융합 활성화 등에 관한 특별법」을 들 수 있다.

(3) 지원법

다음으로 지원법을 들 수 있다. 지원법은 해당 과학기술이 더욱 발전할 수 있도록 진흥, 촉진, 육성하는 법을 말한다. 이를테면「기초연구진흥 및 기술개발지원에 관한 법률」,「엔지니어링산업 진흥법」,「정보통신산업 진흥법」,「나노기술개발 촉진법」,「뇌연구 촉진법」,「협동연구개발촉진법」,「생명공학육성법」,「특정연구기관 육성법」등이 여기에 해당한다.

(4) 규제법

지원법에 대비되는 법으로 규제법을 들 수 있다. 규제법은 국민의 기본권을 적절하게 보장하기 위해 해당 과학기술이 안고 있는 위험을 규제하는 법을 말한다. 이러한 예로서「정보통신망법」,「정보통신기반 보호법」,「개인정보 보호법」등을 들 수 있다. 이외에도 특정한 권리를 취득하는 데 필요한 요건, 절차 등을 규율하는 법도 넓은 의미의 규제법에 포함시킬 수 있다.「특허법」,「저작권법」등과 같은 지식재산권법이 여기에 해당한다.

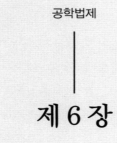

제 6 장

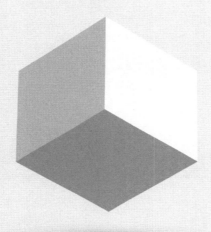

지식재산권법

제6장에서는 과학기술법 및 공학법제에서 가장 중요한 비중을 차지하는 지식재산권법을 살펴보도록 한다. 다만 이를 상세하게 다루는 것은 이 책의 의도를 넘어서는 것이기에 여기에서는 지식재산권법의 핵심적 내용, 특히 전체적인 흐름을 보여주는 데 집중하고자 한다. 지식재산권법에 관한 상세한 내용은 관련 교과서를 참고하기 바란다.

제1절

지식재산권법의 기본 구조

1. 지식재산권법이란?

지식재산권법은 쉽게 말해 지식재산권을 규율하는 법을 말한다.[1] 여기서 지식재산권이란 전통적인 재산권과는 구별되는 권리로서 우리의 지적·정신적 활동 중에서 재산적 가치가 있는 것을 대상으로 하는 권리라고 말할 수 있다. 이를 과거에는 '지적 재산권'이라고 부르기도 하였다. 전통적인 재산권 중에서 물권이 유체물인 '물건'을, 채권이 행위주체인 인격체의 '급부'(Leistung)를 대상으로 한다면, 지식재산권은 인격체의 지적·정신적 활동의 산물을 대상으로 하기 때문이다. 이 때문에 과거에는 지식재산권을 물건과 같이 특정한 형태를 갖춘 것을 대상으로 하지 않는다는 점에서 '무형적 재산권'이라고 부르기도 하였다. 그러나 이는 절반만이 맞는 표현일 뿐이다. 지식재산권 중에는 무형적인 아이디어를 대상으로 하는 특허권이나 실용신안권도 있지만, 특정한 표현이나 디자인을 대상으로 하는 저작권이나 디자인에 대한 권리도 있기 때문이다.

---

1 이에 관해서는 특허청 홈페이지(www.kipo.go.kr)에 게재된 지식재산권법 관련 내용이 큰 도움이 되었다. 이 자리를 빌려 훌륭한 정보를 제공하고 있는 특허청 홈페이지 관리자에게 깊은 감사를 드린다.

2. 지식재산권의 보호대상으로서 형식과 실질

그러면 지식재산권이 보호하는 것은 무엇인가? 이는 지식재산권의 보호대상이 무엇인가에 관한 문제이다. 이 문제는 '형식과 실질'이라는 기준으로 접근할 수 있다. 먼저 지식재산권은 특정한 실질, 달리 말해 내용을 보호한다. 이때 말하는 내용은 '아이디어'를 뜻한다. 가령 특정한 아이디어가 '발명'에 해당하는 경우에는 이러한 아이디어를 특허권의 대상으로 보아 이를 보호한다. 또는 발명에는 해당하지 않지만 '실용신안'에는 해당하는 '고안'인 경우에는 이를 실용신안권의 대상으로 보아 이를 보호한다. 이것이 바로 지식재산권이 내용을 보호하는 경우에 해당한다.

이와 달리 지식재산권은 특정한 형식을 보호하기도 한다. 이러한 예로서 특정한 저작행위나 디자인, 컴퓨터 프로그램 등을 들 수 있다. 이를테면 저작권법은 특정한 저작 그 자체, 달리 말해 특정한 저작형식을 보호한다. 저작권자의 동의를 얻지 않고 특정한 저작형식을 그대로 사용하는 경우에는 이를 '표절'로 보는 것이다. 이는 디자인이나 컴퓨터 프로그램에서도 그대로 적용된다.

이처럼 지식재산권은 무엇을 보호하는가에 따라 실질을 보호하는 지식재산권과 형식을 보호하는 지식재산권으로 구분할 수 있다. 이에 따라 지식재산권법 역시 구분된다. 실질을 보호하는 지식재산권법으로서 「특허법」, 「실용신안법」을, 형식을 보호하는 지식재산권법으로서 「저작권법」, 「디자인보호법」 등을 들 수 있다.

3. 지식재산 기본법

지식재산권법은 가령 민법이나 형법처럼 체계적이고 단일한 법으로 규율되고 있지는 않다. 마치 행정법처럼 지식재산권법은 특허법이나 실용신안법, 저작권법 등과 같이 각각의 지식재산권 영역을 규율하는 여러 개별법들로 구성되어 있다. 이는 이른바 「통합도산법」을 제정하여 도산을 규율하는 여러 개별법들을 한 법률로 통합한 도산법과는 구별된다.[2] 이러한 상황에서 정부는 지식재

---

2 「통합도산법」에 관해서는 우세나, 『개인도산에 관한 연구』(고려대 법학박사 학위논문, 2005) 참고.

산에 대한 기본 틀 및 정책 등을 규율하기 위해 2011년 5월 19일에 「지식재산 기본법」을 제정하였다. 「지식재산 기본법」 제1조에 따르면, 이 법은 "지식재산의 창출·보호 및 활용을 촉진하고 그 기반을 조성하기 위한 정부의 기본 정책과 추진 체계를 마련하여 우리 사회에서 지식재산의 가치가 최대한 발휘될 수 있도록 함으로써 국가의 경제·사회 및 문화 등의 발전과 국민의 삶의 질 향상에 이바지하는 것을 목적"으로 한다. 여기서 알 수 있듯이, 「지식재산 기본법」은 지식재산 정책에 대한 기본 방향 및 추진 체계를 규율함으로써 지식재산을 창출하고 이를 보호 및 활용하는 데 기여하는 법이라고 말할 수 있다. 그 점에서 「지식재산 기본법」은 '지식재산 정책법'에 해당한다. 이러한 「지식재산 기본법」이 제정됨으로써 지식재산권법은 이전보다 체계적인 면모를 갖추었다고 평가할 수 있다.

4. 지식재산권법의 보호 구조

(1) 지식재산권의 특성과 보호방안

지식재산권법은 지식재산권을 보호대상으로 한다. 그런데 지식재산권은 '무체재산권'이라는 예전의 표현이 시사하는 것처럼 일반 물건과는 달리 '유체물'의 모습을 갖고 있지 않다. 그 때문에 실제 세계에서 법으로 이를 보호하는 것이 쉽지 않다. 이러한 까닭에서 지식재산권법은 두 가지 방안을 마련하고 있다. 첫째, 마치 부동산 등기처럼 지식재산권을 공적 장부에 등록하도록 함으로써 그 경계를 명확하게 하고 이를 모든 사람들이 쉽게 인지할 수 있도록 하는 것이다. 이렇게 하면 지식재산권은 마치 유체물처럼 우리가 쉽게 확인할 수 있는 대상으로 바뀌게 된다. 둘째, 이렇게 등록절차 등을 통해 제3자가 쉽게 인지할 수 있도록 함으로써 지식재산권에 마치 물권과 유사한 지위를 부여하는 것이다.

(2) 권리의 취득 절차

지식재산권은 유체물과는 달리 우리의 감각기관으로 실증하기 어렵기에 이를 제3자가 쉽게 인지할 수 있도록 만들어야 한다. 바꿔 말해, 지식재산권의 대상을 독립적인 권리대상으로 만들 필요가 있다. 권리대상의 경계를 명확하게 하고 어느 누구라도 감각기관으로 쉽게 인지할 수 있도록 함으로써 비로소 그 대상은 지식재산권의 보호대상이 될 수 있다. 이러한 연유에서 지식재산권법은 지식재산권을 취득하는 절차를 중시한다. 그래서 이에 관한 절차를 엄격하게 규정한다. 이는 무엇보다도 「특허법」이나 「실용신안법」에서 분명하게 나타난다. 이들 법에서는 출원절차나 등록절차를 중시할 뿐만 아니라 이를 엄격하게 규율한다.

물론 특허나 실용신안처럼 별도의 등록절차를 밟지 않아도 되는 경우가 없지 않다. 저작권이 대표적인 경우에 속한다. 저작권의 경우에 별도의 등록절차가 필요하지 않은 이유는 저작행위 자체가 제3자가 인지할 수 있도록 출판 또는 공간하는 과정을 거치기 때문이다. 저작권의 대상이 되는 저작행위는 저작자의 아이디어를 독자적인 언어적 표현방식 등으로 문서나 영상 등과 같은 고정된 매체를 통해 공간해야 한다. 저작자의 아이디어가 단순히 말로만 표현되어 금방 사라지는 경우에는 저작권의 보호대상이 될 수 없다. 저작행위가 모든 이들이 쉽게 인지할 수 있도록 공표되어야 할 뿐만 아니라, 고정된 매체를 통해 저작행위가 지속적으로 유지될 수 있을 때에야 비로소 저작권의 보호대상이 될 수 있는 것이다. 그런데 이러한 과정은 특허나 실용신안을 얻기 위해 거쳐야 하는 등록절차와 여러모로 유사하다. 그 때문에 저작권의 경우에는 별도의 등록절차가 필요하지 않은 것이다.

(3) 법적 지위

이렇게 지식재산이 별도의 권리취득 절차를 거쳐 지식재산권의 보호대상이 되면 이는 채권이 아닌 물권과 유사한 지위를 갖게 된다. 오직 채권관계로 연결된 채무자에게만 효력을 갖는 채권에 비해, 물권은 모든 사람에 대해 효력을 갖는다. 이를 민법에서는 '대세적 효력'이라고 부른다. 따라서 만약 제3자가 허락 없이 물권을 침해하는 경우에는 물권자는 물권적 청구권을 이용하여 그 침해를 배제하거나 사전에 예방할 수 있다(민법 제213조~제214조). 이러한 강력한 법적 지위를 지식재산권도 갖게 되는 것이다. 따라서 지식재산권자는 제3자가 허락 없이 자신의 지식재산권을 침해하는 경우에는 그 침해를 배제하거나 사전에 예방할 수 있을 뿐만 아니라, 이러한 침해로 손해를 입은 경우 그 침해자에 대해 손해배상도 청구할 수 있다.

5. 공학법제 관련 홈페이지

마지막으로 공학법제, 특히 지식재산권법과 관련된 홈페이지 중에서 중요한 것 몇 개를 소개한다.

- 특허청(www.kipo.go.kr)
- 특허정보검색서비스(www.kipris.or.kr)
- 지역지식재산센터(www.ripc.org)
- 국가과학기술정보센터(www.ndsl.kr)

제2절

특 허 법

1. 특허법이란?

「특허법」이란 특허 및 특허에 관한 권리, 즉 특허권을 규율하는 법을 말한다.[1] 그러면 특허란 무엇인가? 특허를 한자로 표기하면 '特許'가 되는데, 이를 문자 그대로 풀이하면 '특별히 허가한 것'이 된다. 여기서 유추할 수 있듯이, 특허란 특허법이 정한 요건을 충족하는 아이디어를 일정한 기간 동안 배타적·독점적으로 사용할 수 있도록 국가가 허가하는 것을 말한다. 이러한 특허를 통해 갖게 되는 권리가 특허권이다.

그러면 이렇게 특허권을 인정하는 이유는 무엇인가? 이에 관해서는 특허법 제1조가 규정한다. 이에 따르면, 특허법은 "발명을 보호·장려하고 그 이용을 도모함으로써 기술의 발전을 촉진하여 산업발전에 이바지함을 목적"으로 한다. 여기서 세 가지 목적을 도출할 수 있다. 첫째, 특허의 대상이 되는 창의적인 발명을 보호 및 장려하고, 그 이용을 도모하는 것이다. 둘째, 기술발전을 촉진하는 것이다. 셋째, 이를 통해 산업발전에 이바지하도록 하는 것이다. 이러한 세 가지

---

[1] 특허법에 관해 아래에서 다루는 내용은 특허청 홈페이지에 게재된 내용을 주로 참고하였다. 이에 관해서는 (https://www.kipo.go.kr/kpo/HtmlApp?c=10001&catmenu=m06_01_01) 참고.

목적은 서로 밀접한 관련을 맺는다. 말하자면, 발명을 보호·장려하고 그 이용을 도모하면 이는 기술발전에 기여하고, 이러한 기술발전은 다시 산업발전에 이바지하는 것이다.

이때 주의해야 할 점은, 특허법은 이러한 규범목적을 달성하기 위해 발명을 한 사람에게 특허권을 부여할 때 '기술공개'를 그 대가로 요청한다는 것이다. 달리 말해, 특허권은 앞에서 언급한 목적을 실현하기 위해 '기술공개를 대가로 하여 특허권을 부여하는 것'을 수단으로 이용하고 있는 것이다. 요컨대, 특허권 부여와 기술공개는 서로 대가관계를 이룬다. 여기서 특허권이라는 독점권을 부여하면, 이는 발명자에게 발명에 대한 동기를 고취시키고, 이는 발명의 산업화를 촉진시켜 결국 산업발전으로 이어진다. 이러한 연쇄관계는 기술공개에서도 확인할 수 있다. 왜냐하면 특허권의 반대급부로 이루어지는 기술공개는 기술축적 및 공개기술 활용으로 이어지고, 이는 궁극적으로는 산업발전에 기여하기 때문이다.

2. 특허권은 언제 받을 수 있는가?

(1) 출원발명의 세 가지 요건

그러면 이러한 특허권은 언제 받을 수 있는가? 이는 특허요건에 관한 문제이다. 여기서 특허요건이란 일반적으로 특허권을 받기 위하여 '출원발명'이 갖추어야 하는 요건으로 정의된다. 이때 알 수 있듯이, 특허요건에서는 '출원발명'이 핵심적인 지위를 차지한다. 출원발명이란 특허권을 받기 위해 신청자가 제출하는 발명을 뜻한다. 특허법에 따르면, 발명자가 특허권을 받기 위해서는 자신이 출원한 발명이 세 가지 요건을 충족해야 한다. 첫째는 '산업상 이용가능성'이고, 둘째는 '신규성'이며, 셋째는 '진보성'이다.

첫째, 출원발명은 산업에 이용할 수 있어야 한다. 산업에 이용할 수 없는 출원발명은 특허대상이 아니다. 둘째, 출원발명에 사용된 또는 출원발명으로 개발된 기술이 이미 알려진 기술이 아닌 새로운 기술이어야 한다. 셋째, 이러한 새로운 기술은 이미 존재하고 있던 기술로 쉽게 도출할 수 없는 진보된 것이어야 한다. 특허법은 제29조에서 이를 다음과 같이 꽤 복잡하게 규정한다. 직접 읽어보자.

> 제29조(특허요건) ① 산업상 이용할 수 있는 발명으로서 다음 각 호의 어느 하나에 해
> 당하는 것을 제외하고는 그 발명에 대하여 특허를 받을 수 있다.
>
> 1. 특허출원 전에 국내 또는 국외에서 공지(公知)되었거나 공연(公然)히 실시된 발명
> 2. 특허출원 전에 국내 또는 국외에서 반포된 간행물에 게재되었거나 전기통신회선
>   을 통하여 공중(公衆)이 이용할 수 있는 발명
>
> ② 특허출원 전에 그 발명이 속하는 기술분야에서 통상의 지식을 가진 사람이 제1항
> 각 호의 어느 하나에 해당하는 발명에 의하여 쉽게 발명할 수 있으면 그 발명에 대해
> 서는 제1항에도 불구하고 특허를 받을 수 없다.

(2) 발명이란?

이때 다음과 같은 의문을 제기할 수 있다. 발명이란 무엇일까? 이 문제가
중요한 것은 지식재산권법은 발명을 보호하는 특허법 이외에도 발명에는 미치
지 못하지만 창의적인 사상, 즉 고안 또는 개선을 보호하는 「실용신안법」도 마
련하고 있기 때문이다. 따라서 발명이란 무엇인가 하는 문제는 발명과 고안을
구별하는 것과 관련해서도 중요한 의미를 갖는다. 발명이냐 아니면 고안이냐에
따라 특허법 또는 실용신안법이 적용되기 때문이다.

이러한 발명이 무엇인가에 관해 특허법은 제2조 제1호에서 다음과 같이 정
의한다. 발명이란 "자연법칙을 이용한 기술적 사상의 창작으로서 고도(高度)한
것"을 말한다. 여기서 발명에 관한 세 가지 개념 요소를 추출할 수 있다. 첫째, 발
명은 "기술적 사상의 창작"이어야 한다. 둘째, 이러한 기술적 사상의 창작은 "자
연법칙"을 이용한 것이어야 한다. 셋째, 이러한 창작은 "고도한 것"이어야 한다.

그러면 이러한 발명과 유사하면서도 구별되는 고안은 어떻게 정의할 수 있
는가? 실용신안법 제2조 제1호는 이를 다음과 같이 정의한다. 고안이란 "자연법
칙을 이용한 기술적 사상의 창작"이라는 것이다. 이러한 개념정의는 발명의 개
념정의와 거의 같다. 다만 발명이 "기술적 사상의 창작으로서 고도한 것"인데
반해, 고안은 "기술적 사상의 창작"이라는 점에서 차이가 날 뿐이다. 쉽게 말해,

더욱 수준 높은 창작이 발명이라면, 이보다 못한 창작이 고안이라는 것이다. 이때 고안을 일상용어로 바꾸어 말하면 '개선'이라고 할 수 있다.

그러나 구체적인 상황에서 무엇이 고도한 창작이고 그렇지 않은 창작인지를 판단하는 것은 쉽지 않다. 이에 대한 명확한 기준이 없기 때문이다. 엄밀히 말하면, 이는 객관적인 판단이라기보다는 주관적인 판단이라는 성격이 더 강하다. 그 때문에 실제로 발명에 해당하는지 여부를 심사하는 심사실무에서는 이를 출원인에게 맡기고 있다. 이를테면 출원인이 특허로 출원한 것은 발명으로 간주하고, 실용신안으로 출원한 것은 고안으로 간주하는 것이다. 이는 마치 심판대상 및 그에 대한 주장과 증거를 각 당사자에게 맡기는 민사소송의 당사자주의와 비슷하다.

3. 특허권의 효력은?

출원발명이 특허요건을 충족하여 특허권을 얻게 되면 그 효력은 어떻게 되는가? 특허권은 민법상 소유권과 유사한 효력을 지닌다. 따라서 특허권을 갖고 있는 사람은 특허권의 대상이 되는 출원발명을 모든 사람에 대해 배타적·독점적으로 사용·수익할 수 있는 권리를 갖게 된다(특허법 제96조, 제126조 등). 다만 정확하게 말하면 특허권의 효력은 특허권을 부여한 국가 안에서만 미치기 때문에, 특허권의 배타적·독점적 효력은 한 국가 안에 있는 모든 사람에게만 미친다. 특허를 부여한 국가 밖에 있는 사람에 대해서는 특허권의 효력이 미치지 않는다. 이를 달리 '특허권의 속지주의'라고 말하기도 한다.

특허권이 배타적·독점적 권리로서 효력을 갖기 위해서는 '설정등록'을 해야 한다(특허법 제79조 및 제85조). 이는 민법의 소유권과 유사하다. 왜냐하면 특정한 권리자가 소유권을 취득하기 위해서는 반드시 '등기'를 해야 하기 때문이다(민법 제186조). 이 점에서 '소유권 등기'와 '특허권 설정등록'은 형식적·기능적인 면에서 유사하다.

그러나 원칙적으로 소유권은 기간 제한 없이 존속하는 반면에 특허권은 특정한 기간 동안만 유한하게 존속할 뿐이다. 특허권은 출원일로부터 20년간 존속한다(특허법 제88조 제1항). 20년이 지나면 특허권은 효력을 잃는다. 이에 반해 실용신안권은 10년간 존속한다(실용신안법 제22조 제1항).

4. 선출원주의와 선발명주의

특정한 발명이 특허대상으로 인정되기 위해서는 이러한 발명을 출원해야 한다. 이때 다음과 같은 문제가 발생할 수 있다. 우연히 동일한 발명이 둘 이상 출원되었을 때 어느 출원인에게 특허권을 인정해야 하는가의 문제가 그것이다. 이는 마치 민법에서 부동산이 이중으로 매매되었을 때 어느 매수인에게 부동산 소유권을 인정할 것인지의 문제와 유사하다. 이 문제에 관해서는 두 가지 원리가 대립한다. 선출원주의와 선발명주의가 그것이다.

(1) 선출원주의

선출원주의는 누가 먼저 출원을 했는가를 기준으로 하여 특허권을 인정한다. 말하자면 실제로 발명이 언제 이루어졌는지에 상관없이 특허청에 먼저 출원한 발명에 특허권을 인정해야 한다는 것이다. 그 점에서 선출원주의는 '출원'이라는 형식적 절차를 중시한다. 그 점에서 '형식주의' 또는 '절차주의'라고 말할 수 있을 것이다. 이러한 선출원주의의 태도는 부동산이 이중으로 매매되었을 때 '등기'라는 형식적 절차를 먼저 마친 매수인에게 부동산에 대한 소유권을 인정하는 우리 민법의 태도와 비슷하다.

선출원주의는 다음과 같은 장점을 지닌다. 먼저 '출원'이라는 명확한 절차를 기준으로 한다는 점에서 특허권 부여를 둘러싸고 발생할 수 있는 분쟁을 예방할 수 있다. 이를 통해 특허권과 관련된 법적 안정성을 확보할 수 있다. 다음으로 출원으로 발명에 대한 기술을 공개하고 이에 대한 대가로서 특허권을 부여한다는 점에서 합리적이며 신속한 발명 공개를 유도할 수 있다. 이는 발명을 조속하게 공개하고 이를 이용할 수 있도록 함으로써 산업발전을 촉진하려는 특허제도의 기본 취지에도 부합한다. 그렇지만 '출원'이라는 공식적인 절차를 강조한다는 점에서 여러 여건으로 이러한 절차에 접근하기 어려운 개인 발명가에게 불리할 수 있다.

(2) 선발명주의

선출원주의와는 달리 선발명주의는 누가 먼저 발명을 했는지를 기준으로 하여 특허권을 인정한다. 동일한 발명에 대해 2명 이상이 출원을 하였을 경우 출원 시점이 아닌 발명 시점을 기준으로 하여 특허권을 인정하는 것이다. 선출원주의가 출원이라는 '형식적·절차적 기준'을 중시하는 반면, 선발명주의는 발명이라는 '실질적 기준'을 중시하는 것이다. 이러한 선발명주의는 발명가를 보호하는 장점이 있다. 특히 사업체를 갖지 않아 출원을 하는 것이 쉽지 않은 개인발명가들이 선발명주의를 선호한다. 하지만 선발명주의는 자신이 언제 발명을 했는지를 증명해야 하는 단점이 있다. 아무리 자신이 먼저 발명을 했다고 주장한다 하더라도 이를 증명할 수 있는 증거가 없다면 다른 사람은 이러한 주장을 믿지 않을 것이기 때문이다. 따라서 선발명주의에 따라 특허권을 인정받기 위해서는 이를테면 발명에 관한 일지를 작성하고 관련 증인을 확보해야 한다. 또한 특허청은 실제로 언제 발명이 이루어졌는지를 조사해야 한다. 이는 특허 절차에 관한 비용을 증가시킨다.

(3) 우리나라의 경우

이러한 선출원주의와 선발명주의는 서로 상반된 장점과 단점을 지닌다. 이에 관해 우리나라는 선출원주의를 채택하고 있다(특허법 제36조 제1항). '출원'이라는 형식적·절차적 기준을 강조함으로써 특허권 인정에 관한 안정성, 달리 말해 법적 안정성을 도모하는 것이다. 이는 '동산의 인도'나 '부동산의 등기'를 기준으로 하여 소유권자를 확정하려는 우리 민법의 기본태도와도 일치한다.

5. 특허절차는 어떻게 진행되는가?

특허는 어떻게 받을 수 있는가? 바꿔 말해 특허절차는 어떻게 진행되는가? 특허를 받고자 하는 발명가에게는 특허권이란 무엇인가 하는 문제보다 이러한 특허권을 어떻게 취득할 수 있는지가 더욱 중요하게 보일 것이다. 이를 아래에서 간략하게 살펴보도록 한다.

(1) 출원서류 작성 및 제출

특허권을 취득하기 위해서는 특허출원을 해야 한다(특허법 제42조). 이를 위해 가장 먼저 해야 할 일은 출원서류를 작성하여 이를 특허청에 제출하는 것이다. 그러면 출원에 필요한 출원서류는 어떻게 구성되는가? 출원서류로는 특허출원서, 명세서, 도면, 요약서를 들 수 있다(특허법 제42조 제1항 및 제2항).

먼저 특허출원서에는 출원인, 대리인 그리고 발명의 명칭 등을 기재한다. 다음으로 명세서에는 발명의 상세한 설명과 청구범위를 담아야 한다. 이때 발명의 상세한 설명을 작성할 때는 「산업통상자원부령」이 규정하는 기재방법에 따라 명확하고 상세하게 기재해야 한다. 그리고 청구범위에는 특허발명의 보호범위를 기재한다.

나아가 도면은 발명을 뒷받침하는 그림 등을 담고 있는 서류를 말한다. 도면을 작성할 때는 필요한 경우 기술구성을 도시하여 발명을 명확하게 표현해야 한다.

마지막으로 요약서에는 발명을 요약 및 정리한다. 이러한 요약서는 기술정보로 활용된다.

(2) 방식심사

출원서류를 작성하여 특허청에 제출하면 본격적으로 특허절차가 시작된다. 그 첫 번째 단계는 방식심사를 하는 단계이다. 방식심사는 출원자가 제출한 출원서류 등이 형식적·절차적 요건을 제대로 갖추었는지를 심사하는 것이다. 그 점에서 이는 가령 민사소송에서 원고가 제기한 소가 적법한 소가 되는 데 필요한 요건을 갖추었는가를 심사하는 것과 유사하다. 방식심사에서는 서식의 필수사항을 제대로 기재하였는지, 기간을 준수하였는지, 증명서를 첨부하였는지, 출원에 필요한 수수료를 제대로 납부하였는지 등을 심사한다. 방식심사를 통해 출원서류 등이 형식적·절차적 요건을 제대로 갖추었다고 판단되는 경우에는 그 다음 단계로 넘어간다.

그러나 형식적·절차적 요건을 제대로 갖추지 않았다고 판단되는 경우에는 심사관은 출원인에게 출원과 관련된 형식적·절차적 하자를 보정할 것을 요구할 수 있다(특허법 제46조). 이에 대해 출원인이 형식적·절차적 하자를 적법하게 보정하면 다음 단계의 특허절차로 넘어갈 수 있다. 하지만 그렇게 하지 않은 경우에는 심사관은 특허출원을 반려한다(특허법 제51조).

또한 특허출원이 처음부터 보정할 수 없는 경우, 이를테면 법이 정한 기간을 도과하여 출원한 경우에는 보정절차를 거치지 않고 곧바로 반려한다. 이때 형식적·절차적 하자가 중대한 경우에는 무효처분을 할 수 있다. 물론 출원인이 부당하게 무효처분을 받았다고 판단하는 경우에는 이러한 무효처분에 관해 행정법원에 행정소송을 제기할 수 있다.

(3) 출원공개

방식심사를 통과하면 그 다음에는 출원공개를 한다(특허법 제64조). 여기서 출원공개란 특허출원을 한 후 1년 6개월이 경과한 경우 또는 특허출원에 대해 이의신청이 있는 경우에 특허출원과 관련된 기술내용을 특허청이 특허공보라는 형식으로 일반인에게 공개하는 제도를 말한다. 쉽게 말해, 어떤 발명을 했기에 특허출원을 했는가를 제3자에게 널리 투명하게 알리는 제도인 것이다.

그러면 이렇게 출원공개 제도를 도입한 이유는 무엇일까? 그 이유는 다음과 같이 말할 수 있다. 만약 출원공개 제도가 없다면, 특허기술을 공개하는 것은 특허출원에 대한 심사가 완료되어 특허권을 설정등록한 이후에 비로소 특허공보로써 이루어진다. 그런데 만약 특허출원에 대한 심사가 지연되면, 출원기술을 공개하는 것도 그만큼 지연될 것이다. 이는 여러모로 사회에 손실이 된다. 바로 이러한 이유에서, 즉 출원기술을 공개하는 것이 무작정 지연되는 것을 막기 위해 출원공개 제도를 도입한 것이다.[2] 물론 특허출원을 한 후 1년 6개월이 경과되기 이전에 심사가 완료되어 특허권 설정등록이 이루어지는 경우에는 출원공개를 할 필요 없이 특허공보를 통해 기술내용을 공개하게 된다.

그러면 이렇게 출원공개를 하는 경우에 어떤 법적 효과가 부여되는가? 출원공개가 이루어지면 출원인은 공개된 기술내용을 제3자가 이용하는 경우 그

---

2 이외에도 다음과 같은 이유를 제시할 수 있다. 첫째, 이미 출원된 발명인지 모른 채 동일한 발명에 몰두하는 발명가를 보호할 필요가 있다. 둘째, 출원기술이 이미 존재하는 기술일 수도 있는 경우를 고려할 필요가 있다. 셋째, 독자적인 기술이 없으면서 경쟁자를 이기려고 무조건 출원하는 경우를 막을 필요가 있다는 것이다.

기술내용, 즉 발명이 출원된 발명이라는 점을 서면으로 경고할 수 있다(특허법 제65조 제1항). 그리고 나선 경고일로부터 특허권 설정등록일까지 제3자가 이용한 기술내용에 대해 보상금을 권리로서 청구할 수 있다(특허법 제65조 제2항). 이를 '가보호권리'라고 말한다.

(4) 심사청구

이어서 심사청구를 한다. 심사청구란 심사업무를 경감하기 위해 출원인이 제기한 모든 특허출원을 심사하는 대신 출원인이 심사를 청구한 특허출원에 대해서만 심사를 하도록 하는 제도를 말한다(특허법 제59조 제1항). 특허절차의 효율성을 담보하기 위한 제도라 할 수 있다. 또한 심사청구 제도는 당사자가 신청하고 주장한 것만을 소송의 기초로 삼고자 하는 민사소송의 당사자주의와 유사하다. 그 점에서 민법의 기본원리인 '사적 자치'를 특허절차에서 구현한 것이 바로 심사청구 제도라 말할 수 있다. 이러한 심사청구에 따라 만약 출원인이 특허출원에 대하여 출원 후 3년간 심사청구를 하지 않으면 출원이 없었던 것으로 간주한다(특허법 제59조 제5항).

(5) 실체심사

심사청구가 이루어지면 실체심사를 진행한다. 실체심사란 특허출원된 발명이 특허요건, 즉 산업상 이용가능성, 신규성 및 진보성을 갖추고 있는지를 판단하는 심사를 말한다. 요컨대, 특허출원의 형식이 아닌 내용을 판단하는 절차가 실체심사인 것이다. 이와 더불어 특허는 기술공개를 대가로 하여 부여하는 것이므로 일반인이 이러한 기술을 쉽게 실시할 수 있도록 기재하고 있는지도 실체심사 단계에서 동시에 심사한다.

이러한 실체심사를 한 후 특허청은 두 가지 상반되는 결정을 한다. 먼저 특허출원된 발명이 특허요건을 갖추었다고 판단되는 경우에는 특허를 인용하는 특허결정을 한다(특허법 제66조). 반대로 특허요건을 갖추지 못했다고 판단되는 경우에는 거절결정을 한다(특허법 제62조). 다만 거절결정은 출원인에게는 불이익을 부과하는 결정이기에 그 전에 별도의 단계를 마련하고 있다. 이러한 특허결정과 거절결정을 각각 나누어서 살펴본다.

(6) 특허결정

특허결정은 해당 출원이 특허요건을 갖추었다고 판단되는 경우 출원인에게 특허를 부여하는 처분을 말한다(특허법 제66조). 특허결정으로 출원인은 특허권을 획득한다. 이러한 특허결정은 출원인에게 이익이 되는 처분이기에 보통 별다른 문제가 발생하지 않는다.

(7) 거절결정

그러나 출원이 언제나 특허결정만을 받는 것은 아니다. 특허출원된 발명이 언제나 특허요건을 갖추고 있다고 말할 수는 없기 때문이다. 출원이 특허요건을 갖추지 못하였다고 판단되는 경우에는 특허 부여가 거절된다(특허법 제62조). 그러나 이는 출원인에게는 불이익한 경우가 되므로 심사관은 출원인에게 출원을 보정할 수 있는 기회를 부여한다. 이를 위해 심사관은 출원인에게 거절이유와 함께 이유제출통지서를 보낸다(특허법 제63조). 출원인이 이유제출통지서를 받게 되면, 의견서와 보정서를 제출하여 거절사유가 해소되도록 한다(특허법 제67조의2). 만약 출원인이 제출한 의견서와 보정서로 거절사유가 해소된 경우에는 특허결정을 받을 수 있다. 반대로 출원인이 제출한 의견서 및 보정서를 통해서도 거절이유가 해소되지 않는 경우에는 심사관은 최종적으로 거절결정을 한다.

(8) 거절결정불복심판

거절결정이 이루어지면 출원인은 특허를 받지 못하게 된다. 이는 출원인에게 중대한 불이익이 될 수 있다. 또 경우에 따라서는 심사관이 실체심사를 잘못함으로써 거절결정이 이루어질 수도 있다. 이러한 경우에 대비하여 특허법은 '거절결정불복심판' 제도를 도입하고 있다. 여기서 거절결정불복심판이란 거절결정을 받은 출원인이 특허심판원에 해당 거절결정이 잘못되었다고 주장하면서 그 취소를 요구하는 심판절차를 말한다(특허법 제132조의17). 이러한 거절결정불복심판 제도는 행정심판 제도가 특허절차에 적용된 것이라고 말할 수 있다.

(9) 설정등록과 등록공고

특허요건이 인정되어 특허결정을 받으면, 출원인은 등록료를 납부하고 특허권을 등록한다. 이를 특허권의 '설정등록'이라고 한다(특허법 제87조 제1항). 이때부터 특허권이라는 권리가 형성된다. 요컨대, 특허권은 등록함으로써 비로소 설정되고 인정되는 권리인 것이다. 여기서 중요한 것은 설정등록을 하기 위해서는 등록료를 납부해야 한다는 것이다(특허법 제87조 제2항). 쉽게 말해, 특허권을 인정받기 위해서는 그에 상응하는 대가를 지불해야 하는 것이다. 한편 이렇게 설정등록된 특허권은 제3자에게 공개해야 한다. 특허권은 기술공개를 대가로 하여 인정되는 권리이기 때문이다. 이를 위해 해야 하는 것이 바로 등록공고이다. 설정등록된 특허출원 내용을 특허공보를 통해 등록공고함으로써 이를 일반인에게 공표하는 것이다(특허법 제87조 제3항).

(10) 무효심판

앞에서 살펴본 것처럼, 실체심사가 진행된 후 심사관은 상반되는 이분법적인 결정을 해야 한다. 특허결정과 거절결정이 그것이다. 그런데 이러한 결정 역시 심사관이라는 인간이 내리는 이상 언제나 완벽하게 수행될 수는 없다. 여기에서 문제가 발생하는 경우를 배제할 수 없다. 그 때문에 거절결정에 대해서는 거절결정불복심판 제도를 두고 있는 것이다. 마찬가지 이유에서 특허요건 등이 존재하지 않는데도 특허결정이 내려지는 경우 역시 생각할 수 있다. 이에 대비하기 위한 방안으로 특허법이 마련하고 있는 제도가 바로 무효심판 제도이다. 여기서 무효심판 제도란 심사관 또는 이해관계인이 등록공고된 특허에 특허요건 불비와 같은 무효사유가 있다는 점을 이유로 하여 해당 특허를 무효화해줄 것을 특허심판원에 요구하는 심판절차를 말한다(특허법 제133조). 이러한 무효심판에 따라 무효심결이 확정되면, 해당 특허는 처음부터 없었던 것으로 간주된다(특허법 제133조 제3항).

(11) 정리

지금까지 설명한 특허절차를 도식화하면 다음과 같다.[2]

---

2 아래에서 제시하는 그림 및 도식은 특허청 홈페이지(www.kipo.go.kr)에 게재된 것을 인용한 것이다.

[그림 1] 특허출원 및 심사절차 흐름도

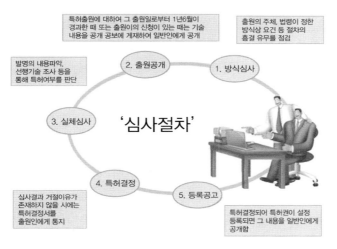

특허출원에 대하여 그 출원일로부터 1년6월이 경과한 때 또는 출원인의 신청이 있는 때는 기술 내용을 공개 공보에 게재하여 일반인에게 공개

출원의 주체, 법령이 정한 방식상 요건 등 절차의 흠결 유무를 점검

발명의 내용파악, 선행기술 조사 등을 통해 특허여부를 판단

2. 출원공개

1. 방식심사

3. 실체심사

'심사절차'

4. 특허결정

5. 등록공고

심사결과 거절이유가 존재하지 않을 시에는 특허결정서를 출원인에게 통지

특허결정되어 특허권이 설정 등록되면 그 내용을 일반인에게 공개함

특허출원후 심사 흐름도

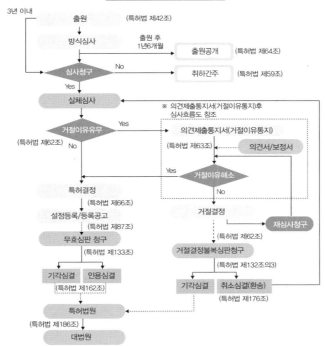

6. 특허심사에 관한 주요 제도에는 무엇이 있는가?

지금까지 특허를 취득하는 절차가 어떻게 진행되는지 살펴보았다. 이외에도 우리 특허법은 특허심사에 관해 주목할 만한 제도를 마련하고 있다. 이러한 제도들은 주로 출원인의 이익을 합리적으로 고려하여 도입된 것이다. 이를 아래에서 소개한다.

(1) 우선심사 제도

특허출원에 대한 심사에 관해서는 선착순 원칙이 적용된다. 심사청구를 한 순서에 따라 특허심사를 하는 것이다. 그러나 이러한 원칙을 모든 출원에 일률적으로 적용하면, 특허에 관한 사회적 공리를 극대화하거나 출원인의 권리를 적절하게 보장하는 데 한계가 있을 수 있다. 이러한 근거에서 특허법은 우선심사 제도를 마련하고 있다(특허법 제61조). 이에 따르면, 특정한 요건을 충족하는 출원은 심사청구 순위에 상관없이 다른 출원보다 우선적으로 심사를 받을 수 있다.

(2) 특허청구범위 제출 유예제도

특허출원을 하기 위해서는 명세서에 특허청구범위를 작성하여 제출해야 한다(특허법 제42조 제2항). 특허청구범위를 제출하지 않으면 특허출원심사를 청구할 수 없다(특허법 제59조 제2항 제1호). 다만 특허법은 출원인이 처한 상황을 고려하고 이익을 보장하기 위해 특허청구범위 제출 유예제도를 시행하고 있다(특허법 제42조의2 제2항). 이에 따르면, 출원인은 출원일로부터 1년 2개월이 되는 날까지 특허청구범위 제출을 유예 받을 수 있다. 출원심사청구의 취지를 통지받은 경우에는 통지받은 날부터 3개월이 되는 날까지 특허청구범위 제출을 유예받을 수 있다. 이를 통해 출원인은 더욱 구체적이고 명확하게 특허청구범위를 작성하여 제출할 수 있다. 그러나 이렇게 유예를 받은 기한 안에 특허청구범위를 제출하지 않으면 특허출원을 취하한 것으로 간주된다. 이는 특허심사청구를 할 수 없다는 것을 뜻한다.

(3) 특허출원심사 유예제도

특허출원심사 유예제도란 다소 여유 있게 심사를 받고자 하는 출원인의 요구를 충족시키기 위한 제도로서 특허출원인이 원하는 유예 시점에 심사를 받을 수 있도록 하는 제도를 말한다(특허법 시행규칙 제40조의3). 이에 따르면, 원래보다 늦게 심사를 받는 대신 출원인은 원하는 시점에 심사를 받을 수 있다. 특허출원심사를 유예 받기 위해서는 심사청구를 할 때 또는 심사청구일로부터 9개월 안에 유예희망시점을 기재한 심사유예신청서를 작성하여 제출하면 된다. 이때 별도의 신청료는 없다.

(4) 분할출원

분할출원이란 2개 이상의 발명을 한 개의 특허출원으로 신청한 경우 그 일부를 한 개 이상의 출원으로 분할하여 출원하는 제도를 말한다(특허법 제52조). 이 역시 출원인의 이익을 고려하여 도입한 제도이다.

(5) 변경출원

변경출원이란 출원인이 출원을 한 후 설정등록 또는 거절결정이 확정되기 전까지 청구범위를 특허에서 실용신안으로 또는 실용신안에서 특허로 변경하여 자신에게 유리한 출원을 선택할 수 있도록 하는 것을 말한다(특허법 제53조).

(6) 조약에 의한 우선권 주장

조약에 의한 우선권 주장은 파리협약이나 WTO 회원국 상호간에 인정되는 제도로서 우리 특허법 역시 이를 수용하고 있다(특허법 제54조). 이에 따르면, 어느 한 회원국에 특허출원을 한 후 1년 안에 다른 회원국에 특허를 출원하는 경우에는 그 출원일을 먼저 특허출원을 한 날로 본다. 말하자면, 특허를 받는 데 필요한 신규성, 진보성 등 특허요건 판단 시점을 어느 한 회원국에 먼저 특허출원을 한 날로 소급하여 인정해 주는 제도가 조약에 의한 우선권 주장인 것이다. 예를 들어, 출원인 갑(甲)이 회원국인 A국에 특허출원을 하고 1년 안에 다른 회원국인 B국에 특허출원을 하는 경우 특허출원의 시점을 갑이 A국에 특허출원을 한 시점으로 인정해 주는 제도가 조약에 의한 우선권 주장인 것이다.

(7) 국내 우선권 주장

국내 우선권 주장, 더욱 정확하게 말해 "특허출원 등을 기초로 한 우선권 주장"은 선출원을 한 후 1년 안에 선출원 발명을 기초로 이를 개량한 발명을 하여 특허출원을 한 경우 그 출원 시점을 선출원 시점으로 소급해 주는 제도를 말한다. 다시 말해, 특허를 받으려는 사람이 자신이 먼저 특허출원 또는 실용신안등록출원으로 한 출원, 즉 '선출원'의 출원서에 최초로 첨부된 명세서 또는 도면에 기재된 발명을 기초로 하여 이를 특허출원한 경우에 이렇게 특허출원한 발명에 우선권을 주장할 수 있도록 하는 제도가 바로 국내 우선권 주장인 것이다(특허법 제55조 제1항). 이때 말하는 우선권이란 출원 시점을 선출원 시점으로 소급해 주는 것을 말한다.

(8) 직권보정

직권보정이란 출원에 대한 심사를 한 결과 특허결정은 가능하지만 특허출원서에 첨부된 명세서, 도면 또는 요약서에 적힌 사항이 명백히 잘못된 경우 이를 심사관이 직권으로 보정할 수 있도록 하는 제도를 말한다(특허법 제66조의2). 다시 말해, 특허요건을 갖추어 특허결정의 대상이 되지만, 특허출원서에 첨부된 서류에 명백한 오탈자나 참조부호의 불일치 등과 같은 사소한 형식적 오류만이 있는 경우 의견제출통지와 같은 별도의 절차를 거치지 않고 심사관이 직권으로 이를 보정할 수 있도록 함으로써 심사 지연을 방지하고 등록명세서에 완벽을 기하고자 마련한 제도가 바로 직권보정인 것이다.

(9) 재심사 청구

재심사 청구 제도는 2016년 2월 29일에 개정되어 2017년 3월 1일부터 시행된 특허법이 새롭게 도입한 제도이다(특허법 제67조의2). 재심사 청구 제도가 시행되기 이전에는 심사전치 제도가 적용되고 있었다. 심사전치 제도에 따르면, 특허출원이 심사를 통해 거절결정이 된 경우 출원인은 먼저 거절결정불복심판을 청구한 후 명세서 등을 보정한 후에 다시 심사를 청구하여야 했다. 그렇지만 개정 특허법으로 도입된 재심사 청구 제도에 따르면, 출원인은 거절결정이 된

후 별도의 거절결정불복심판을 청구하지 않고도 명세서 등을 보정하여 재심사 청구를 할 수 있다. 이를 통해 더욱 용이하게 심사관에게 재심사를 받을 수 있다.

7. 특허 관련 국제기구 및 국제조약

(1) 세계지식재산기구(WIPO)

'세계지식재산기구'(WIPO: World Intellectual Property Organization)는 1967년 스웨덴 스톡홀름에서 체결하고 1970년에 발효한 「세계지식재산기구 설립조약」 에 따라 설립된 대표적인 지식재산 관련 국제기구이다. 1974년에는 국제연합의 전문기구가 되었다. 세계지식재산기구는 「산업재산권 문제를 위한 파리협약」 (1883), 「저작권 문제를 위한 베른조약」(1886), 「특허협력조약」(1970), 「특허법조 약」(2000) 등과 같은 지식재산관련 조약 등을 관리하고 지식재산권 분야에 관한 국제협력을 실현하는 것을 주된 목표로 한다. 우리나라는 1979년 3월에 가입하 였다.

세계지식재산기구는 크게 세 가지 임무를 수행한다. 첫째, 지식재산권 관 련 조약을 체결하고 운용하며 각국 법제 간의 조화를 도모한다. 둘째, 지식재산 권의 효율적 보호를 촉진한다. 셋째, 지식재산권에 관해 개발도상국에 법제 및 기술적 측면의 지원을 실시한다.

이러한 세계지식재산기구는 일반총회, 체약국회의, 조정위원회, 국제사무 국의 4개 기구로 구성된다.

(2) 파리협약

「파리협약」, 즉 「산업재산권 문제를 위한 파리협약」(Paris Convention)은 산 업재산권을 국제적으로 보호하기 위해 1883년 프랑스 파리에서 체결된 협약이 다. 파리협약은 각 국가가 마련한 특허제도의 차이를 인정하면서도 중요한 사 항에 관해서는 국제적으로 통일된 규범을 마련하고 있다. 핵심적인 부분에 관 해서는 통일된 국제규범을 두면서도 그 이외의 부분에 관해서는 다원성을 인정 하고 있는 것이다. 우리나라는 1980년 5월에 가입하였다. 파리협약이 마련하고 있는 주요내용으로 다음 세 가지를 언급할 수 있다.

첫째는 특허독립 원칙이다. 이는 특허에 관해 속지주의를 선언한 것이다. 한 국가에서 획득한 특허는 그 국가에서만 유효하다는 것이다. 이에 따라 동일한 발명에 관해 여러 동맹국에서 특허를 받았다 하더라도 그 특허는 각각 독립적으로 존속 및 소멸한다. 특허에 관해 회원국의 주권을 인정하고 있는 것이다.

둘째는 내외국인 평등원칙이다. 동맹국에 속하는 외국인인 경우에는 그 외국인이 특허출원을 할 때 내국인과 평등하게 취급해야 한다는 것이다. 이는 오늘날 인권법 영역에서 핵심적 역할을 하는 차별금지원칙 또는 평등원칙을 특허법 영역에 적용한 것이라 할 수 있다.

셋째는 우선권 제도이다. 이는 우리 특허법 제54조가 규정하는 "조약에 의한 우선권 주장"의 기초가 되는 제도이다. 이러한 우선권 제도에 의하면, 어느 한 회원국에 특허출원을 한 후 1년 안에 다른 회원국에 특허를 출원하는 경우에는 그 출원일을 먼저 특허출원을 한 날로 본다. 이러한 우선권 제도는 외국에 출원하는 경우 발생하는 물리적·언어적·절차적 제약에 따른 불이익을 해소하기 위해 도입된 것이다.

(3) 특허협력조약

「특허협력조약」(PCT: Patent Cooperation Treaty)은 파리협약 제19조에 따라 체결된 특별협정이다. 특허협력조약은 국제적인 특허출원 절차를 통일하는 데 주안점을 두고 1970년 미국 워싱턴 DC에서 개최된 외교회의에서 채택되어 1978년 1월 24일에 발효되었다. 특허협력조약이 발효되면서 국제출원이 더욱 간편해졌다. 특허협력조약(PCT)에 따르면, 다음과 같이 'PCT 국제출원'이 진행된다. 출원인이 국제사무국 또는 자기 나라의 특허청에 특허를 받고자 하는 국가를 지정하여 'PCT 국제출원서'를 제출하면 지정된 각 국가에서 이를 정식으로 이루어진 국내출원으로 인정해 준다.

(4) 특허법조약 및 특허실체법조약 논의

「특허법조약」(PLT: Patent Law Treaty)과 「특허실체법조약」(SPLT: Substantive Patent Law Treaty) 논의는 세계 각국에 다원적으로 존재하는 특허법을 국제적으로 통일하고자 하는 일환으로 체결되거나 체결을 모색하고 있는 조약이다. 이들 조약은 각 국가가 다원적으로 마련한 특허제도의 절차적 내용 및 실체적 내용을 통일함으로써 전 세계적으로 더욱 간편하고 적은 비용으로 특허출원을 할 수 있도록 하는 것을 목표로 한다. 이러한 목표를 실현하기 위해 1986년부터 오랜 시간 논의를 진행하여 일단 2000년 6월에 세계지식재산기구(WIPO)의 주도로 특허의 절차적 내용을 통일화하는 것을 규율하는 특허법조약이 타결되어 2005년 7월 28일부터 발효되고 있다. 요컨대, 특허법조약은 특허의 절차적 내용을 국제적으로 통일하는 것에 관한 조약인 것이다. 이러한 특허법조약은 출원일 설정 기준, 출원서류의 서식 및 작성방법, 제출서류의 서식, 언어 및 표기사항, 기간의 연장 및 권리의 복원, 우선권 주장의 정정 및 추가 등을 주요 내용으로 규율한다.

한편 2000년 11월 이후 세계지식재산기구(WIPO)는 특허의 실체적 내용을 국제적으로 통일하기 위한 일환으로 「특허실체법조약안」을 마련하였다. 이는 '특허법상설위원회'(Standing Committee on the Law of Patents: SCP)를 중심으로 하여 논의되고 있다. 특허실체법조약안은 명세서의 내용 및 순서, 선행기술, 특허요건(특허대상, 신규성, 진보성), 보정 및 정정 등을 주요 내용으로 규율한다. 그러나 각국의 이해관계가 다양하게 얽히면서 현재 타결되지 않고 있다.

8. 직무발명

특허에 관한 마지막 부분으로 직무발명을 언급할 필요가 있다. 직무발명은 직장을 다니면서 발명을 한 사람들이 반드시 알아야 하는 부분에 해당하기 때문이다.

(1) 직무발명이란?

직무발명이 무엇인가에 관해서는 「발명진흥법」이 규정한다. 발명진흥법에 따르면, 직무발명이란 "종업원, 법인의 임원 또는 공무원이 그 직무에 관하여 발명한 것이 성질상 사용자·법인 또는 국가나 지방자치단체의 업무 범위에 속하고 그 발명을 하게 된 행위가 종업원등의 현재 또는 과거의 직무에 속하는 발명"을 뜻한다(발명진흥법 제2조 제2호). 쉽게 말해, 직장인이 직장생활을 하면서 업무와 관련된 발명을 하는 경우가 바로 직무발명에 해당한다. 대학에서 공학을 전공한 학생은 졸업을 한 후 각종 연구기관이나 기업 부설 연구소에서 근무하는 경우가 많은데, 이러한 공대 졸업생이 근무를 하는 과정에서 발명을 하게 되면 대부분 직무발명에 해당한다.

(2) 직무발명에 대한 지식재산권은 누구에게 있는가?

그러면 이러한 직무발명이 직장인에게 중요한 이유는 무엇인가? 지금까지 살펴본 것처럼, 발명을 하여 이에 대해 특허가 인정되면 특허권 및 이와 관련된 권리는 발명을 한 사람에게 부여된다. 그런데 직무발명을 한 경우에는 일단 그에 관한 특허권은 발명을 한 사람에게 부여되기는 하지만, 이러한 특허를 이용할 수 있는 권리는 발명을 한 사람을 고용한 회사 등에게 부여된다는 것이다.[3] 이를 발명진흥법은 다음과 같이 규정한다. "직무발명에 대하여 종업원등이 특허, 실용신안등록, 디자인등록을 받았거나 특허 등을 받을 수 있는 권리를 승계한 자가 특허 등을 받으면 사용자 등은 그 특허권, 실용신안권, 디자인권에 대하여 통상실시권(通常實施權)을 가진다."(발명진흥법 제10조 제1항 본문). 이때 '통상실시권'이란 '실시'에 대해 일반적으로 인정되는 권리를 말한다. 그리고 '실시'란 특허 등을 받은 발명품을 생산·사용·양도·대여 또는 수입하거나 발명품을 양도 또는 대여의 청약을 하는 행위를 말한다(특허법 제2조 제3호). 이렇게 보면, 통상실시권이란 특허를 받은 발명품을 일반적으로 이용할 수 있는 권리라고 말할 수 있다.

이처럼 직무발명을 한 경우에는 그에 대한 이른바 '통상실시권'이 사용자 등에게 귀속된다. 직무발명을 한 사람이 발명에 대한 지식재산권을 이용할 수 있는 것이 아니다. 따라서 직무발명을 한 경우 발명한 사람은 그 사실을 지체 없이 사용자 등에게 문서로 알려야 한다(발명진흥법 제12조).

(3) 직무발명에 대한 보상

그러나 이렇게 직무발명을 한 경우 발명자가 아닌 사용자 등에게 통상실시권을 인정하면, 아무리 발명이 업무와 관련하여 이루어졌다 하더라도 발명자에

---

3 발명진흥법은 이러한 직장 등을 "사용자 등"이라고 표현한다(제10조 제1항).

게 억울한 일이 될 수 있다. 그렇게 되면 오히려 직무발명이 감소하거나 억제될 수 있다. 이는 사용자에게도 불이익이 될 뿐만 아니라 사회 전체적으로 보아도 공리를 감소시키는 일이 된다. 이를 막기 위해 발명진흥법은 직무발명에 대한 보상 제도를 도입하고 있다(발명진흥법 제15조). 이에 따르면, 종업원 등은 직무발명에 대하여 특허 등을 받을 수 있는 권리나 특허권 등을 계약이나 근무규정에 따라 사용자등에게 승계하게 하거나 전용실시권을 설정한 경우에는 정당한 보상을 받을 권리를 갖는다(발명진흥법 제15조 제1항). 이때 사용자 등은 보상형태와 보상액을 결정하기 위한 기준, 지급방법 등이 명시된 보상규정을 작성하고 이를 종업원 등에게 문서로 알려야 한다(발명진흥법 제15조 제2항). 또한 정부는 직무발명을 장려하기 위하여 직무발명 보상제도 등의 실시에 관한 지원시책을 수립하고 시행해야 한다(발명진흥법 제11조 제1항).

제3절

실용신안법

1. 실용신안법이란?

「실용신안법」이란 쉽게 말해 '실용신안'을 규율하는 법을 말한다.[1] 더욱 정확하게 말하면, 실용신안법이란 "실용적인 고안을 보호·장려하고 그 이용을 도모함으로써 기술의 발전을 촉진하여 산업발전에 이바지함을 목적으로" 하는 법을 뜻한다(실용신안법 제1조). 이러한 실용신안법은 특허법과 더불어 가장 대표적인 지식재산권법에 속한다. 동시에 현행 실용신안법은 특허법과 요건, 절차, 효력의 측면에서 거의 유사한 구조를 취하고 있다. 그 점에서 특허법을 정확하게 파악하면, 실용신안법 역시 손쉽게 이해할 수 있다.

2. 실용신안이란?

실용신안법은 실용신안을 규율한다. 이때 실용신안이란 "실용적인 고안"이라고 말할 수 있다. 그러면 '고안'이란 무엇인가? '고안'이란 "자연법칙을 이용한 기술적 사상의 창작"을 말한다(실용신안법 제2조 제1호). 이러한 고안이 실용신안

---

1 실용신안법에 관해 아래에서 다루는 내용은 특허청 홈페이지에 게재된 내용을 주로 참고하였다. 이에 관해서는 (https://www.kipo.go.kr/kpo/HtmlApp?c=10102&catmenu=m06_01_02) 참고.

법에 따라 '실용신안등록'을 받게 되면 '등록실용신안'이 된다(실용신안법 제2조 제2호). 이러한 개념정의를 종합해서 보면, 실용신안이란 '자연법칙을 이용한 기술적 사상의 창작으로서 실용성이 있는 것'이라고 정의할 수 있다.

실용신안은 특허와 더불어 가장 대표적인 지식재산에 해당한다. 예전에는 실용신안에 대한 권리를 특허권과 함께 '공업소유권' 또는 '산업재산권'이라고 부르기도 하였다. 실용신안이 특허와 함께 거론되는 이유는 그 개념이나 요건, 권리를 획득하기 위한 절차 등이 거의 유사하기 때문이다. 이는 방금 소개한 실용신안 정의에서 확인할 수 있다. 이는 특허의 대상이 되는 발명에 대한 개념정의와 거의 유사하다. 왜냐하면 특허의 대상이 되는 발명은 "자연법칙을 이용한 기술적 사상의 창작으로서 고도한 것"이라고 정의되기 때문이다. 이러한 발명과 실용신안에서 차이가 있다면, 자연법칙을 이용한 기술적 사상의 창작으로서 '고도한 것'인가 아닌가에서 찾을 수 있다. '고도한 것'으로 인정되면 특허의 대상이 되는 발명이 되고, 그렇지 않으면 실용신안의 대상이 되는 것이다.

3. 실용신안의 요건

이처럼 실용신안의 대상이 되는 고안과 특허의 대상이 되는 발명의 개념은 거의 유사하다. 그 점에서 실용신안을 받을 수 있는 요건 역시 특허요건과 거의 같다. 이에 따르면, 다음 세 가지 요건이 충족되어야 실용신안을 받을 수 있다. 첫째는 산업상 이용가능성이고, 둘째는 신규성이며, 셋째는 진보성이다. 실용신안법은 제4조에서 이를 규정한다. 직접 읽어보도록 하자.

① 산업상 이용할 수 있는 물품의 형상·구조 또는 조합에 관한 고안으로서 다음 각 호의 어느 하나에 해당하는 것을 제외하고는 그 고안에 대하여 실용신안등록을 받을 수 있다.

　1. 실용신안등록출원 전에 국내 또는 국외에서 공지(公知)되었거나 공연(公然)히 실시된 고안

　2. 실용신안등록출원 전에 국내 또는 국외에서 반포된 간행물에 게재되었거나 전기통신회선을 통하여 공중(公衆)이 이용할 수 있는 고안

② 실용신안등록출원 전에 그 고안이 속하는 기술분야에서 통상의 지식을 가진 사람이 제1항 각 호의 어느 하나에 해당하는 고안에 의하여 극히 쉽게 고안할 수 있으면 그 고안에 대해서는 제1항에도 불구하고 실용신안등록을 받을 수 없다.

4. 실용신안의 절차

(1) 두 가지 유형

실용신안의 절차로는 두 가지 유형을 언급할 수 있다. 선등록 제도와 심사후 등록 제도가 그것이다. 선등록 제도는 1999년 7월 1일부터 2006년 9월 30일까지 시행된 제도이다. 이에 대해 심사후 등록 제도는 2006년 10월 1일부터 지금까지 시행되고 있는 제도이다. 그동안 우리 실용신안 절차는 중대한 변화를 경험한 것이다.

(2) 선등록 제도

선등록 제도는 말 그대로 형식적 요건만을 심사하여 실용신안을 먼저 등록한 후 이후에 실체심사를 거치는 방식을 말한다. 이러한 선등록 제도는 다음과 같은 목표를 위해 시행되었다. 실용신안을 신속하게 등록할 수 있도록 함으로써 출원인의 이익을 보장하고 절차에 관한 각종 비용을 줄이는 것이다. 그렇지만 선등록 제도가 실제로 시행되면서 여러 문제가 등장하였다. 실체심사를 거치지 않고 등록된 실용신안에 대한 권리를 남용하는 경우가 발생하였고, 절차역시 예상보다 복잡하게 진행되었다. 이로 인해 심사업무가 지연되었고 출원인의 부담 역시 증가하였다. 선등록 제도는 실제 시행되는 과정에서 본래 추구했던 목표를 달성하는 데 실패한 것이다.

(3) 심사후 등록 제도

실제 시행 과정에서 등장한 선등록 제도의 문제점을 보완하기 위해 도입된 것이 바로 심사후 등록 제도이다. 심사 후 등록 제도는 현행 특허 절차와 마찬가지로 형식심사와 실체심사를 마친 후 실용신안을 등록하도록 하는 제도를 말한다. 〈선등록－후심사〉가 아니라 〈선심사－후등록〉을 기본 골격으로 취한 것이 심사후 등록 제도인 것이다. 사실 이러한 심사후 등록 제도는 선등록 제도가 시행되기 이전에 적용되던 것이었다. 그런데 그 당시 심사후 등록 제도가 복잡하게 진행되었고 1990년대 후반에 접어들면서 실용신안 출원 자체가 급증하면서 실용신안 절차에 대한 부담과 비용이 증대하였다. 이러한 문제를 해소하고자 선등록 제도를 도입한 것인데, 이 역시 소기의 목표를 달성하지 못한 것이다. 이 같은 문제를 해결하고자 특허법을 개정하여 특허출원에 대한 심사처리 기간을 대폭 단축하였고 그 결과 실용신안 절차 역시 대폭 간소해질 것으로 예상되었다. 이에 실용신안 절차를 다시 이전의 심사후 등록 제도로 전환함으로써 특허 절차와 실용신안 절차를 동일하게 맞춘 것이다.

선등록 제도와 심사후 등록 제도를 그림으로 비교하면 다음과 같다.[2]

[그림 2] 구 실용신안(선등록제도)과 현행 실용신안(심사후 등록제도)의 절차 비교도

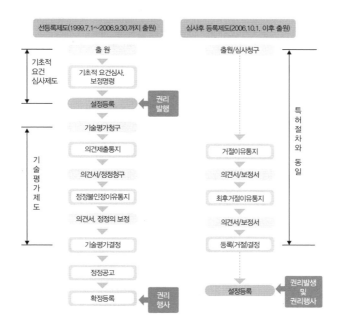

---

2 아래의 그림은 특허청 홈페이지에 게재된 것을 인용한 것이다. 이에 관해서는 (https://www. kipo.go.kr/kpo/HtmlApp?c=10102&catmenu=m06_01_02) 참고.

(4) 현행 실용신안 절차 개관

앞에서 살펴본 것처럼, 현행 실용신안 절차는 특허 절차와 마찬가지로 심사후 등록 제도를 채택하고 있다. 이에 따라 특허와 동일하게 절차가 진행된다. 따라서 기본적으로 다음과 같이 실용신안 절차가 진행된다. 〈실용신안 출원→방식심사→출원공개→실체심사→등록결정 또는 거절결정→실용신안 등록〉이 그것이다. 자세한 내용은 앞에서 설명한 특허 절차 부분을 참고하면 된다. 이를 그림으로 표현하면 다음과 같다.[3]

[그림 3] 현행 실용신안 흐름도

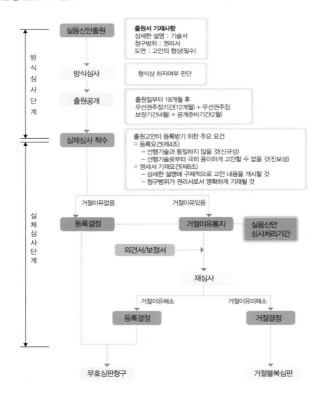

---

3 아래의 그림은 특허청 홈페이지에 게재된 것을 인용한 것이다. 이에 관해서는 (https://www.kipo.go.kr/kpo/HtmlApp?c=10102&catmenu=m06_01_02) 참고.

5. 실용신안과 특허 비교

지금까지 실용신안이란 무엇인지 간략하게 살펴보았다. 실용신안은 요건이나 절차, 효과 면에서 특허와 거의 비슷하다. 따라서 특허의 요건과 절차, 효과를 정확하게 파악하면 실용신안 역시 쉽게 파악할 수 있다. 다만 몇 가지 부분에서는 차이가 있다. 여기서는 두 가지 차이점을 지적하고자 한다.

먼저 요건의 측면에서 보면, 특허가 발명을 대상으로 하는 반면, 실용신안은 고안을 대상으로 한다는 점에서 차이가 있다. 그렇지만 그 내용은 거의 유사하다. 왜냐하면 "자연법칙을 이용한 기술적 사상의 창작으로서 고도한 것"이 발명이라면, "자연법칙을 이용한 기술적 사상의 창작"이 고안이기 때문이다. 차이가 있다면 '고도한 것'이냐 아니냐 하는 것이다. 따라서 발명자가 특정한 발명을 하였을 때 이러한 발명에 대해 먼저 특허출원을 해보고, 그게 안 되면 실용신안출원을 시도해 볼 수 있다.

효과 면에서도 양자는 차이가 있다. 특허권이 20년간 보장된다면, 실용신안권은 10년간 보장되기 때문이다. 10년이라는 차이가 있는 것이다.

제4절

상 표 법

1. 상표법이란?

「상표법」이란 상표를 규율하는 법을 말한다. 우리 법체계는 독자적인 상표법을 제정하여 시행하고 있다. 상표법은 "상표를 보호함으로써 상표 사용자의 업무상 신용 유지를 도모하여 산업발전에 이바지하고 수요자의 이익을 보호함을 목적"으로 한다(상표법 제1조). 여기서 상표법이 상표를 보호함으로써 세 가지 목적을 추구한다는 점을 알 수 있다. 첫째, 상표 사용자의 업무상 신용 유지를 도모하는 것이다. 둘째, 산업발전에 이바지하는 것이다. 셋째, 수요자의 이익을 보호하는 것이다.

2. 상표란?

그러면 상표법이 보호하는 상표란 무엇인가? 상표법에 따르면, 상표란 "자기의 상품과 타인의 상품을 식별하기 위하여 사용하는 표장(標章)"을 말한다(상표법 제2조 제1항 제1호). 이때 표장이란 "기호, 문자, 도형, 소리, 냄새, 입체적 형상, 홀로그램·동작 또는 색채 등으로서 그 구성이나 표현방식에 상관없이 상품의 출처(出處)를 나타내기 위하여 사용하는 모든 표시"를 뜻한다(상표법 제2조

제1항 제2호). 여기서 주목해야 할 점은 자신의 상품을 다른 사람의 상품과 구별하기 위하여 사용하는 표장이 바로 상표라는 것이다. 따라서 자신의 상품과 다른 사람의 상품을 구별하기 위하여 사용되는 표장이 아닌 경우에는 상표에 해당하지 않는다. 이는 상표법이 규율하는 각종 보호를 받지 못한다는 점을 뜻한다.

3. 상표와 유사하지만 구별해야 하는 개념

실제 생활에서는 이러한 상표와 유사하여 구별하기 어려운 개념들이 있다. 상호, 지리적 표시, 도메인 네임 등이 여기에 해당한다.

(1) 상표와 상호

상표와 상호는 서로 유사하여 헷갈리기 쉽다. 이는 다음과 같이 구별된다. 상표는 자신의 상품을 타인의 상품과 구별하기 위하여 사용하는 표장이다. 이 점에서 상표는 자기 상품의 '객관적 동일성'을 표시하는 기능을 수행한다. 상품이라는 객관적인 물건과 관련을 맺는 것이 상표인 것이다. 이에 대해 상호는 상인이 영업을 위해 자신을 표시하는 명칭을 말한다.[1] 다시 말해, 특정한 상인이 자신을 다른 상인과 구별하기 위해 사용하는 명칭이 상호인 것이다. 이 점에서 상호는 상인의 '인적 동일성'을 표시하는 기능을 수행한다. 상인이라는 인적 주체와 관련을 맺는 것이 상호인 것이다. 예를 들어, '농심'이 상호라면 '새우깡'은 상표이다. 또한 '오뚜기'가 상호라면 '진라면'은 상표에 해당한다. 상표는 상표법이 규율하는 데 반해, 상호는 상법이 규율한다(상법 제18조~제28조).

(2) 상표와 지리적 표시

상표와 유사하면서도 구별해야 하는 개념으로 '지리적 표시'가 있다. 지리적 표시란 "상품의 특정 품질·명성 또는 그 밖의 특성이 본질적으로 특정지역에서 비롯된 경우에 그 지역에서 생산·제조 또는 가공된 상품임을 나타내는 표시"를 뜻한다(상표법 제2조 제1항 제4호). 이러한 지리적 표시와 상표는 다음과

---

1 상인이란 "자기명의로 상행위를 하는 자"를 뜻한다(상법 제4조). 이러한 상인에는 자연인뿐만 아니라 법인이 포함된다.

같은 점에서 유사하다. 우선 양자는 모두 표장에 해당한다. 다음으로 상표와 마찬가지로 지리적 표시 역시 상품의 출처 및 품질을 표시하는 기능을 수행한다. 달리 말해, 상표와 지리적 표시는 모두 상품의 '영업적 기능'과 관련을 맺는 표장인 것이다. 바로 이러한 이유에서 상표와 지리적 표시를 명확하게 구별하는 것은 쉽지 않다.

하지만 상표와 지리적 표시는 다음과 같이 구별할 수 있다. 상표는 특정한 상품을 생산하는 상인, 즉 사업주체를 표시하는 기능도 수행하지만, 지리적 표시는 상품을 생산하는 상인이 있는 지역적 지점을 표시하는 기능을 수행한다는 점이다. 다시 말해, 상표와 지리적 표시 모두 상품의 품질 등을 표시하기는 하지만, 이를 통해 상표는 상품을 생산한 '상인'을, 지리적 표시는 상품이 생산된 '지역'을 표시한다는 것이다. 이를테면 경주에서 생산되는 '황남빵'이 상표라면, '안동 간고등어'는 지리적 표시에 해당한다. 현행 상표법은 이러한 지리적 표시를 '단체표장'으로 인정하여 보호한다. 여기서 단체표장이란 "상품을 생산·제조·가공·판매하거나 서비스를 제공하는 자가 공동으로 설립한 법인이 직접 사용하거나 그 소속 단체원에게 사용하게 하기 위한 표장"을 말한다(상표법 제2조 제1항 제3호).

(3) 상표와 도메인 네임

상표와 도메인 네임(domain name) 역시 유사한 측면이 있다. 물론 기본적으로 양자는 구별된다. 상표는 특정한 상품의 정체성 또는 고유성을 표시하는 표장이다. 이와 달리 도메인 네임은 특정한 상품이나 서비스를 제공하는 상인의 인터넷 주소를 지시하는 표시이다. 기술적으로 말하면, 도메인 네임은 인터넷에서 상품이나 서비스를 제공하는 '호스트 컴퓨터(host computer)의 인터넷 주소'를 뜻한다. 도메인 네임은 인터넷 공간에서 상인의 위치를 표시하는 것이라는 점에서 오히려 지리적 표시와 유사하다. 그러나 가령 구글(Google)이나 네이버(Naver), 다음(Daum) 등이 보여주는 것처럼, 오늘날 도메인 네임은 상표 또는 상호가 수행하는 기능과 유사한 기능을 한다. 마치 지리적 표시가 상표와 유사한 기능을 수행하는 것처럼, 인터넷 상거래가 급증하고 있는 오늘날 도메인 네임 역시 상표 또는 상호와 비슷한 기능을 수행하고 있는 것이다. 도메인 네임에 관해서는 '사이버 스쿼팅'(cybersquatting), 즉 도메인 네임을 헐값에 선점하여 이를 비싸게 되팔려는 행위가 발생하면서 도메인 네임에 대한 법적 보호 및 처리가 문제가 되고 있다. 그러나 현행 상표법은 지리적 표시와는 달리 도메인 네임을 법적으로 보호하지는 않는다.

4. 상표의 등록요건

특정한 상표가 상표법의 보호를 받기 위해서는 상표법이 정하는 절차에 따라 등록되어야 한다. 상표가 등록되기 위해서는 상표법이 규정하는 등록요건을 갖추어야 한다. 이러한 등록요건은 두 가지로 구분할 수 있다. 인적 요건과 실체적 요건이 그것이다.

먼저 인적 요건이란 상표등록을 받을 수 있는 주체에 관한 요건을 말한다. 이는 상표법 제3조가 규정한다. 이에 따르면, 국내에서 상표를 사용하는 자 또는 사용하려는 자는 원칙적으로 자기의 상표를 등록받을 수 있다(상표법 제3조 제1항).

다음으로 실체적 요건이란 등록을 받기 위해 상표가 갖추어야 하는 객관적 요건을 말한다. 이는 다시 두 가지로 구분된다. 적극적 요건과 소극적 요건이 그것이다. 적극적 요건이란 상표가 등록되기 위해 적극적으로 갖추어야 하는 요건을 말한다. 이에 대해 소극적 요건이란 상표가 등록되기 위해서는 갖추지 말아야 하는 요건을 말한다. 적극적 요건에서 가장 핵심이 되는 것은 '식별력'이다. 여기서 식별력이란 상표가 자신이 지시하는 상품을 정확하게 식별할 수 있도록 하는 기능을 말한다. 상표법은 적극적 요건은 제33조에서, 소극적 요건은 제34조에서 규정한다. 이 중에서 상표법 제33조는 직접 읽어볼 것을 권한다. 이를 아래에 인용한다.

> 제33조(상표등록의 요건) ① 다음 각 호의 어느 하나에 해당하는 상표를 제외하고는 상표등록을 받을 수 있다.
>
> 1. 그 상품의 보통명칭을 보통으로 사용하는 방법으로 표시한 표장만으로 된 상표

2. 그 상품에 대하여 관용(慣用)하는 상표

3. 그 상품의 산지(產地)·품질·원재료·효능·용도·수량·형상·가격·생산방법·가공방법·사용방법 또는 시기를 보통으로 사용하는 방법으로 표시한 표장만으로 된 상표

4. 현저한 지리적 명칭이나 그 약어(略語) 또는 지도만으로 된 상표

5. 흔히 있는 성(姓) 또는 명칭을 보통으로 사용하는 방법으로 표시한 표장만으로 된 상표

6. 간단하고 흔히 있는 표장만으로 된 상표

7. 제1호부터 제6호까지에 해당하는 상표 외에 수요자가 누구의 업무에 관련된 상품을 표시하는 것인가를 식별할 수 없는 상표

② 제1항 제3호부터 제6호까지에 해당하는 상표라도 상표등록출원 전부터 그 상표를 사용한 결과 수요자 간에 특정인의 상품에 관한 출처를 표시하는 것으로 식별할 수 있게 된 경우에는 그 상표를 사용한 상품에 한정하여 상표등록을 받을 수 있다.

③ 제1항 제3호(산지로 한정한다) 또는 제4호에 해당하는 표장이라도 그 표장이 특정 상품에 대한 지리적 표시인 경우에는 그 지리적 표시를 사용한 상품을 지정상품(제38조 제1항에 따라 지정한 상품 및 제86조 제1항에 따라 추가로 지정한 상품을 말한다. 이하 같다)으로 하여 지리적 표시 단체표장등록을 받을 수 있다.

제5절

디자인보호법

1. 디자인보호법이란?

「디자인보호법」이란 말 그대로 디자인을 보호하는 법을 말한다. 우리 법체계는 디자인 역시 지식재산권에 포함시켜 법으로 보호한다. 이에 따라 "디자인의 보호와 이용을 도모함으로써 디자인의 창작을 장려하여 산업발전에 이바지"하기 위해 디자인보호법을 제정 및 시행하고 있다(디자인보호법 제1조). 디자인을 보호하면 디자인 창작을 장려할 수 있고, 이를 통해 산업을 발전시킬 수 있다는 것이다.

2. 디자인이란?

디자인보호법이 보호하는 디자인이란 무엇인가? 디자인이란 "물품의 형상, 모양, 색채 또는 이들을 결합한 것으로서 시각을 통하여 미감을 일으키게 하는 것"을 말한다(디자인보호법 제2조 제1호). 여기서 말하는 물품이란 한편으로는 구체적인 형태를 갖추고 있으면서 다른 한편으로는 독립해서 거래될 수 있는 동산을 뜻한다. 다만 디자인보호법은 물품 개념을 확장하여 "물품의 부분" 및 "글자체" 역시 물품 개념에 포함시킨다(디자인보호법 제2조 제1호).

3. 디자인 등록요건

특정한 디자인이 디자인보호법의 보호를 받기 위해서는 디자인보호법이 정하는 절차에 따라 등록을 해야 한다. 이는 디자인보호법 제33조와 제34조가 규정한다. 이에 따르면, 특정한 디자인이 등록될 수 있으려면 다음 요건을 충족해야 한다. 인적 요건과 실체적 요건이 그것이다.[1]

먼저 인적 요건이란 디자인등록을 받을 수 있는 주체에 관한 요건을 말한다. 이는 디자인보호법 제3조가 규정한다. 이에 따르면, "디자인을 창작한 사람 또는 그 승계인"이 디자인등록을 받을 수 있는 주체에 해당한다(디자인보호법 제3조).

다음으로 실체적 요건이란 등록을 받기 위해 디자인이 갖추어야 하는 객관적 요건을 말한다. 이러한 요건으로는 다음 세 가지가 요구된다. 공업상 이용가능성, 신규성, 창작성이 그것이다. 첫째, 공업상 이용 가능성이란 해당 디자인이 대량으로 반복 생산되는 물품에 이용될 수 있어야 한다는 점을 뜻한다. 둘째, 신규성이란 해당 디자인이 출원을 하기 이전에 세상에 알려지지 않은 것이어야 함을 뜻한다. 이때 주의해야 할 점은 디자인등록의 경우에는 특허나 실용신안과는 달리 국내뿐만 아니라 국외에서도 신규성 요건을 갖추어야 디자인보호법의 보호를 받을 수 있다는 것이다(디자인보호법 제33조). 셋째, 창작성이란 해당 디자인이 통상의 지식을 가진 사람은 쉽게 만들 수 없는 것이어야 함을 뜻한다. 여기서 신규성과 창작성은 서로 중첩되는 경우가 많다. 이를테면 특정한 디자인이 새롭게 만들어진 것이라면 창작성을 갖춘 경우도 많을 것이기 때문이다.

4. 디자인보호법의 주요 제도

마지막으로 현행 디자인보호법이 규정하는 제도 중에서 중요한 것 몇 가지를 간략하게 소개한다.

---

1 이러한 요건은 상표법과 유사하다. 상표법과 디자인보호법은 많은 점에서 유사한 구조를 갖고 있다.

(1) 1디자인 1디자인등록출원

디자인등록에 관해서는 1디자인 1디자인등록출원 원칙이 적용된다. 이에 따르면 "디자인등록출원은 1디자인마다 1디자인등록출원으로" 해야 한다(디자인보호법 제40조 제1항).

(2) 복수디자인등록출원

위에서 말한 것처럼 디자인등록출원에 관해서는 1디자인 1디자인등록출원 원칙이 적용된다. 그러나 디자인보호법은 특정한 경우에는 이에 대한 예외를 인정한다. 복수디자인등록출원을 인정하는 것이다. 이에 따르면, "디자인등록출원을 하려는 사람은 산업통상자원부령으로 정하는 물품류 구분에서 같은 물품류에 속하는 물품에 대하여는 100이내의 디자인을 1디자인등록출원으로 할 수 있다. 이렇게 복수디자인등록출원을 하는 경우에는 1디자인마다 분리하여 표현"하여야 한다(디자인보호법 제41조).

(3) 한 벌의 물품의 디자인

1디자인 1디자인등록출원 원칙은 일반적으로 1개의 물품이 1개의 디자인을 사용하는 것을 전제로 한다. 이에 따르면 〈1개의 물품→1개의 디자인→1개의 디자인등록출원〉이라는 도식이 형성된다. 그렇지만 때에 따라서는 수 개의 물품이 동일하게 1개의 디자인을 사용하는 경우도 있다. 이에 대응하기 위해 디자인보호법은 한 벌의 물품의 디자인 제도를 도입하고 있다. 이에 의하면 "2 이상의 물품이 한 벌의 물품으로 동시에 사용되는 경우 그 한 벌의 물품의 디자인이 한 벌 전체로서 통일성이 있을 때에는 1디자인으로 디자인등록"을 받을 수 있다(디자인보호법 제42조 제1항).

(4) 비밀디자인

나아가 디자인보호법은 비밀디자인 제도 역시 운용한다. 이에 의하면 "디자인등록출원인은 디자인권의 설정등록일부터 3년 이내의 기간을 정하여 그 디자인을 비밀로 할 것을 청구할 수 있다. 이 경우 복수디자인등록출원된 디자인에 대하여는 출원된 디자인의 전부 또는 일부에 대하여 청구"할 수 있다(디자인

보호법 제43조 제1항).

(5) 기타

이외에도 디자인보호법은 '디자인일부심사등록 제도' 및 '공동출원 제도'를 도입하고 있다. 이때 '디자인일부심사등록'이란 "디자인등록출원이 디자인등록 요건 중 일부만을 갖추고 있는지를 심사하여 등록하는 것"을 말한다(디자인보호법 제2조 제6호). 그리고 '공동출원'이란 "디자인등록을 받을 수 있는 권리가 공유인 경우에는 공유자 모두가 공동으로 디자인등록출원"을 하는 것을 말한다(디자인보호법 제39조).

제6절

저작권법

1. 저작권법이란?

「저작권법」이란 "저작자의 권리와 이에 인접하는 권리를 보호하고 저작물의 공정한 이용을 도모함으로써 문화 및 관련 산업의 향상발전에 이바지함"을 목적으로 하는 법을 말한다(저작권법 제1조). 여기서 알 수 있듯이, 저작권법은 세 가지 목적을 추구한다. 첫째, 저작자의 권리 및 이에 인접하는 권리를 보호하는 것이다. 둘째, 저작물의 공정한 이용을 추구하는 것이다. 셋째, 이를 통해 문화 및 관련 산업의 향상발전에 기여하는 것이다. 이렇게 저작권법이 추구하는 목적은 다른 지식재산권을 보호하는 법, 가령 특허법이나 실용신안법, 상표법 등이 추구하는 목적과 그 구조가 유사하다. 다만 저작권법이 지향하는 목적 중에서 눈에 띄는 것은 "저작물의 공정한 이용"을 추구하고 있다는 점이다. 이는 다른 지식재산권법에서는 보이지 않는 것으로 저작권법만의 특색이라 할 수 있다.

2. 저작권법이 보호하는 저작권과 저작인접권

그러면 저작권법이 보호하는 저작권이란 무엇인가? 정확하게 말하면, 이러한 (넓은 의미의) 저작권은 두 가지 권리로 구별된다. 본래 의미의 저작권과 저작인접권이 그것이다. 이를 저작권법은 "저작자의 권리" 및 "이에 인접하는 권리"로 표현한다. 이에 따르면, 본래 의미의 저작권이란 저작물을 창작한 저작자의 권리를, 저작인접권이란 이러한 저작권에 인접하는 권리를 뜻한다. 이를 더욱 상세하게 살펴본다.

3. 저작권이란?

(1) 저작권이란?

저작권이란 저작물을 창작한 저작자의 권리를 뜻한다. 여기서 저작물이란 "인간의 사상 또는 감정을 표현한 창작물"을 말한다(저작권법 제2조 제1호). 이러한 저작물의 예로는 시, 소설, 논문 등과 같은 언어적 저작물을 비롯하여 음악, 미술, 건축, 사진, 도형, 동영상, 컴퓨터 프로그램 등과 같은 비언어적 창작물을 들 수 있다. 저작물이 저작권법의 보호를 받기 위해서는 창작성이 있어야 하고 외부로 표현되어야 한다. 이때 말하는 창작성이란 남의 것을 모방하지 않은 저작물이라는 점을 뜻한다. 특허에서 요구하는 것처럼 고도의 창작성을 필요로 하는 것은 아니다. 더불어 이러한 창작성은 외부로 표현, 즉 '저작'되어야 한다. 그리고 저작자란 이러한 저작물을 창작한 사람을 말한다(저작권법 제2조 제2호).

(2) 두 가지 유형의 저작권

이러한 저작권은 다시 두 가지로 구별된다. 저작인격권과 저작재산권이 그것이다. 이는 저작권이 갖고 있는 두 가지 성격과 무관하지 않다. 한편으로 저작권은 저작물을 창작한 저작자의 인격과 무관하지 않다. 저작물이라는 것 자체가 저작자의 인격, 달리 말해 인격적 개성이 투영되어 만들어진 것이기 때문이다. 따라서 저작물이라는 객체는 저작자라는 주체의 인격과 분리해서 생각할 수 없다. 바로 이 점에서 저작권은 저작인격권, 즉 저작자 자신의 인격에 대한 권리라는 성격을 갖는다. 다른 한편으로 저작권은 재산권의 성격도 지닌다. 왜냐하면 저작물 자체가 재산적 가치를 지니고 있고, 이로 인해 거래의 대상이 될 수 있기 때문이다. 이는 저작물이 '소통'(communication)의 대상이자 소통을 가능하게 하는 소통매체가 된다는 점과 무관하지 않다. 물론 일기와 같은 저작물은 저작자의 인격이 고스란히 투영된 것으로서 저작자 자신만을 위한 것일 수 있다. 그렇지만 대다수의 저작물은 독자, 즉 소통의 수신자를 필요로 한다. 대부분의 저작자는 자신이 창작한 저작물을 다른 사람들이 읽고 즐겨주길 원한다. 그 점에서 저작물은 언제나 독자를 필요로 한다. 그 때문에 저작물은 저작자만이 소유하는 것이 아니라는 주장도 나온다. 다소 어려운 말로 표현하면, 저작물은 본래 '상호주관적인 대상'이라는 것이다. 이처럼 저작물은 상호주관적인 것으로서 소통의 대상이 되기에 이는 재산적 가치를 갖는 재화도 될 수 있다. 그 점에서 저작물에 대한 권리는 재산권의 성격도 갖는 것이다. 이러한 저작인격권과 저작재산권을 더욱 자세하게 살펴보면 다음과 같다.

1) 저작인격권

저작권법은 저작권의 두 유형인 저작인격권과 저작재산권을 명문으로 규정한다. 이에 따르면, 저작인격권으로는 공표권(제11조), 성명표시권(제12조), 동일성유지권(제13조)을 들 수 있다. 여기서 공표권이란 "저작물을 공표하거나 공표하지 아니할 것을 결정할 권리"를 말한다(제11조 제1항). 다음으로 성명표시권이란 "저작물의 원본이나 그 복제물에 또는 저작물의 공표 매체에 그의 실명 또는 이명을 표시할 권리"를 말한다(제12조 제1항). 나아가 동일성유지권이란 "저작물의 내용·형식 및 제호의 동일성을 유지할 권리"를 뜻한다(제13조 제1항). 저작권법에 의하면, 이러한 저작인격권은 "저작자 일신에 전속"하는 일신전속성을 갖는다(제14조 제1항). 달리 말해, 저작인격권은 저작자의 인격과 분리해서 존속할 수 없다는 것이다. 따라서 저작물을 이용하는 사람은 저작자의 인격을 침해하는 행위를 해서는 안 된다. 이는 저작자가 사망한 이후에도 마찬가지이다(제14조 제2항).

2) 저작재산권

다음으로 저작권법은 저작재산권으로 복제권(제16조), 공연권(제17조), 공중송신권(제18조), 전시권(제19조), 배포권(제20조), 대여권(제21조), 2차적 저작물 작성권(제22조)을 규정한다. 이에 따라 저작자는 저작물을 복제할 권리(제16조), 공연할 권리(제17조), 공중송신할 권리(제18조), 미술저작물 등의 원본이나 그 복제물을 전시할 권리(제19조), 저작물의 원본이나 그 복제물을 배포할 권리(제20조), 상업적 목적으로 공표된 음반이나 상업적 목적으로 공표된 프로그램을 영리를 목적으로 대여할 권리(제21조), 자신의 저작물을 원저작물로 하는 2차적 저작물을 작성하여 이용할 권리(제22조)를 저작재산권으로서 행사할 수 있다. 이러한 저작재산권은 원칙적으로 저작자가 생존하는 동안 및 사망한 후 70년간 존속한다(저작권법 제39조 제1항).

그러나 이러한 저작재산권이 절대적으로 보장되는 것은 아니다. 바꿔 말해, 저작재산권이 무제한적으로 보장되는 것은 아니다. 이를테면 공익 등의 목적으로 저작물을 이용하는 경우에는 저작재산권이 제한된다. 예를 들어, 재판절차에서 저작물을 복제하거나(제23조), 학교 교육 등의 목적으로 저작물을 이용하는 경우(제25조)에는 저작재산권은 제한된다. 바꾸어 말해 위에서 언급한 경우에는 저작자의 허락을 받지 않고 저작물을 사용할 수 있다는 것을 뜻한다. 또한 시사보도를 하기 위해 저작물을 이용하거나(제26조), 영리를 목적으로 하지 않는 공연 및 방송에서 저작물을 공연하는 경우(제29조)에도 저작재산권이 제한된다. 이러한 경우는 공익 목적을 위해 저작물을 인정하는 때에 해당하기 때문이다.

(3) 배타적 발행권과 출판권

저작재산권과 밀접하게 관련되면서도 이와 구별되는 권리로 배타적 발행권과 출판권을 들 수 있다. 여기서 배타적 발행권이란 저작물을 발행하거나 복제·전송할 권리를 가진 자가 그 저작물을 발행 등에 이용하고자 하는 자에 대하여 설정해 주는 배타적 권리를 말한다(저작권법 제57조 제1항). 쉽게 말해, 저작물을 배타적으로 발생할 수 있는 권리가 바로 배타적 발행권인 것이다. 이는 배타적 발행권자가 본래부터 갖고 있는 권리가 아니라 저작재산권자가 설정해 주는 권리이다. 그 점에서 아래에서 살펴볼 저작인접권과 유사한 모습을 지닌다.

한편 이러한 배타적 발행권과 매우 유사한 권리로서 출판권이 있다. 출판권이란 저작물을 복제·배포할 권리를 가진 자가 그 저작물을 인쇄 그 밖에 이와 유사한 방법으로 문서 또는 도화로 발행하고자 하는 자에 대하여 설정해 주는 배타적 권리를 말한다(제63조 제1항). 여기서 알 수 있듯이, 출판권은 배타적 발행권과 거의 같다. 다만 차이가 있다면, 출판권은 저작물을 문서 또는 도화라는 수단으로 발행하는 권리에 한정된다는 점이다. 그 점에서 출판권은 발행권보다 그 외연이 좁다. 이를 도식화하면 '배타적 발행권 > 출판권'으로 표시할 수 있다.

요즘에는 자신이 만든 저작물을 발행하거나 출판하는 데 관심을 갖는 사람도 많을 것이다. 자신의 저작물을 출판하고자 하는 사람은 저작인격권과 저작재산권 그리고 무엇보다도 출판권이란 무엇인지, 출판을 하기 위해서는 어떤 점에 유의해야 하는지 알아둘 필요가 있다.

4. 저작인접권이란?

저작권법에 의하면, 저작인접권이란 '저작권에 인접하는 권리'를 뜻한다. 그러면 저작권에 인접하는 권리란 무엇일까? 이를 파악하기 위해서는 먼저 현행 저작권법이 저작권에 인접하는 권리로서 무엇을 인정하고 있는지 살펴볼 필요가 있다. 저작권법 제64조 아래가 규정하는 내용을 고려하면, 현행 저작권법은 저작권에 인접하는 권리로서 실연, 음반, 방송에 대한 권리를 인정한다. 더욱 구체적으로 말하면, 저작권법은 실연자의 권리, 음반제작자의 권리, 방송사업자의 권리를 저작권에 인접하는 권리, 즉 저작인접권으로 인정한다. 그리고 이렇게 저작인접권을 보유하는 권리주체는 저작권자와 유사하게 복제권(제78조), 배포권(제79조), 대여권(제80조) 등을 갖는다.

그러면 저작권과는 별개로 저작인접권을 인정하는 이유는 무엇일까? 저작인접권의 성격에서 그 이유를 찾을 수 있다. 저작권이 보호대상으로 하는 저작물은 보통 종이라는 매체를 이용하여 만들어진다. 책이 대표적인 경우이다. 이러한 저작물은 글을 읽을 수 있는 독자라면 특별한 수단을 사용하지 않고도 쉽게 읽고 이해할 수 있다. 그렇지만 음악이나 연극, 영화와 같은 저작물은 그 기초가 되는 악보, 희곡, 시나리오뿐만 아니라 이러한 악보, 희곡, 시나리오를 음악, 연극, 영화로 만들어줄 수 있는 실연자를 필요로 한다. 또한 이러한 음악,

영화 등을 대중적인 소통매체를 이용하여 일반 사람들에게 널리 알리기 위해서는 음반제작자나 방송사업자 등을 필요로 한다. 요컨대, 음악이나 연극, 영화 등과 같은 저작물을 완전하게 구현하거나 이를 널리 전파하기 위해서는 저작자뿐만 아니라 실연자 등과 같이 저작물에 인접하면서 저작물을 완전하게 구현하는 데 기여하는 사람들을 필요로 한다. 바로 이러한 사람들의 노력을 법적으로 보호하기 위해 도입된 것이 저작인접권인 것이다. 저작인접권을 제도화하여 이렇게 저작인접권자들의 이익을 법으로 보호함으로써 음악, 연극, 영화와 같은 저작물이 더욱 원활하게 만들어지고 전파될 수 있도록 하는 것이다.

5. 저작권의 효력 및 보호

특정한 저작물에 대해 저작권이 인정되는 경우 이러한 저작권은 다음과 같은 효력을 지닌다.

(1) 배타적 권리

저작권법은 저작권을 마치 민법상 물권과 유사한 배타적 권리로 취급한다. 여기서 저작권이 배타적 권리로 취급된다는 것은 저작권자가 마치 물권을 갖고 있는 사람처럼 기본적으로 어느 누구에 대해서도 저작권을 주장할 수 있다는 것을 뜻한다. 따라서 저작권자가 아닌 사람이 특정한 저작물을 사용하기 위해서는, 저작권법이 인정하는 예외 사유에 해당하지 않는 한, 저작권자의 허락을 받아야 한다(제46조). 저작권자의 허락을 받지 않고 저작물을 사용하는 것은 저작권을 침해하는 행위가 된다. 저작권법은 이러한 저작권 침해행위로부터 저작권을 보호하기 위해 다음과 같은 구제수단을 마련하고 있다.

(2) 침해 정지 청구

먼저 저작권자는 자신의 저작권이 현재 침해되고 있는 경우에는 이러한 침해의 정지를 청구할 수 있다(저작권법 제123조 제1항). 나아가 저작권이 침해될 우려가 있는 경우에는 그 상대방에 대하여 침해 예방이나 손해배상의 담보를 청구할 수 있다(제123조 제1항). 이러한 침해 정지 청구를 통해 저작권자는 자신의 저작권을 효과적으로 보호할 수 있다. 이러한 권리는 민법이 물권에 부여하는 물권적 청구권과 그 내용이 비슷하다(민법 제213조 등).

(3) 손해배상 청구

다음으로 저작권자는 고의 또는 과실로 자신의 저작권을 침해함으로써 손해를 야기한 사람에 대해 손해배상을 청구할 수 있다(저작권법 제125조). 이는 민법이 규정하는 불법행위 책임의 견지에서 볼 때 당연한 것이라 할 수 있다(민법 제750조). 왜냐하면 저작권이 마치 물권처럼 배타적 권리로 보호되는 이상, 이러한 저작권을 고의 또는 과실로 침해하는 행위는 민법 제750조에 따라 불법행위가 되기 때문이다. 이렇게 불법행위가 성립하면, 가해자는 피해자인 저작권자에게 손해배상을 해야 한다.

(4) 저작권 침해죄

나아가 고의로 타인의 저작권을 침해하는 경우에는 '저작권 침해죄'라는 범죄가 된다(저작권법 제136조). 타인의 저작권을 침해하는 행위는 단순한 일탈행위나 민법상 불법행위가 되는 데 그치는 것이 아니라 형벌이 부과되는 범죄가 되기도 하는 것이다. 그 점에서 우리 저작권법은 저작권을 아주 강력하게 보호하고 있는 셈이다. 그러나 이렇게 저작권을 강력하게 보호하는 것에 관해, 바꿔 말해 저작권 침해행위에 강력하게 대응하는 것에 대해서는 비판이 제기된다. 이는 이른바 '카피레프트' 운동이라는 이름으로 전개된다.

6. 카피레프트 운동이란?

'카피레프트'(copyleft) 운동이란 저작권을 뜻하는 '카피라이트'(copyright)에 반대하는, 이에 저항하는 운동이다. 말하자면, 카피라이트를 비판하는 운동이 카피레프트 운동인 것이다. '저작'을 의미하는 '카피'(copy)에, '권리'와 '보수'를 뜻하는 '라이트'(right)에 대항한다는 의미로 '반권리' 및 '진보'를 뜻하는 '레프트'(left)를 붙인 것이다. 이러한 명칭이 시사하는 것처럼, 카피레프트 운동은 저작권이 인간의 창의적인 저작활동을 장려하기보다는 오히려 억압할 것이라고 비판한다. 따라서 저작권을 폐기하거나 그게 아니면 저작물의 공정이용을 대폭 확대해야 한다고 주장한다. 이러한 맥락에서 현행 저작권법이 규정하는 저작권 침해죄도 비판한다. 저작권 침해죄는 정당성을 상실하고 있다는 것이다. 저작권 침해죄 문제는 형법의 정당성 문제와도 관련이 있는 것이므로 아래 제7절에서 상세하게 살펴보도록 한다.

제7절

저작권 침해죄는 정당한가?

Ⅰ. 무엇이 문제일까?

오늘날 사회가 점점 복잡해지고 전문화되면서 과거에는 경험하지 못했던 새로운 법영역이 출현하고 있다. 사회의 구조변동에 발맞추어 법체계가 새롭게 진화하고 있는 것이다. 이러한 법적 진화를 통해 오늘날 새롭게 등장하는 대표적인 법적 형태로서 '전문법'을 언급할 수 있다. 전문법은 기능적으로 분화되고 전문화되는 사회체계의 진화에 대응하여 법체계가 내놓은 법적 진화의 결과물이라고 말할 수 있다. 도산법이나 환경법, 금융법 등이 이러한 전문법에 해당한다.[1] 지식기반사회에서 새로운 성장동력으로 떠오르고 있는 저작권법 등과 같은 지식재산권법 역시 이러한 전문법에 해당한다.[2] 지식재산권법에서도 민사법이나 형사법, 문학이론, 언어이론, 과학기술 등과 같은 다양한 학문분과가 통합적으로 작동하고 있기 때문이다.

지식재산권, 그 중에서도 저작권을 형법적으로 규율하는 대표적인 범죄구

---

1 도산법을 전문법으로서 분석한 경우로는 양천수, "私法 영역에서 등장하는 전문법화 경향: 도산법을 예로 본 법사회학적 고찰", 『법과 사회』 제33호(2007. 12), 111~135쪽 참고.
2 저작권법을 전문법으로 이해하는 경우로는 하민경, 『저작권 침해죄의 불법에 관한 연구』(고려대학교 법학박사 학위논문, 2013), 4~5쪽 참고.

성요건으로서 '저작권 침해죄'를 꼽을 수 있다. 이는 저작권법 제136조가 "벌칙"이라는 표제 아래 규정한다. 이러한 저작권 침해죄는 다시 두 가지로 구분된다. 저작재산권 침해죄와 저작인격권 침해죄가 그것이다. 먼저 저작재산권 침해죄란 저작재산권이나 저작권법이 보호하는 재산적 권리를 복제, 공연, 공중송신, 전시, 배포, 대여, 2차적 저작물 작성의 방법으로 침해한 경우 성립하는 범죄를 말한다.[3] 다음으로 저작인격권 침해죄란 저작인격권이나 실연자의 인격권을 침해하여 저작자 또는 실연자의 명예를 훼손한 경우에 성립하는 범죄를 말한다. 요컨대, 저작권 침해죄는 저작자의 '저작재산권'이나 '저작인격권'을 침해한 경우에 성립하는 범죄라고 말할 수 있다. 이러한 저작권 침해죄는 최근 인터넷 공간 등을 통해 침해행위가 빈번하게 자행되면서 그 규범적 의미나 중요성이 점점 더 커지고 있다. 그러나 이와 동시에 저작권 침해죄가 과연 타당한 형사입법인지에 관해, 달리 말해 저작권 침해죄가 형법적 정당성을 획득하고 있는지에 관해 논란이 전개된다. 경미한 저작권 침해행위에 대해서까지 합의금을 노린 고소 및 고발이 난무하게 되면서 사회적 문제로 부상하기도 하였다.[4] 하지만 이보다 더욱 근본적인 문제는 저작권의 대상인 저작물 자체가 갖고 있는 이른바 '상호주관적 구조'에서 비롯한다. 다른 일반적 재화와는 달리, 저작물은 그 자체로서 효용가치를 갖는 것이 아니다. 저작물은 저작자를 위해서만 존재하는 것이 아니기 때문이다. 오히려 저작물은 저작자와 저작물이용자 사이의 소통과정 속에서 저작물이용자에 의해 이용되고 이해가 되어야만 비로소 그 본래적 의미를 획득한다. 달리 말해, 저작물은 일종의 정보로서 타인에게 통지되고 이해가 되어야만 비로소 온전한 저작물로서 의미를 획득하고 그 기능을 다하게 되는 것이다. 따라서 가장 이상적으로는 저작물이 저작자를 제외한 모든 사람들에 의해 이용이 되어야만 비로소 완전한 저작물이 된다.[5] 그런데 저작권 침해죄는 아이러니컬하게도 이러한 '저작물의 완전화' 과정을 방해한다. 저작권 침해죄는

---

3 재산적 권리 중에서 저작권법 제93조가 규정한 권리('데이터베이스제작자의 권리')는 제외된다.

4 이에 관해서는 김다슬·박수정·박홍두 기자, "고소. 고발 '봇물'… 3~4년 지나 "합의금 내라": 인터넷에 '저작권 쓰나미'", 『경향신문』(2007. 12. 18); 김민호 기자, "저작권위원회, 교육 조건부 기소유예제도 도입", 『국민일보』(2008. 1. 28) 등 참고.

5 이를 '저작물의 완전화' 과정이라고 일컬을 수 있을 것이다.

모든 사람들이 자유롭고 평등하게 저작물을 이용하지 못하게 하고, 그 대신 저작권법이 정한 특정한 범위 안에서 선별된 특정 사람들만이 저작물을 이용하게 할 뿐이기 때문이다. 이는 분명 저작물이 본래적으로 갖고 있는 상호주관적 구조에 반한다. 바로 이 때문에 많은 이들이 직관적으로 저작권 침해죄에 반대하거나 '카피레프트(copyleft) 운동'에 참여하는 것이 아닐까?[6]

제7절은 이 같은 문제의식에서 출발하여 현행 저작권법이 규정하는 저작권 침해죄가 과연 형법적 정당성을 갖고 있는지를 비판적으로 고찰하고자 한다. 이를 위해 철학에서 성장한 상호주관적 사유와 독일 형법학에서 정립된 법익 개념을 원용한다. 이러한 맥락에서 제7절에서는 먼저 일정한 형법규범이 정당성을 획득하기 위해서는 무엇을 갖추고 있어야 하는지 살펴보고(Ⅱ), 이어서 저작권 침해죄는 무엇을 보호하는지 분석한다(Ⅲ). 다음으로 저작권 침해죄는 과연 정당한 형법규범이라고 말할 수 있는지를 비판적으로 검토하고(Ⅳ), 저작권에 대해 어떤 형법정책을 추구해야 하는지를 논의한다(Ⅴ).

Ⅱ. 정당한 형법규범이란?

먼저 논의의 출발점으로서 범죄구성요건, 바꿔 말해 형법규범이 어떻게 정당성을 획득할 수 있는지에 관해 살펴보도록 한다. 지금까지 축적된 논의성과에 비추어 보면,[7] 일정한 형법규범이 정당성을 획득하려면 크게 다음 두 가지 요건을 충족해야 한다. 첫째는 해당 형법규범이 실질적 범죄를 그 규율대상으로 삼고 있어야 하고, 둘째는 해당 형법규범이 '보충적으로', 달리 말해 '최후수단으로서' 실질적 범죄를 규율하고 있어야 한다.

---

6 이와 비슷한 맥락에서 지식재산권에 비판적으로 접근하는 연구로는 Susan K. Sell, 남희섭 (역), 『초국적 기업에 의한 법의 지배: 지재권의 세계화』(후마니타스, 2009) 참고.
7 이에 관해서는 우선 배종대, "형법의 정당성 근거와 형법개정(상)(하)", 『월간고시』 제137호~제138호(1985. 6.~7) 참고.

1. 실질적 범죄 규율

먼저 해당 형법규범이 실질적 범죄를 규율하고 있어야 한다. 여기서 실질적 범죄란 형식적 범죄 개념에 대응하는 개념이다. 형식적 범죄 개념은 형법이 규정한 범죄체계에 의존하는 범죄 개념인 반면,[8] 실질적 범죄 개념은 이러한 범죄체계와는 무관하게 규정되는 '체계초월적인 개념'이다.[9] 형법상 범죄체계와는 무관하게 사회적으로 유해한 행위로 인정되어 형법으로써 규율해야 할 필요가 있는 일탈행위를 실질적 범죄라고 말할 수 있다.

문제는 무엇을 사회적으로 유해한 행위로서 형법이 규율해야 하는 일탈행위라고 볼 것인가 하는 점이다. 이에 대해 독일 형법학과 영미 형법학은 각기 다른 기준으로 이 문제에 접근한다. 이를테면 독일 형법학은 '법익 개념'(Rechtsgutsbegriff)으로 이 문제에 접근하는 반면, 영미 형법학은 '해악의 원칙'(harm principle)으로 이 문제에 대응한다.[10] 아래에서는 이 가운데 우리 형법학에 결정적인 영향을 미친 독일의 법익 개념에 논의를 집중하고자 한다.

독일 형법학은 실질적 범죄 개념의 근거를 법익에서 찾는다.[11] 이에 따르면, 범죄란 법익을 침해하는 일탈행위를 말한다. 그러므로 형법이 수행해야 하는 임무는 법익을 보호하는 것이다. 그런데 여기서 다시 다음과 같은 문제가 제기된다. 형법이 보호해야 하는 법익은 과연 무엇인가 하는 문제가 그것이다. 이에 관해 독일 형법학에서는 크게 세 가지 이론적 흐름이 전개되었다.[12] 권리침해이론, (좁은 의미의) 법익론, 의무침해이론이 그것이다. 우선 권리침해이론은 각 개인이 갖는 주관적 권리를 침해하는 행위를 범죄로 파악한다.[13] 이에 대해

---

8 형식적 범죄 개념에 따르면, 범죄란 범죄구성요건에 해당하고 위법하며 유책한 행위를 말한다.
9 이 개념에 관해서는 W. Hassemer, *Theorie und Soziologie des Verbrechens* (Frankfurt/M., 1973), 19쪽 아래 참고.
10 '해악의 원칙'에 관해서는 Andrew von Hirsch, "Der Rechtsgutsbegriff und das 'Harm Principle'", in: R. Hefendehl/A.v. Hirsch/W. Wohlers (Hrsg.), *Rechtsgutstheorie* (Baden–Baden, 2003), 13쪽 아래 참고.
11 독일 법익론의 전개과정에 관해서는 K. Amelung, *Rechtsgüterschutz und Schutz der Gesellschaft* (Frankfurt/M., 1972) 참고.
12 엄격하게 말하면, 권리침해이론이나 의무침해이론은 법익론과 개념적으로 구별된다. 그렇지만 권리침해이론이나 의무침해이론 역시 실질적 범죄가 무엇인지를 탐구하는 과정에서 제기되었고, 또 이 이론들은 법익 개념의 한계를 지적하면서 이를 넘어서기 위한 대안으로 제안된 것이라는 점에서 이들 이론 역시 넓은 의미의 법익론에 포함시킬 수 있다.

(좁은 의미의) 법익론은 법익 개념을 규명함으로써 범죄의 실질성을 해명하려
한다. 물론 법익 개념이 구체적으로 무엇을 지칭하는지에 관해서는 다양한 의
견이 제시되지만, 지배적인 견해는 이를 법으로 보호해야 하는 '이익'(Interesse)
으로 파악한다.[14] 마지막으로 의무침해이론은 권리나 이익이 아니라, 법이 정한
의무를 침해하는 경우가 바로 범죄의 실질을 구성한다고 주장한다.[15] 이러한 의
무침해이론의 현대적 버전으로는 규범침해이론을 거론할 수 있다. 의무침해이론
과 마찬가지로 규범침해이론은 법규범을 침해한 행위가 바로 범죄라고 말한다.[16]

   이렇게 독일 형법학에서는 그동안 범죄의 실질적 근거가 무엇인지에 관해
법익이라는 개념을 두고 다양한 논의가 펼쳐졌지만 최근 들어서는 (좁은 의미의)
법익 개념을 통해, 그 중에서도 '인격적 법익'(personales Rechtsgut)이라는 기준을
통해 형법상 범죄뿐만 아니라 형법정책의 합리적인 방향을 결정하는 것으로 보인
다.[17] 이를테면 카우프만(Arthur Kaufmann)과 맑스(Michael Marx)에게서 촉발되어
하쎄머(Winfried Hassemer)에 의해 정립된 인격적 법익론(personale Rechtsgutslehre)
은 인격의 자유로운 발현과 관련된 이익을 침해한 경우만을 범죄로 파악함으로
써 법익이 무엇인지, 실질적 범죄가 무엇인지, 정당한 형법규범이 무엇인지에
관해 한 가지 설득력 있는 대답을 내놓는다.[18]

2. 형법규범의 최후수단성

   나아가 일정한 형법규범이 정당성을 획득하려면, 해당 형법규범이 최후수

13 P.J.A.v. Feuerbach, *Lehrbuch des gemeinen in Deutschland gültigen peinlichen Rechts*, 2. Neudr. Der 14. Aufl. (hrsg. von C.J.A. Mittermaier) (Gießen, 1847) (Aalen, 1986), §§19, 21, 22.
14 F.v. Liszt, "Der Begriff des Rechtsgutes im Strafrecht und in der Encyclopädie der Rechtswissenschaft", in: *ZStW* 8 (1888), 133쪽 아래.
15 F. Schaffstein, "Das Verbrechen als Pflichtverletzung", in: *Grundfragen der neuen Rechtswissenschaft* (Berlin, 1935), 108쪽 아래.
16 G. Jakobs, *Strafrecht Allgemeiner Teil: Die Grundlagen und die Zurechnungslehre*, 2. Aufl. (Berlin/New York, 1991) 참고.
17 이를 보여주는 U. Neumann, "'Alternativen: keine': Zur neueren Kritik an der personalen Rechtsgutslehre", U. Neumann/C. Prittwitz (Hrsg.), *"Personale Rechtsgutslehre" und "Opferorientierung im Strafrecht"* (Frankfurt/M., 2007), 85쪽 아래 참고.
18 인격적 법익론에 관해서는 양천수, "인격적 법익론: 의미와 한계 그리고 재구성 가능성", 『성균관 법학』 제21권 제1호(2009. 4), 275~296쪽 참고.

단으로서 마련된 것이어야 한다. 달리 말해, 해당 형법규범이 형법의 보충성 원칙에 충실하게 입법된 것이어야 한다. 근대성 이념에 발맞추어 형성된 근대 자유주의적 법치국가 형법은, 형법이 사회통제를 위한 보충적인 수단이 되어야 함을 강조한다.[19] 왜냐하면 형법은 사회를 규율하기 위해 국가가 동원할 수 있는 제재수단 중에서 가장 강력한 수단에 해당하기 때문이다. 그러므로 형법은 최후수단이 되어야 하지, 최초수단이 되어서는 안 된다. 그러면 무엇을 기준으로 하여 형법이 최후수단이 되는지, 아니면 최초수단이 되고 있는지를 판단할 수 있는가? 이에 대해서는 비례성 원칙을 대답으로 내놓을 수 있다. 이를테면 일정한 형법규범이 비례성 원칙에 맞게 제정되어 투입되고 있다면, 이 형법규범은 형법의 최후수단성을 존중한 것으로서 정당한 것이라고 평가할 수 있다. 이와 달리 해당 형법규범이 비례성 원칙, 그 중에서도 최소침해 원칙을 침해하고 있다면, 이 형법규범은 형법의 최후수단성을 침해한 것으로서 정당한 규범이라고 말할 수 없다.

Ⅲ. 저작권 침해죄가 보호하는 법익은?

1. 저작권 침해죄의 정당성 근거

그러면 저작권 침해죄는 정당한 형법규범이라고 말할 수 있는가? 위에서 살펴본 형법규범의 정당성 근거에 비추어 보면, 저작권 침해죄가 다음 두 요건을 충족할 때 정당한 형법규범이 된다고 말할 수 있다. 첫째, 저작권 침해죄가 실질적 범죄를 규율해야 하고, 둘째, 저작권 침해죄가 형법의 최후수단성에 합치해야 한다. 아래에서는 이 중에서 첫 번째 요건을 집중적으로 검토해 보도록 한다. 왜냐하면 저작권 침해죄의 정당성에 의문을 표하는 필자는 이러한 의문의 우선적인 근거를 바로 첫 번째 근거에서 찾을 수 있다고 생각하기 때문이다. 필자는 저작권 침해죄가 과연 실질적 범죄를 규율하는 것인지, 달리 말해 저작권 침해죄가 보호하고자 하는 저작권이 정당한 법익이 될 수 있는지에 의문을 갖고 있

---

19 이에 관해서는 이상돈, 『형법의 근대성과 대화이론』(홍문사, 1994) 참고.

는 것이다. 만약 저작권 침해죄가 보호하고자 하는 저작권이 이론적·실천적으로 문제를 안고 있다면, 굳이 두 번째 요건을 검토하지 않아도 저작권 침해죄는 정당성을 잃게 된다.

2. 저작권의 정당화 근거

(1) 저작권 침해죄의 보호법익으로서 저작권

그렇다면 저작권 침해죄는 실질적 범죄를 규율하는가? 앞에서 소개한 법익론에 따라 이 문제를 판단하려면, 저작권 침해죄가 보호하는 법익이 무엇인지 밝혀야 한다. 일반적으로 저작권 침해죄는 저작권을 보호하기 위해 존재한다고 말한다. 여기서 말하는 저작권은 저작인격권과 저작재산권을 포괄하는 개념이다. 이 같은 주장은 저작권 침해죄가 저작권을 규율하는 저작권법의 벌칙규정으로 마련된 것이라는 점에 의해서도 힘을 얻는다. 사실이 그렇다면, 일단 저작권 침해죄의 보호법익은 저작권이라고 말할 수 있다.

(2) 저작권의 정당화 근거

저작권 침해죄가 정당한 형법규범이 되려면, 저작권 침해죄의 보호법익으로 언급되는 저작권이 정당한 법익으로서 실질적 범죄의 판단근거가 되어야 한다. 그러면 저작권은 정당한 법익이 될 수 있는가? 만약 그렇다면, 이는 어떻게 정당화할 수 있는가? 저작권을 정당화하는 방식에는 크게 두 가지 방식이 있다. 첫째는 자연권 전통에 바탕을 둔 정당화이고, 둘째는 공리주의 전통에 바탕을 둔 정당화이다.[20] 먼저 저작권은 인간이면 그 누구나 평등하게 그리고 보편적으로 누릴 수 있는 자연권에 속하기에 정당화된다는 것이다. 따라서 저작권을 보호하는 저작권 침해죄 역시 정당성을 갖게 된다. 나아가 저작권을 정당한 권리로 인정하면 이로 인해 창의적인 저작행위가 장려되고 이를 통해 사회의 전체 공리가 증대하기에 정당화된다는 것이다. 이러한 맥락에서 저작권 침해죄 역시 사회의 전체 공리를 증대하는 데 기여하고 따라서 정당화된다.

---

20 이에 관해서는 하민경, 『저작권 침해죄의 불법에 관한 연구』(고려대학교 법학박사 학위논문, 2013), 32~38쪽 참고.

(3) 법익론의 관점에서 본 저작권의 체계적 지위

이처럼 저작권은 한편으로는 자연권 전통의 기반 위에서, 다른 한편으로는 공리주의의 전통 위에서 정당화된다. 그러나 법익론의 견지에서 보면, 이 두 가지 정당화방식은 다음과 같은 점에서 서로 구별된다. 자연권 전통의 기반 위에서 저작권을 정당화하는 작업은, 이를 법익론의 언어로 다시 말하면, 저작권을 자연권이라는 개인적 법익으로 파악한다는 것을 뜻한다. 이와 달리 공리주의의 전통 위에서 저작권을 정당화하는 작업은, 저작권을 공리라는 사회적·보편적 법익으로 포섭하여 이해하는 것이라고 말할 수 있다. 요컨대, 전자가 저작권을 개인적 법익으로 이해하는 것이라면, 후자는 이를 사회적 법익으로 파악하는 것이다.

1) 인격적 법익론에서 바라본 저작권

현재 법익론 가운데 가장 유력한 지지를 받고 있는 인격적 법익론의 시각에서 보면, 공리주의의 전통 위에서, 달리 말해 사회적 법익이라는 지평에서 저작권을 정당화하는 것은 저작권의 속성을 정확하게 포착한 것이 아니다. '공리'(utility)를 근거로 하여 저작권을 정당화하는 것은 부차적인 것에 지나지 않는다. 오히려 자연권이라는 개인적 권리를 근거로 하여 저작권을 정당화하는 것이 저작권의 법익적 속성을 올바르게 포착하는 것이다. 왜냐하면 인격적 법익론은 '인격의 자유로운 실현'을 기준으로 하여, 일정한 이익이 법익에 해당하는지 여부를 판단하기 때문이다. 인격적 법익론에 따르면, 개인적 법익과는 구별되는 보편적 법익이 독자적으로 존재하는 것이 아니라, 이는 인격적 법익으로 환원될 뿐이다. 달리 말해, 일정한 이익이 보편적 법익으로 인정되는 이유는, 보편적 법익이 독자적인 이익으로 존재하기 때문이 아니라, 보편적 법익이 인격적 법익과 관련을 맺기 때문이다. 예를 들어, 우리가 환경을 독자적인 법익으로 인정할 수 있는 이유는, 환경 그 자체가 독자적인 보편적 법익이기 때문이 아니라, 환경이 인격적 법익에 해당하기 때문이라는 것이다.[21] 이러한 논증방식은 저작권에도

---

21 이에 관해서는 O. Hohmann, *Das Rechtsgut der Umweltrecht: Grenzen des strafrechtlichen Umweltschutzes* (Frankfurt/M., 1991) 참고.

그대로 적용할 수 있다. 이에 따르면, 저작권이 법익으로서 정당화되는 이유는 저작권이 개인적 권리로서 인격의 자유로운 실현에 기여하기 때문이다. 이렇게 보면, 저작권을 보장하면 사회적으로 공리가 증진된다는 논거는 저작권이라는 인격적 법익을 보장함으로써 나타나는 사후적 결과에 불과하다. 따라서 인격적 법익론의 견지에서 보면, 저작권을 정당화하는 전통적인 두 가지 방식 중에서 자연권 전통에 기반을 둔 정당화방식이 더욱 설득력이 있다고 말할 수 있다.

2) 상호주관적 법익론의 관점에서 바라본 저작권

기본적인 방향은 인격적 법익론이 추구하는 그것과 유사하지만, 인격 개념이 안고 있는 상호주관적 구조 때문에 인격 개념을 '참여적 인격'(deliberative Person)으로 대신하고 '인격적 법익'을 '참여자 역할'(Teilnehmerrolle)로 대신하고자 하는 상호주관적 법익론에서는 저작권을 어떻게 이해하는가? 상호주관적 법익론은 참여자 역할을 형법상 법익으로 파악한다.[22] 이러한 참여자 역할은 본래 도덕철학에서, 무엇보다도 독일의 사회철학자 하버마스(Jürgen Habermas)가 정립한 '대화윤리'(Diskursethik)에서 비롯한다. 쉽게 말하면, 참여자 역할은 '합리적 대화'(rationaler Diskurs)에 자유롭고 평등하게 참여할 수 있는 역할 또는 자격을 뜻한다. 그러므로 참여자 역할은 원래는 도덕적인 개념에 해당한다. 이렇게 도덕적인 의미를 갖는 참여자 역할은 크게 세 가지 요소로 구성된다.[23] '참여적 인격'(deliberative Person), '의사소통적 자유'(kommunikative Freiheit), '발화수반적 의무부담'(illokutionäre Verpflichtungen)이 그것이다. 참여적 인격이란 합리적 대화에 적극적으로 참여하고자 하는 인격적 주체를 말하고, 의사소통적 자유는 합리적 대화에 자유롭고 평등하게 참여할 수 있는 자유를 말하며, 발화수반적 의무부담은 합리적 대화가 원활하게 이루어지는 데 필요한 도덕적 의무를 말한다. 이를테면 각 참여자가 서로를 자유롭고 평등한 참여자로 승인해야 하는 의무 등을 꼽을 수 있다.

---

[22] 이러한 상호주관적 법익론에 관해서는 양천수, "형법상 법익 개념의 새로운 근거설정 필요성과 가능성", 『고려법학』 제47호(2006. 10), 265~290쪽; 전현욱, 『개인정보 보호에 관한 형법정책』(고려대학교 법학박사 학위논문, 2010), 100쪽 아래; 하민경, 앞의 박사학위논문(주20) 등 참고.

[23] 이에 관해서는 Chun-Soo Yang, *Konzeption einer intersubjektiven Rechtsgutslehre: Teilnehmerrolle als ein diskurstheoretischer Rechtsgutsbegriff*, Diss. (Uni. Frankfurt am Main, 2006), 231쪽 아래 참고.

그런데 이미 지적한 것처럼, 참여자 역할은 도덕적인 개념이다. 그러므로 이러한 참여자 역할을 곧바로 형법상 법익으로 인정할 수는 없다. 그 때문에 상호주관적 법익론은 이러한 '도덕적인 의미의 참여자 역할'과는 구별되면서도 이와 유사한 내용을 갖는 '법적인 의미의 참여자 역할'을 형법상 법익으로 파악한다.[24] 법적인 의미의 참여자 역할은 도덕적인 의미의 참여자 역할을 법적 개념으로 전환시킨 것이다. 따라서 양자는 개념과 성질 면에서는 구별되기는 하지만, 구조적인 측면에서는 거의 비슷하다. 도덕적인 의미의 참여자 역할과 마찬가지로 법적인 의미의 참여자 역할 역시 세 가지 요소로 구성된다. 참여자, 참여권, 법적인 의미의 발화수반적 의무부담이 그것이다. 여기서 참여자란 법적인 의미의 참여자 역할을 수행하는 인격적 주체를 말한다. 이러한 참여자는 도덕적인 의미의 참여자 역할에서 말하는 적극적 참여자와 큰 차이가 없다. 나아가 참여권이란 도덕적인 의미의 의사소통적 권리가 실정화된 권리를 뜻한다. 이렇게 실정화된 권리로서 참여권을 우리는 무엇보다도 헌법상 기본권에서 찾아볼 수 있다. 언론의 자유나 정치적 참여에 대한 기본권 등이 가장 전형적인 참여권에 해당한다. 마지막으로 법적인 의미의 발화수반적 의무부담은 합리적·법적 대화를 위해 각 참여자가 준수해야 하는 법적 의무를 말한다. 크게 세 가지를 꼽을 수 있다. 법적인 논증규칙, 각종 규범원칙 그리고 실체법·소송법상 의무 등이 그것이다. 이 중에서 가장 중요한 비중을 차지하는 것은 '참여자' 및 '참여권'이라고 말할 수 있다.

그러면 법적인 의미의 참여자 역할에서 볼 때 저작권은 어떻게 파악될 수 있는가? 저작권은 크게 두 가지 지점에서 참여자 역할과 연결된다. 첫째는 참여자 부분이고, 둘째는 참여권 부분이다. 우선 저작권, 그 중에서도 저작인격권은 참여자의 인격적 정체성과 연결된다. 저작인격권을 보장해 주어야만 참여자의 인격적 정체성도 온전하게 보장될 수 있기 때문이다. 다음으로 저작재산권은 참여권과 연결된다. 참여자가 저작재산을 생산해 내는 저작물 생산에 관한 대화에 자유롭고 평등하게 참여하기 위해서는 저작재산권을 보장해 주어야 한다.

---

24 이에 관해서는 Chun−Soo Yang, 위의 책(주23), 273쪽 아래 참고.

그렇지 않으면 참여자는 저작권 생산에 관한 대화에 참여하는 데 필요한 동기나 능력을 제공받을 수 없다. 이 점에서 볼 때, 저작권을 상호주관적 법익론에서 말하는 법익 개념의 내용으로 파악하는 것은 가능하다고 말할 수 있다.

Ⅳ. 왜 저작권 침해죄가 문제일까?

위에서 살펴본 것처럼, '저작권'은 인격적 법익론이나 상호주관적 법익론의 견지에서 볼 때 일단 정당한 법익으로 인정할 여지가 있다. 사실이 그렇다면, '저작권 침해죄'는 온전하게 정당성을 인정받을 수 있을까? 그러나 이에 대해 전적으로 긍정적인 대답을 할 수는 없다. 그 이유를 아래와 같이 말할 수 있다.

1. 저작권의 상호주관적 구조

가장 우선적인 이유를 저작권이 안고 있는 상호주관적 구조에서 찾을 수 있다. 전통적인 저작권 이해에 따르면, 모두 저작자는 의미를 창출하는 자이고 이용자는 작가의 창작행위와는 무관하게 저작물의 의미를 그대로 전달받는 수동적인 존재로만 파악한다. 그러나 저작자와 이용자를 〈적극적인 생산자-수동적인 수용자〉의 관계로만 바라보는 것은 저작물 창작행위가 실제로 이루어지는 구조를 제대로 파악하지 못한 것이다. 이용자는 저작물을 수동적으로 이용하는 것을 넘어서, 저작물에 새로운 의미를 부여함으로써 이를 완전하게 구현하는 데 기여하는 또 다른 창작자가 되기 때문이다. 이러한 점에서 볼 때, 저작물은 저작자와 이용자가 상호주관적으로 소통적 관계를 맺는 과정에서 완성되는 상호주관적인 산물로 이해해야 한다. 이 같은 근거에서 저작물은 상호주관적 구조에서 자유로울 수 없다.

2. 합리적 대화의 요소로서 저작물

이러한 이유에서 볼 때 저작물은 단순히 저작자만의 것이라고 말할 수는 없다. 이뿐만 아니라 저작물은 사회의 공론장에서 펼쳐지는 합리적 대화에 필요한 요소가 되기도 한다. 그 이유를 다음과 같이 말할 수 있다. 사회의 공론장에서 합리적 대화가 이루어지기 위해서는 모든 참여자들이 자유롭고 평등하게 참여할 수 있어야 한다. 그런데 이렇게 각 참여자들이 합리적 대화에 '자유롭고 평등하게' 참여하기 위해서는 해당 합리적 대화에서 논의되는 주제와 관련된 정보를 각 참여자들이 '자유롭고 평등하게' 공유하고 있어야 한다. 만약 관련 정보가 불평등하게 배분되어 있다면, 각 참여자들은 자유롭고 평등한 논증대화를 펼칠 수 없다. 특히 현대사회처럼 지식과 정보가 사회의 모든 영역에서 필수적인 역할을 수행하는 사회에서는 지식과 정보의 평등 없이 합리적 대화를 실현할 수 없다. 그런데 지식과 정보는 바로 저작물에서 획득하는 것이므로, 저작물 자체가 곧 합리적 대화가 원활하게 작동하는 데 필요한 요소가 된다고 말할 수 있다.

3. 저작권의 자기모순성

이러한 이유에서 볼 때 저작물에 대한 권리인 저작권은 자기모순적인 성격을 지닐 수밖에 없다. 그 이유는 저작권은 한편으로는 저작자가 저작물을 생산하도록 하는 데 기여하면서도, 다른 한편으로는 이렇게 생산된 저작물이 이용자의 독해를 통해 그 의미가 온전하게 완성되도록 하는 데 장애가 될 수 있기 때문이다. 저작권은 모든 이용자가 저작물에 접근하는 것을 제한한다. 오직 선별적으로만 이용자가 저작물에 접근하여 이를 이용하고 독해하는 것을 허용할 뿐이다. 이 때문에 저작권은 저작물이 모든 이용자의 독해를 통해 그 의미가 상호적으로 완전하게 형성되는 것을 방해한다. 저작자의 저작물 이용을 수월하게 하도록 하기 위해 도입된 저작권이 오히려 저작물의 완전한 형성을 방해하는 것이다. 이렇게 저작권은 저작물 형성에 기여하면서도 이를 방해하는 자기모순성에 빠질 수밖에 없다.

4. 형법상 저작권 보호의 딜레마

이러한 저작권의 자기모순성 때문에 저작권을 형법으로 보호하는 것도 일정한 딜레마에 빠질 수밖에 없다. 이미 살펴본 것처럼, 인격적 법익론이나 상호주관적 법익론의 견지에서 볼 때 저작권은 모두 형법상 법익으로 인정할 수 있다. 저작권은 인격적 법익이나 참여자 역할의 규범적 내용에 포함된다. 따라서 저작권을 침해하는 행위를 형법상 범죄로 보아 이를 제재하고자 하는 것에는 일정 부분 정당성을 긍정할 수 있다. 이러한 점에서 저작권 침해죄는 일정 부분 정당한 형법규범이라고 말할 수 있다.

  그렇지만 저작권은 저작물 이용자들이 자유롭고 평등하게 저작물에 접근하는 것을 막는 걸림돌이 되기도 한다. 저작권이 오직 선별적으로만 저작물 이용을 허락함으로써 저작물 이용자들은 자유롭고 평등하게 합리적 대화에 참여하는 데 제한을 받을 수밖에 없다. 더 나아가 이렇게 형법으로 보호되는 저작권으로 인해, 저작물 이용자는 저작물의 의미를 온전하게 형성시키는 상호주관적 의미이해 과정, 달리 말해 저작물의 의미형성에 관한 합리적 대화 자체에도 자유롭고 평등하게 참여할 수 없게 된다. 이러한 행위 자체가 형법상 범죄가 될 수 있기 때문이다. 저작권을 보호하기 위해 형법이 저작권 침해죄를 통해 저작물 이용에 개입한 것인데, 이 같은 개입이 오히려 저작물의 온전한 완성을 저해하는 것이다. 바로 여기서 저작권을 형법으로 보호하고자 하는 것은 딜레마에 빠질 수밖에 없다는 점을 알 수 있다.

  저작권 침해죄를 규율하는 형법의 임무는 참여자 역할을 수행하는 저작자와 이용자의 의사소통과정을 마련해 주는 것이라고 이해할 수 있다면, 저작권 침해죄의 보호법익은 저작자와 이용자가 수행하는 참여자 역할 중 어느 한 쪽에 더 치우쳐 있다고 말할 수밖에 없다. 이용자뿐만 아니라 모든 저작자 역시 그 이전에 존재했던 창작물을 이용하는 이용자의 지위 역시 갖고 있고, 저작자와 이용자 사이의 자유롭고 평등한 소통과정을 통해 비로소 창작물의 의미가 온전하게 완성될 수 있다는 점을 고려할 때, 저작자와 이용자 중에서 저작자에 더욱 치우쳐 있는 저작권 침해죄의 규율태도는 문제가 있다.

  이러한 상황을 고려할 때, 형법으로 저작권을 과도하게 보호할 경우 저작권자와 이용자들이 참여권을 행사할 수 있는 자유가 제한된다. 여기서 참여자 역할과 저작권의 긴장관계를 확인할 수 있다. 참여자 역할을 보호하면 보호할수록 전통적인 저작권자의 법익에 대한 보호는 약화되고, 반대로 전통적인 저작권자의 법익을 보호하면 보호할수록 참여자 역할에 대한 보호는 줄어들기 때문이다. 합리적 대화의 마당에 참여할 수 있는 역할이 제한된다는 것은, 저작물이 맥락의 다양화를 통해 자기완성을 해나가는 해석학적 순환과정이 막히게 된다는 점을 의미한다. 하지만 그렇다고 해서 필요 이상으로 느슨하게 저작권보호를 풀어놓으면, 문화를 더욱 풍성하게 하는 데 도움이 되는 좋은 저작물 창작의 동기부여에 실패하게 된다. 그 균형을 잡는 것이 저작권형법의 과제이다. 저작권이 보호하려는 저작물은 소통의 매체이다. 예를 들어 학문적 저작물은 학문체계를 구성하는 매체가 되고, 예술적 저작물은 예술체계를 구성하는 매체가 된다. 이처럼 저작물은 소통의 매체로서 다양한 사회적 체계가 형성되는 데 기여한다. 따라서 형법은 이러한 저작물에 저작자뿐만 아니라 이용자가 좀 더 자유롭고 평등하게 참여할 수 있도록 해야 할 필요가 있다. 그렇게 해야만 가능한 한 많은 관련자들이 사회적 체계가 형성되고 작동하는 데 자유롭고 평등하게 참여할 수 있기 때문이다.

V. 저작권에 대한 형법정책은 어떻게?

이처럼 형법으로 저작권을 보호하고자 하는 것은 딜레마에 빠질 수밖에 없다. 그러면 저작권에 대해 형법은 어떤 형법정책을 취해야 하는가? 저작권에 대한 형법정책이 합리적인 정책이 되기 위해서는 저작물이 안고 있는 이중성, 형법을 통한 저작권 보호가 안고 있는 딜레마를 정확하게 고려해야 한다. 이는 다음과 같이 구체화할 수 있다.

1. 저작권에 대한 형법의 최소한 개입

형법규범이 정당성을 획득하려면 보충성 원칙을 존중해야 한다. 이는 무엇보다도 형법으로 저작권에 개입하는 경우에 분명하게 강조되어야 한다. 저작권에 대해 형법은 보충적으로만, 즉 최소한의 범위에서만 개입해야 한다. 물론 저작권에 대한 형법적 개입을 포기하는 것도, 다시 말해 저작권 침해죄를 비범죄화하는 것도 고려해 볼 수 있다. 그러나 이렇게 전면적으로 비범죄화하는 것은 적절하지 않다고 생각한다. 왜냐하면 이렇게 저작권 침해죄를 전면적으로 비범죄화하면, 저작물 이용자에 의한 저작물 의미형성에는 기여할 수 있지만, 반대로 저작자의 저작물 생산을 억제할 수 있기 때문이다. 저작자와 이용자는 모두가 저작물의 의미형성에 상호적으로 협력하는 실존적 관계를 맺고 있지만, 이와 동시에 이해관계의 측면에서는 서로 대립하는 관계를 맺는다. '상호협력적이면서 상호대립적인 관계', 이것이 저작물을 둘러싼 저작자와 이용자 사이에서 존재하는 긴장관계라고 할 수 있다. 그러므로 이러한 긴장관계를 적절하게 유지하면서 저작권에 대한 합리적 형법정책을 펼치려면, 어느 한 쪽만의 스펙트럼을 반영할 수는 없다. 따라서 저작권에 대한 형법적 개입을 전면적으로 포기하기보다는 최소한의 개입을 선택하는 것이 더욱 합리적이라고 말할 수 있다.

2. 저작물의 공정이용 범위 확장

그러면 어떻게 하는 것이 저작권에 대한 형법적 개입을 최소화하는 것인가? 이에 대한 한 방안으로서 저작물에 대한 공정이용 범위를 가급적 확장하는 것을 들 수 있다. 여기서 저작물의 공정이용이란 이용자가 저작물을 이용하는 것이 저작물의 통상적인 이용방법과 충돌하지 않고, 또한 저작자의 정당한 이익을 부당하게 침해하지 않는 경우를 말한다. 우리 저작권법은 제35조의5에서 이러한 저작물의 공정이용을 규정한다. 저작권법 제35조의5는 지난 2011년에 이루어진 저작권법 개정을 통해 신설된 규정으로서 일반조항 형식을 취한다. 저작권법 제23조 아래에서 규정하는 개별적인 저작권 제한규정과는 달리, 제35조의5는 일반조항 형식을 취하고 있어 이를 구체화하는 과정에서 해석자의 재량이 광범위하게 허용될 수 있다. 따라서 해석자가 저작권에 대해 어떤 형법정책적 선이해를 갖고 있는가에 따라 저작물의 공정이용 범위가 때로는 좁게, 또 때로는 넓게 인정될 수 있다. 그러나 이미 여러 번 지적한 것처럼, 저작물이 안고 있는 상호주관적 구조를 고려하면 저작물에 대한 공정이용 범위는 가급적 넓게 인정해야 한다. 그렇게 해야만 저작물에 대한 형법의 최소한 개입을 제도적으로 실현할 수 있기 때문이다.

3. 공정이용 도그마틱의 방향

이외에 짚고 넘어가야 할 것으로서 공정이용 도그마틱을 어떻게 구성할 것인가의 문제가 있다. 이 문제가 중요한 이유는, 공정이용 도그마틱을 어떻게 구성하는가에 따라 공정이용 자체의 규범적 의미가 달라지고, 이는 결과적으로 공정이용의 인정범위에 영향을 미칠 수 있기 때문이다.

공정이용 도그마틱을 어떻게 구성할 것인지, 바꿔 말해 공정이용의 범죄체계론적 지위를 어떻게 설정할 것인지에 관해서는 크게 두 가지 학설이 대립한다. 위법성조각사유설과 구성요건해당성배제사유설이 그것이다. 위법성조각사유설은 형법 제20조의 '법령에 의한 행위' 혹은 '기타 사회상규에 위배되지 아니하는 행위'에 해당한다고 보아 공정이용은 그 위법성이 징표되는 저작권 침해행위의 위법성을 조각하는 사유라고 파악한다. 이에 대해 구성요건해당성배제사유설은 저작물을 공정하게 이용하는 행위는 정상적 사회생활의 일부로서 처음부터 저작권 침해죄의 구성요건에 해당하지 않는 경우라고 이해한다.

그러면 어떤 학설이 공정이용의 범죄체계론적 지위를 더욱 정확하게 파악하고 있는가? 저작물이 안고 있는 상호주관적 구조를 고려하면, 구성요건해당성배제사유설이 더욱 설득력이 있다고 생각한다. 저작물을 공정하게 이용하는 행위는, 일단 저작권 침해죄의 구성요건에 해당하여 처벌가치가 인정되지만 예외적으로 공정이용이라는 이유 때문에 그 위법성이 조각되는 경우가 아니다. 구성요건에 해당하려면 금지의 실질을 갖추어야 하는데 저작물을 공정하게 이용한다고 판단되는 행위가 법이 금지하는 실질을 갖추었다고 보기는 어렵기 때문이다. 저작물의 온전한 의미를 형성하는 과정에 저작자뿐만 아니라 이용자도 상호적으로 협력한다는 점을 감안하면, 일상생활의 공정한 이용행위는 사회적으로 정당한 질서범위 안에 있는 행위에 해당한다. 따라서 이는 저작권 침해죄가 규율하는 불법의 실질을 벗어난 것으로서 저작물을 '침해'한다는 개념 자체에 포섭될 수 없다. 따라서 저작물에 대한 공정한 이용행위는 처음부터 저작권 침해죄의 구성요건 요소에 포섭될 수 없는 것이다. 이렇게 공정이용 도그마틱을 구성하는 것이 저작물의 상호주관적 구조에 합치하고, 또한 공정이용의 인정범위를 넓게 인정하는 데도 도움이 된다.

4. 형법정책의 이론적 방향

지금까지 현행 저작권법이 마련하고 있는 저작권 침해죄가 형법적으로 볼 때 과연 정당한 규범인지, 이러한 저작권 침해죄가 지금보다 더욱 정당하고 설득력 있는 규범으로 작동하기 위해서는 어떻게 해야 하는지에 관해 살펴보았다. 이러한 작업을 통해 다시 한 번 발견할 수 있는 것은, 형법으로 일정한 행위나 문제들을 적절하게 규율하기 위해서는, 다시 말해 합리적인 형법정책을 펼치기 위해서는 해당 규율대상이 안고 있는 본래적 구조를 정확하게 파악할 필요가 있고, 또 적절한 균형감각이 필요하다는 점이다. 특히 저작권처럼 상호주관적 구조가 분명하게 드러나는 경우에는 어느 한 쪽에 치우치지 않도록 형법을 투입해야 할 필요가 있다. 이를 통해 분명히 확인할 수 있는 것은, 형법정책은 법철학적·법이론적 사유와 무관할 수 없고, 형법 도그마틱 역시 이러한 형법정책과 무관할 수 없다는 점이다. 형법 도그마틱의 사유에만 갇혀있게 되면, 합리적이고 설득력 있는 형법정책을 실현할 수 없다. 이 점에서 형법학은, 다른 법학의 경우도 마찬가지이지만, 법철학적·법이론적 사유와 형법정책적 관점에 시야를 열어 놓고 있어야 한다. 저작권 침해죄에 대한 형법정책이 이를 분명히 시사한다.

제 7 장

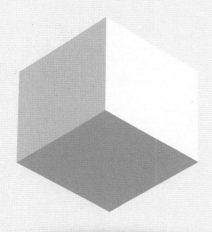

창업과 법

제7장에서는 창업과 법에 관한 세 가지 문제를 다룬다. 첫째는 창업에 관한 법적 문제이고, 둘째는 부정경쟁방지 및 영업비밀보호와 법에 관한 문제이며, 셋째는 제조물 책임법에 관한 문제이다.

제1절

창업하기

1. 창업의 중요성

예전에는 좋은 교육을 받아 좋은 직장에 취직하는 것을 목표로 하는 경우가 많았다. 말하자면 삼성이나 현대와 같은 대기업에 입사하여 '근로자'로 일하면서 안정적으로 월급을 받는 것을 목표로 하거나 이를 권하는 경우가 많았다. 이와 달리 창업을 하는 것, 즉 자기 사업을 하는 것은 피해야 하는 일로 여기는 경우가 많았다. 여기에는 두 가지 이유가 있었다. 첫째, 기업가에 대한 인식이 좋지 않았다. 사회비판이론 등의 영향으로 기업가는 근로자를 착취하거나 불법과 탐욕으로 부를 축적하는 부정적인 존재로 여겨지는 경우가 많았다. 이 때문에 좋은 사회를 이룩하기 위해서는 기업가가 되는 것을 피하는 게 좋다는 인식이 없지 않았다. 둘째, 사업은 성공하기 쉽지 않다는 인식이 있었다. 자기 사업을 하면 성공하기보다는 빚더미에 오를 위험이 더 크다는 생각이 만연하였고, 사실 이는 현실이기도 하였다. 그래서 창업을 하는 것은 위험을 감수해야 하는 모험적인 일로 인식되었다.

그러나 오늘날에는 이러한 인식이 바뀌고 있다. 오히려 창업이야말로 국가나 사회가 적극 장려해야 하는 창의적인 일이 되고 있다. 이는 크게 두 가지 점에서 그렇게 되고 있다. 우선 좋은 아이디어를 갖고 창업해서 성공하면 정당하게 큰 부자가 될 수 있다는 것이다. 마이크로소프트나 애플, 구글, 페이스북 등이 이에 대한 롤모델이 되고 있다. 다음으로 성공적인 창업은 사회 전체적으로 일자리를 창출하여 경제가 성장하는 데 크나큰 기여를 한다는 것이다. 특히 새로운 가치를 창출하여 '블루오션'을 만드는 창업은 마치 전쟁에서 승리하는 것처럼 영웅적인 일로 평가될 정도다. 이에 미국 스탠포드 대학교와 같은 명문 대학들은 학생들에게 창업할 것을 적극 권장하고 있다. 이러한 창업은 무엇보다도 공학도들에게 강조되고 있다. 왜냐하면 오늘날에는 자신만의 지식과 기술을 갖고 있는 공학도들이 창업해서 성공하기에 유리한 환경이 조성되고 있기 때문이다. 그러니 우리 공학도들도 두려워하지 말고 창업을 적극 고려해야 할 필요가 있다.

2. 창업의 유형

그러면 어떻게 창업을 하는 게 바람직할까? 오늘날 창업 방식으로 다양한 유형이 사용된다. 창업의 유형으로 크게 소호, 벤처, 스타트업, 프랜차이즈 등이 언급된다. 이를 아래에서 살펴본다.

(1) 소호

먼저 '소호'(SOHO)란 자신의 집이나 소규모 사무실 또는 점포에서 자신만의 아이디어와 핵심역량을 이용하여 소규모로 운영하는 사업을 말한다. 소호는 "Small Office Home Office"를 줄인 말이다. 쉽게 말해 소규모 개인 사업이라 할 수 있다. 이러한 소호 창업은 자신이 그동안 축적한 경험, 자격, 지식, 정보, 인맥 등과 같은 핵심역량을 이용하여 비교적 적은 비용으로 할 수 있다는 점에서 장점이 있다. 남들이 주목하지 않은 틈새시장을 성공적으로 공략한다면, 소호 창업만으로도 어느 정도 성공을 거둘 수 있다. 그렇지만 블루오션을 쉽게 찾기 어려운 오늘날에 소호 창업만으로 성공을 거두기는 쉽지 않다. 또한 내용적인 면에서 보면, 소호는 프리랜서, 자영업자, 재택근무자, 1인 기업 등과 크게 구별되지 않는다는 점에서 독자적인 창업으로 보기에도 쉽지는 않다.

(2) 벤처

'벤처'(venture)란 창의적인 아이디어와 독자적인 기술을 바탕으로 하여 도전적인 사업을 하는 중소기업을 뜻한다. 따라서 독자적인 아이디어나 기술을 갖고 있는 공학도라면 벤처를 창업하는 것이 유망한 창업이 될 수 있다. 한때 우리나라에서는 1990년대 말에 인터넷 벤처를 중심으로 하는 '벤처 열풍'이 불기도 하였다. 이를 부정적으로 '벤처 거품'이라고 지칭하기도 한다.

우리나라에서 벤처는 크게 두 가지 의미로 사용된다. 첫째는 통상적으로 사용하는 벤처 개념이다. 이는 위에서 정의한 벤처 개념과 같다. 그런데 이러한 벤처 개념은 주로 우리나라와 일본에서 사용된다. 이에 대응하는 정확한 영어는 '스타트업'(startup)이다. 따라서 요즘 유행하는 '스타트업 기업'과 '벤처 기업'은 의미의 면에서 거의 같다. 미국에서 사용하는 스타트업 기업을 우리나라에서는 벤처 기업으로 지칭하는 것이다.

둘째는 「벤처기업육성에 관한 특별조치법」에서 규정하는 법적 개념이다. 「벤처기업육성에 관한 특별조치법」에 따르면, 우리가 통상적으로 사용하는 모든 벤처 기업이 법적인 의미의 벤처 기업이 될 수 있는 게 아니라, 같은 법 제2조의2가 정하는 요건을 충족해야 비로소 법적인 의미의 벤처 기업이 될 수 있다. 이때 법적인 의미의 벤처 기업이 된다는 것은 「벤처기업육성에 관한 특별조치법」 등이 정하는 각종 법적 지원을 받을 수 있는 기업이 된다는 것을 뜻한다. 「벤처기업육성에 관한 특별조치법」 제2조의2에 따르면, 「중소기업기본법」 제2조에 따른 중소기업이면서 「중소기업창업 지원법」 제2조 제4호에 따른 중소기업창업투자회사, 「중소기업창업 지원법」 제2조 제5호에 따른 중소기업창업투자조합, 「여신전문금융업법」에 따른 신기술사업금융업자, 「여신전문금융업법」에 따른 신기술사업투자조합, 「벤처기업육성에 관한 특별조치법」 제4조의3에 따른 한국벤처투자조합, 제4조의9에 따른 전담회사, 중소기업에 대한 기술평가 및 투자를 하는 금융기관으로서 대통령령으로 정하는 기관, 투자실적, 경력, 자격요건 등 대통령령으로 정하는 기준을 충족하는 개인이 벤처 기업이 될 수 있다.[1]

---

1 이는 언뜻 보기에도 아주 복잡하다. 따라서 벤처 기업이 정확하게 무엇을 지칭하는지 파악하기

(3) 스타트업

요즘 새롭게 각광받는 개념인 스타트업(startup)은 벤처와 거의 같은 의미를 지닌다. 창의적인 아이디어와 독자적인 첨단 기술을 이용하여 모험적인 사업을 하는 기업을 스타트업 기업이라고 부르기 때문이다. 사실 벤처에 대응하는 정확한 영어 개념이 스타트업이기에 벤처 기업과 스타트업 기업을 같은 의미로 새겨도 큰 무리는 없다. 이러한 스타트업 기업은 최근 들어 제4차 산업혁명의 흐름과 맞물려 커다란 호응을 얻고 있다. 특히 스타트업 기업으로 출발해 세계적인 대기업으로 성장한 마이크로소프트나 애플, 구글, 페이스북, 우버 등이 보여주는 것처럼, 스타트업은 아이디어만으로도 큰 부자가 될 수 있는 기회이자 방법으로 관심을 받고 있다. 무엇보다도 자신만의 기술을 확보하기 쉬운 공학도들에게 매력적인 길이 아닐 수 없다. 이에 지금도 미국의 실리콘 밸리에서는 많은 공학도들이 미래의 구글이나 페이스북을 꿈꾸며 스타트업에 매진하고 있다.

(4) 프랜차이즈

독자적인 아이디어나 기술은 없지만 어느 정도의 자본을 갖추고 있는 경우에 이용하는 창업 방식으로 프랜차이즈가 많이 활용된다. '프랜차이즈'(franchise)는 본래 권리 또는 특권이라는 의미를 지닌다. 이러한 프랜차이즈는 스포츠나 영화 등 다양한 영역에서 각기 다른 의미로 사용되는데, 창업과 관련해서는 '가맹업' 또는 '가맹사업'이라는 의미로 사용된다. 이 중에서 먼저 '가맹업'은 상법이 규정한다(상법 제168조의6). 이에 따르면, 자신의 상호·상표 등을 제공하는 것을 영업으로 하는 사람, 즉 가맹업자로부터 상호 및 상표 등을 사용하는 것을 허락받고 가맹업자가 지정하는 품질기준이나 영업방식에 따라 하는 영업을 가맹업이라고 한다. 또한 '가맹사업'에 관해서는 「가맹사업 진흥에 관한 법률」제2조 제1호가 규정한다. 이에 의하면, 가맹사업이란 "가맹본부가 가맹점사업자로 하여금 자기의 상표, 서비스표, 상호, 휘장(徽章) 또는 그 밖의 영업표지를 사용하여 일정한 품질기준이나 영업방식에 따라 상품 또는 용역을 판매하도록 하면

위해서는 「벤처기업육성에 관한 특별조치법」 제2조의2가 규정하는 내용을 차분하게 숙독하고 관련 법규정도 모두 찾아 직접 읽어볼 필요가 있다.

서 이에 따른 경영 및 영업활동 등에 대한 지원·교육과 통제를 하고, 가맹점사업자는 이에 대한 대가로 가맹본부에 금전을 지급하는 계속적인 거래관계"를 뜻한다.

프랜차이즈는 창의적인 아이디어나 독창적인 기술 등이 없는 사람들이 소자본으로 창업하기에 적합하다. 그래서 창업 방법으로 널리 사용된다. 우리가 거리에서 쉽게 만나는 커피전문점이나 치킨, 음식점 등이 이러한 프랜차이즈 방식으로 창업되어 운영된다. 이미 지명도를 확보한 영업체계에 가입함으로써 사업 실패의 위험을 줄일 수 있다는 이점도 갖고 있다. 그러나 프랜차이즈 사업은 다음과 같은 단점도 지닌다. 첫째, 프랜차이즈 사업은 유행에 매우 민감하다. 짧은 시간에 폭발적인 유행을 타다가도 어느 순간 사라지기도 한다. 둘째, 최근 들어 가맹본부가 가맹점사업자에게 이른바 '갑질', 즉 무리한 요구를 하는 것이 문제된다. 이로 인해 프랜차이즈 사업자가 안정적인 수익을 얻지 못하는 경우도 많다. 이러한 문제를 해결하고자 현재 「가맹사업거래의 공정화에 관한 법률」이 시행되고 있다.

이처럼 프랜차이즈는 안정성을 추구한다는 점에서 벤처나 스타트업과는 구별된다. 만약 어느 정도의 자본을 보유하고 있고 안정적인 수익을 원한다면 프랜차이즈로 창업하는 게 적절할 것이다. 그러나 창의적인 아이디어나 독자적인 기술을 보유한 공학도라면 벤처나 스타트업으로 창업하기를 권하고 싶다.

3. 창업하기

창업을 하려면 어떻게 해야 할까? 우리나라처럼 규제가 많은 나라에서 창업을 하기 위해서는 꽤 복잡한 절차와 규제 심사를 거쳐야 한다. 이를 정확하게 모두 설명하려면 매우 복잡한 논의를 해야 하므로, 아래에서는 그 골격만을 대략적으로 언급하도록 한다.

(1) 창업 유형 선택하기

먼저 자신이 어떤 유형의 창업을 할 것인지 선택해야 한다. 만약 창의적인 아이디어나 첨단 기술을 보유하고 있다면 벤처 창업이나 스타트업 창업을 하는 것이 적절할 것이다. 그게 아니라면 위험을 줄이기 위한 일환으로 프랜차이즈 창업을 하는 것도 좋아 보일 수 있다.

창업 유형을 선택하는 작업은 자신이 어떤 아이템으로 창업을 할 것인지와 연결된다. 창업 아이템을 결정할 때는 다음과 같은 점에 주의해야 한다. 한편으로는 트렌드를 무시하지 않으면서도, 다른 한편으로는 자신만의 차별성을 부각시켜야 한다는 것이다. 이는 특히 프랜차이즈 사업을 선택할 때 유념해야 한다. 유행에 따라 프랜차이즈 사업을 선택하면 치열한 경쟁으로 인해 만족할 만한 성과를 내기 어렵기 때문이다.

(2) 창업 자원 마련하기

다음으로 창업에 필요한 자원을 마련해야 한다. 이때 자원은 크게 물질적 자원과 인적 자원으로 구별할 수 있다. 물질적 자원은 다시 공간적 자원과 재정적 자원으로 구분할 수 있다. 공간적 자원은 사무실이나 공장 등을 말한다. 자기 집을 사무실로 쓰는 경우도 있지만, 보통은 임대차 계약을 통해 사무실을 임차해야 한다. 사무실을 마련할 때는 사무실 인테리어 등을 해야 하는데, 이는 전문가에게 맡기는 것이 바람직하다고 한다. 비용을 줄이기 위해 인테리어 등을 직접 하는 경우에는 오히려 부작용이 나타날 수 있기 때문이다. 그리고 창업하는 데 필요한 비용 등을 확보해야 한다. 창업비용은 본래 계획했던 것보다 20% 정도 더 확보하는 게 낫다고 한다. 그리고 창업비용을 줄이기 위해 섣불리 동업을 선택하는 것은 바람직하지 않다고 한다.

창업에 필요한 인적 자원으로서 같이 일할 사람을 구해야 한다. 다만 창업을 하는 입장에서는 인건비 부담 등을 고려하여 핵심인력만을 최소한으로 확보하는 것이 바람직하다. 아무리 좋은 아이템으로 창업을 하는 경우에도 창업 초기에는 수익이 적기 마련이다. 이러한 상황에서 인력을 많이 확보하면 인건비가 고정적으로 나가게 되어 사업을 지속시키는 데 큰 부담이 될 수 있기 때문이다.

(3) 사업자등록 또는 법인설립하기

이어서 사업자등록을 하거나 법인을 설립해야 한다. 경제적인 의미에서 창업을 한다는 것은 사업을 개시하는 것이라 할 수 있지만, 법적인 의미에서 창업을 한다는 것은 법적인 의미에서 상인이 되는 것, 즉 사업자등록을 하여 사업자가 되는 것이나 법인을 설립하는 것이라 할 수 있다. 이때 사업자등록을 할 것인지, 아니면 법인설립을 할 것인지는 자신이 어떤 유형의 사업을 할 것인지, 예상되는 수익과 부담해야 하는 비용이 어느 정도인지를 고려하여 결정해야 한다. 소호 형식으로 창업을 하는 경우에는 수익도 아주 많지 않을 것이므로 사업자등록 형식이 더 나을 것이다. 반면 스타트업 형식으로 창업을 하고 장차 사업확장도 예상하는 경우에는 법인설립을 하는 것이 더욱 바람직할 것이다. 사업규모가 커지면 매출도 커지고 그렇게 되면 부담해야 하는 세금도 커지기에 이러한 경우에는 절세의 일환으로도 법인을 설립하는 것이 더욱 효율적이다. 한편 법인을 설립하는 경우에는 어떤 유형의 회사로 법인을 설립할지도 결정해야한다. 우리나라에서는 보통 주식회사나 유한회사를 많이 선택한다.

(4) 투자 받기

창업을 한 다음에는 사업을 지속시키기 위해 투자를 받아야 한다. 투자는 창업을 하기 이전에 받을 수도 있고, 창업을 한 이후에 받을 수도 있다. 주식회사 법인을 설립하는 형태로 창업을 하는 경우에는 법인을 설립하는 과정에서 투자를 받을 수 있다. 그렇지만 국가나 공기업, 은행 등에 의해 투자를 받기 위해서는 먼저 창업을 해야 하는 것이 일반적이다. 요즘에는 '엔젤투자'라고 해서 창업투자 전문회사로부터 투자를 받는 경우도 늘어나고 있다.[2] 이러한 투자를 받을 때 가장 중요한 것은 독창적인 아이디어와 기술 그리고 사업성이라 할 수 있다.

4. 창업 관련 법률

창업을 지원하는 법률로는 무엇이 있을까? 현재 우리나라는 창업과 관련된 법률을 다수 제정하여 시행하고 있다. 그 중에서 창업을 직접적으로 지원하는

---

2 「중소기업창업 지원법」은 이러한 창업투자 전문회사를 "엑셀러레이터"로 규정한다(제2장의2). 이러한 엔젤투자업을 하는 대표적인 우리나라 기업으로 "Bluepoint Partners"를 꼽을 수 있다.

법률로 두 개를 언급할 수 있다. 「중소기업창업 지원법」과 「벤처기업육성에 관한 특별조치법」이 그것이다.

(1) 중소기업창업 지원법

「중소기업창업 지원법」은 "중소기업의 설립을 촉진하고 성장 기반을 조성하여 중소기업의 건전한 발전을 통한 건실한 산업구조의 구축에 기여함을 목적"으로 하는 법이다. 중소기업 창업 지원에 관한 기본법이라 말할 수 있다. 「중소기업창업 지원법」은 총칙(제1장), 중소기업창업투자회사(제2장), 엑셀러레이터(제2장의2), 중소기업창업투자조합(제3장), 중소기업상담회사(제4장), 창업절차(제5장) 등을 규정한다.

(2) 벤처기업육성에 관한 특별조치법

「벤처기업육성에 관한 특별조치법」은 "기존 기업의 벤처기업으로의 전환과 벤처기업의 창업을 촉진하여 우리 산업의 구조조정을 원활히 하고 경쟁력을 높이는 데에 기여하는 것을 목적"으로 하는 법이다. 「벤처기업육성에 관한 특별조치법」은 총칙(제1장), 벤처기업 육성을 위한 추진체계의 구축(제2장 제1절), 자금공급의 원활화(제2장 제2절), 기업활동과 인력 공급의 원활화(제2장 제3절), 입지 공급의 원활화(제2장 제4절) 등을 규정한다.

부정경쟁방지 및 영업비밀보호와 법

1. 부정경쟁방지 및 영업비밀보호의 필요성

창업을 하여 사업을 하기 위해서는 자신만의 상호를 정해야 한다. 그리고 특정한 상품을 제조하여 판매하는 경우에는 상품의 상표를 정해야 한다. 그런데 사업을 하는 입장에서는 이때 이른바 '잘 나가는' 상호 또는 상품과 유사한 상호 또는 상품을 사용함으로써 어서 빨리 이익을 얻고 싶은 유혹에 빠질 수 있다. 남이 이미 이룩해 놓은 명성에 무임승차하는 방식으로 사업을 하는 것이다. 또한 잘 나가는 사업체의 영업비밀을 몰래 취득함으로써 많은 돈을 벌어들이고 싶은 유혹에 빠질 수도 있다. 그러나 이렇게 남의 상호 또는 상표와 유사한 상호 또는 상표를 사용하는 행위나 남의 영업비밀을 훔치는 행위는 모두 자유롭고 평등한 참여에 바탕을 둔 시장질서를 어지럽히는 행위가 된다. 이러한 행위가 시장에 만연하면, 결국 그 어느 누구도 시장에서 정당하게 이익을 얻기 위해 노력하지 않을 수 있다. 이러한 결과를 막기 위해서는 남과 유사한 상호 또는 상표를 이용하거나 남의 영업비밀을 훔치는 행위를 법으로 막을 필요가 있다. 이를 위해 우리 법체계는「부정경쟁방지 및 영업비밀보호에 관한 법률」을 제정하여 시행하고 있다.

2. 부정경쟁방지 및 영업비밀보호에 관한 법률

(1) 목적

「부정경쟁방지 및 영업비밀보호에 관한 법률」은 "국내에 널리 알려진 타인의 상표·상호(商號) 등을 부정하게 사용하는 등의 부정경쟁행위와 타인의 영업비밀을 침해하는 행위를 방지하여 건전한 거래질서를 유지함을 목적"으로 한다 (제1조). 여기서 알 수 있듯이, 「부정경쟁방지 및 영업비밀보호에 관한 법률」은 두 가지 목적을 추구한다. 첫째는 부정경쟁행위를 방지하는 것이다. 둘째는 타인의 영업비밀을 침해하는 행위를 방지하는 것이다.

(2) 부정경쟁행위란?

그러면 부정경쟁행위란 무엇일까? 일단 「부정경쟁방지 및 영업비밀보호에 관한 법률」 제1조에 따르면, 부정경쟁행위란 "국내에 널리 알려진 타인의 상표·상호 등을 부정하게 사용하는 행위"를 뜻한다. 그러면 어떤 경우가 타인의 상표·상호 등을 부정하게 사용하는 행위에 해당할까? 이에 관해 「부정경쟁방지 및 영업비밀보호에 관한 법률」은 제2조 제1호에서 부정경쟁행위가 무엇인지 상세하게 규정하고 있다. 상당히 복잡하기는 하지만 직접 읽어보자.

> 1. "부정경쟁행위"란 다음 각 목의 어느 하나에 해당하는 행위를 말한다.
>   가. 국내에 널리 인식된 타인의 성명, 상호, 상표, 상품의 용기·포장, 그 밖에 타인의 상품임을 표시한 표지(標識)와 동일하거나 유사한 것을 사용하거나 이러한 것을 사용한 상품을 판매·반포(頒布) 또는 수입·수출하여 타인의 상품과 혼동하게 하는 행위
>   나. 국내에 널리 인식된 타인의 성명, 상호, 표장(標章), 그 밖에 타인의 영업임을 표시하는 표지(상품 판매·서비스 제공방법 또는 간판·외관·실내장식 등 영업제공 장소의 전체적인 외관을 포함한다)와 동일하거나 유사한 것을 사용하여 타인의 영업상의 시설 또는 활동과 혼동하게 하는 행위
>   다. 가목 또는 나목의 혼동하게 하는 행위 외에 비상업적 사용 등 대통령령으로 정하는 정당한 사유 없이 국내에 널리 인식된 타인의 성명, 상호, 상표, 상품

의 용기·포장, 그 밖에 타인의 상품 또는 영업임을 표시한 표지(타인의 영업임을 표시하는 표지에 관하여는 상품 판매·서비스 제공방법 또는 간판·외관·실내장식 등 영업제공 장소의 전체적인 외관을 포함한다)와 동일하거나 유사한 것을 사용하거나 이러한 것을 사용한 상품을 판매·반포 또는 수입·수출하여 타인의 표지의 식별력이나 명성을 손상하는 행위

라. 상품이나 그 광고에 의하여 또는 공중이 알 수 있는 방법으로 거래상의 서류 또는 통신에 거짓의 원산지의 표지를 하거나 이러한 표지를 한 상품을 판매·반포 또는 수입·수출하여 원산지를 오인(誤認)하게 하는 행위

마. 상품이나 그 광고에 의하여 또는 공중이 알 수 있는 방법으로 거래상의 서류 또는 통신에 그 상품이 생산·제조 또는 가공된 지역 외의 곳에서 생산 또는 가공된 듯이 오인하게 하는 표지를 하거나 이러한 표지를 한 상품을 판매·반포 또는 수입·수출하는 행위

바. 타인의 상품을 사칭(詐稱)하거나 상품 또는 그 광고에 상품의 품질, 내용, 제조방법, 용도 또는 수량을 오인하게 하는 선전 또는 표지를 하거나 이러한 방법이나 표지로써 상품을 판매·반포 또는 수입·수출하는 행위

사. 다음의 어느 하나의 나라에 등록된 상표 또는 이와 유사한 상표에 관한 권리를 가진 자의 대리인이나 대표자 또는 그 행위일 전 1년 이내에 대리인이나 대표자이었던 자가 정당한 사유 없이 해당 상표를 그 상표의 지정상품과 동일하거나 유사한 상품에 사용하거나 그 상표를 사용한 상품을 판매·반포 또는 수입·수출하는 행위

 (1) 「공업소유권의 보호를 위한 파리협약」(이하 "파리협약"이라 한다) 당사국
 (2) 세계무역기구 회원국
 (3) 「상표법 조약」의 체약국(締約國)

아. 정당한 권원이 없는 자가 다음의 어느 하나의 목적으로 국내에 널리 인식된 타인의 성명, 상호, 상표, 그 밖의 표지와 동일하거나 유사한 도메인이름을 등록·보유·이전 또는 사용하는 행위

 (1) 상표 등 표지에 대하여 정당한 권원이 있는 자 또는 제3자에게 판매하거나 대여할 목적

(2) 정당한 권원이 있는 자의 도메인이름의 등록 및 사용을 방해할 목적

(3) 그 밖에 상업적 이익을 얻을 목적

자. 타인이 제작한 상품의 형태(형상·모양·색채·광택 또는 이들을 결합한 것을 말하며, 시제품 또는 상품소개서상의 형태를 포함한다. 이하 같다)를 모방한 상품을 양도·대여 또는 이를 위한 전시를 하거나 수입·수출하는 행위. 다만, 다음의 어느 하나에 해당하는 행위는 제외한다.

(1) 상품의 시제품 제작 등 상품의 형태가 갖추어진 날부터 3년이 지난 상품의 형태를 모방한 상품을 양도·대여 또는 이를 위한 전시를 하거나 수입·수출하는 행위

(2) 타인이 제작한 상품과 동종의 상품(동종의 상품이 없는 경우에는 그 상품과 기능 및 효용이 동일하거나 유사한 상품을 말한다)이 통상적으로 가지는 형태를 모방한 상품을 양도·대여 또는 이를 위한 전시를 하거나 수입·수출하는 행위

차. 사업제안, 입찰, 공모 등 거래교섭 또는 거래과정에서 경제적 가치를 가지는 타인의 기술적 또는 영업상의 아이디어가 포함된 정보를 그 제공목적에 위반하여 자신 또는 제3자의 영업상 이익을 위하여 부정하게 사용하거나 타인에게 제공하여 사용하게 하는 행위. 다만, 아이디어를 제공받은 자가 제공받을 당시 이미 그 아이디어를 알고 있었거나 그 아이디어가 동종 업계에서 널리 알려진 경우에는 그러하지 아니하다.

카. 그 밖에 타인의 상당한 투자나 노력으로 만들어진 성과 등을 공정한 상거래 관행이나 경쟁질서에 반하는 방법으로 자신의 영업을 위하여 무단으로 사용함으로써 타인의 경제적 이익을 침해하는 행위

이처럼 「부정경쟁방지 및 영업비밀보호에 관한 법률」은 부정경쟁행위가 무엇인지 상세하게 정의한다. 그렇지만 실제 사건에서는 문제되는 행위가 부정경쟁행위에 해당하는지를 판단하는 게 생각보다 쉽지 않다. 예를 들어, '컵반'이라는 상품을 판매하고 있는 CJ제일제당은 '오뚜기 컵밥' 등이 '컵반'을 모방하는 부정경쟁행위를 하고 있다는 이유로 법원에 '오뚜기 컵밥' 등의 판매를 금지하

는 가처분 신청을 하였지만, 법원은 이는 부정경쟁행위에 해당하지 않는다고 판단하였다.[1] 그 이유는 "CJ제일제당의 '컵반'은 기존의 빈 컵라면 용기와 유사한 형태의 메인 용기에 즉석밥을 뚜껑으로 삼아 결합한 것으로, 이미 즉석 국·탕·라면 용기나 즉석밥 용기에서 통상적으로 사용되는 형태"이기 때문이라고 하였다. 이를 보면, 실제 사건에서 문제되는 행위가 부정경쟁행위에 해당하는지 여부를 판단하는 게 정말 쉽지 않다는 것을 알 수 있다.

(3) 영업비밀 침해행위란?

「부정경쟁방지 및 영업비밀보호에 관한 법률」은 영업비밀이 무엇인지, 이러한 영업비밀을 침해하는 행위가 무엇인지 역시 상세하게 규정한다. 먼저 「부정경쟁방지 및 영업비밀보호에 관한 법률」 제2조 제2호에 의하면, 영업비밀이란 "공공연히 알려져 있지 아니하고 독립된 경제적 가치를 가지는 것으로서, 비밀로 관리된 생산방법, 판매방법, 그 밖에 영업활동에 유용한 기술상 또는 경영상의 정보"를 뜻한다. 더불어 같은 법 제2조 제3호에서는 이러한 영업비밀을 침해하는 행위가 무엇인지 상세하게 규정한다. 직접 읽어보자.

> 3. "영업비밀 침해행위"란 다음 각 목의 어느 하나에 해당하는 행위를 말한다.
>   가. 절취(竊取), 기망(欺罔), 협박, 그 밖의 부정한 수단으로 영업비밀을 취득하는 행위(이하 "부정취득행위"라 한다) 또는 그 취득한 영업비밀을 사용하거나 공개(비밀을 유지하면서 특정인에게 알리는 것을 포함한다. 이하 같다)하는 행위
>   나. 영업비밀에 대하여 부정취득행위가 개입된 사실을 알거나 중대한 과실로 알지 못하고 그 영업비밀을 취득하는 행위 또는 그 취득한 영업비밀을 사용하거나 공개하는 행위
>   다. 영업비밀을 취득한 후에 그 영업비밀에 대하여 부정취득행위가 개입된 사실을 알거나 중대한 과실로 알지 못하고 그 영업비밀을 사용하거나 공개하는

---

[1] 이에 관한 상세한 내용은 전효진, "법원, '컵반 모방 금지' 주장한 CJ 제일제당 가처분 기각...'부정경쟁 아니다'", 『조선비즈』(2017. 10. 23) 참고. 이 기사는 (http://news.chosun.com/site/data/html_dir/2017/10/23/2017102302348.html)에서 확인할 수 있다.

행위

라. 계약관계 등에 따라 영업비밀을 비밀로서 유지하여야 할 의무가 있는 자가 부정한 이익을 얻거나 그 영업비밀의 보유자에게 손해를 입힐 목적으로 그 영업비밀을 사용하거나 공개하는 행위

마. 영업비밀이 라목에 따라 공개된 사실 또는 그러한 공개행위가 개입된 사실을 알거나 중대한 과실로 알지 못하고 그 영업비밀을 취득하는 행위 또는 그 취득한 영업비밀을 사용하거나 공개하는 행위

바. 영업비밀을 취득한 후에 그 영업비밀이 라목에 따라 공개된 사실 또는 그러한 공개행위가 개입된 사실을 알거나 중대한 과실로 알지 못하고 그 영업비밀을 사용하거나 공개하는 행위

그러나 부정경쟁행위와 마찬가지로 실제 사건에서 문제되는 행위가 영업비밀을 침해하는 행위인지를 판단하는 것은 쉽지 않다. 영업비밀 침해행위와 관련하여 주목할 만한 점은, 대법원은 영업비밀 등을 부정취득한 사람은 영업비밀 등을 실제 사용하였는지 여부와 관계없이 이를 부정취득한 행위 자체만으로 영업비밀 등을 보유하고 있는 사람의 영업상 이익을 침해한 것으로 보고 있다는 점이다.[2]

3. 법적 제재

「부정경쟁방지 및 영업비밀보호에 관한 법률」은 부정경쟁행위나 영업비밀 침해행위를 하는 경우 크게 다음 세 가지 법적 제재를 부과한다.

(1) 금지청구권

먼저 「부정경쟁방지 및 영업비밀보호에 관한 법률」에 따르면, 부정경쟁행위로 자신의 영업상 이익이 침해되거나 침해될 우려가 있는 경우에는 이러한 부정경쟁행위를 한 사람에 대하여 법원에 그 행위의 금지 또는 예방을 청구할 수 있다(제4조 제1항). 이러한 금지청구권은 영업비밀 침해행위를 한 경우에도

---

2 대법원 2017. 9. 26. 선고 2014다27425 판결 참고.

적용된다(제10조).

(2) 손해배상책임

다음으로 「부정경쟁방지 및 영업비밀보호에 관한 법률」에 의하면, 고의 또는 과실에 의한 부정경쟁행위로 타인의 영업상 이익을 침해하여 손해를 입힌 사람은 그 손해를 배상할 책임을 진다(제5조). 이는 민법상 불법행위책임을 부정경쟁행위에 적용한 것이라 할 수 있다. 이러한 손해배상책임은 타인의 영업비밀을 침해하여 영업상 손해를 입힌 경우에도 적용된다(제11조).

(3) 영업비밀침해죄

나아가 「부정경쟁방지 및 영업비밀보호에 관한 법률」은 특정한 경우에 영업비밀침해죄를 인정한다. 구체적으로 말하면, 영업비밀을 외국에서 사용하거나 외국에서 사용될 것임을 알면서도 같은 법 제18조 제1항이 규정하는 영업비밀침해행위를 하는 경우 이를 영업비밀침해죄로 처벌한다. 이러한 영업비밀침해죄를 범한 사람은 15년 이하의 징역 또는 15억원 이하의 벌금에 처한다. 다만 벌금형에 처하는 경우 위반행위로 인한 재산상 이득액의 10배에 해당하는 금액이 15억원을 초과하면 그 재산상 이득액의 2배 이상 10배 이하의 벌금에 처한다(제18조 제1항).

제3절

제조물 책임법

1. 제조물 책임법이란?

「제조물 책임법」이란 쉽게 말해 제조물책임을 규율하는 법률을 말한다.[1] 여기서 제조물책임이란 제조물의 결함으로 발생한 손해에 대해 부담하는 책임을 말한다. 현행 「제조물 책임법」 제1조에 따르면, 제조물 책임법은 "제조물의 결함으로 발생한 손해에 대한 제조업자 등의 손해배상책임을 규정함으로써 피해자 보호를 도모하고 국민생활의 안전 향상과 국민경제의 건전한 발전에 이바지함을 목적"으로 한다. 여기서 구체적으로 세 가지 목적을 발견할 수 있다. 첫째는 제조물의 결함으로 손해를 입은 피해자를 보호하는 것이다. 둘째는 국민생활의 안전을 향상시키는 것이다. 셋째는 국민경제의 건전한 발전에 이바지하는 것이다.

2. 창업과 제조물 책임법

창업을 해서 경영을 시작하게 되면 업종에 따라 제조물을 상품으로 생산하

---

[1] 제조물 책임법에 관해서는 우선 양창수, "한국의 제조물책임법", 『민법연구』 제10권(박영사, 2019), 281쪽 아래 참고.

고 판매해야 한다. 여기서 제조물이란 "제조되거나 가공된 동산"을 말한다(제조물 책임법 제2조 제1호). 이때 동산에는 다른 동산이나 부동산의 일부를 구성하는 경우가 포함된다(제조물 책임법 제2조 제1호). 그런데 사람이 하는 일은 완벽하지 않기에 경우에 따라서는 결함이 있는 제조물을 생산해서 판매하는 경우도 발생한다. 그리고 이렇게 결함이 있는 제조물로 인해 이를 구입하거나 이용하는 소비자에게 손해가 발생하는 경우도 있다. 만약 이러한 문제가 발생하면 경영을 하면서 제조물을 생산 및 판매한 경영자는 제조업자로서 제조물책임을 져야 한다. 이러한 이유에서 창업을 하고자 하는 공학도는 제조물책임이 무엇인지, 이러한 제조물책임을 규율하는 제조물 책임법이 어떤 특징을 갖고 있는지 어느 정도 알아두어야 한다.

3. 제조물 책임법의 특징

그러면 제조물 책임법은 어떤 특징을 지니고 있을까? 중요한 특징으로 다음과 같은 점을 언급할 수 있다.

(1) 손해배상책임 강화

가장 먼저 지적해야 할 점은 제조물 책임법은 제조물의 결함으로 손해가 발생한 경우 제조자에게 이에 대한 손해배상책임, 즉 제조물책임을 강도 높게 인정하고 있다는 것이다. 여기서 손해배상책임을 강도 높게 인정한다는 것은 민법이 인정하는 손해배상책임보다 여러모로 강도 높게 인정한다는 점을 뜻한다. 우리 민법에 따르면, 제조물책임은 기본적으로 불법행위책임으로 처리해야 한다. 이에 따라 제조물의 결함으로 손해를 입은 피해자가 손해배상을 받기 위해서는 불법행위가 성립하는 데 필요한 여러 요건, 가령 손해 발생이나 인과관계, 제조자의 과책 등을 증명해야 한다. 그러나 이는 현실적으로 쉽지 않은 일이다. 그 때문에 피해자가 제조물의 결함을 이유로 하여 제조자로부터 손해배상을 받는 것은 생각보다 쉽지 않다. 예를 들어 '자동차 급발진'으로 보이는 결함으로 자동차 사고를 당하는 운전자가 종종 있는데, 이들 운전자가 대기업인 자동차 회사를 상대로 하여 손해배상을 받는 것은 정말 쉽지 않다. 바로 이러한 현실적인 배경에서 제조물의 결함으로 손해를 입은 피해자를 강도 높게 보호하기 위해 제조물 책임법이 제정된 것이다. 이 같은 이유에서 현행 제조물 책임법은 다음과 같은 방안으로 피해자를 보호한다.

(2) 제조자의 과책이 아닌 제조물의 결함

우선 제조물 책임법은 제조물책임의 성립 요건으로 제조자의 과책이 아닌 제조물의 결함을 요구한다. 이를테면 "제조업자는 제조물의 결함으로 생명·신체 또는 재산에 손해(그 제조물에 대하여만 발생한 손해는 제외한다)를 입은 자에게 그 손해를 배상"해야 한다(제조물 책임법 제3조 제1항). 이때 제조자에게 제조물을 생산하는 과정에서 과책이 있는지 여부는 묻지 않는다. 이는 민법 제750조가 규정하는 불법행위 책임과 분명 차이가 있는 부분이다. 따라서 피해자는 제조물에 결함이 있다는 점만 증명하면 된다. 이는 현실적으로 볼 때, 제조자에게 과책이 있는지를 증명하는 것보다 어렵지 않다.

(3) 결함에 대한 증명책임 전환

그런데 이에 더하여 현행 제조물 책임법은 이러한 제조물의 결함에 대한 증명책임을 전환하고 있다. 특정한 경우에는 제조물에 결함이 있다고 추정한 후(제조물 책임법 제3조의2), 제조물에 결함이 없다는 사실을 증명해야 하는 책임을 제조자에게 전환시키고 있는 것이다(제조물 책임법 제4조). 여기서 특정한 경우에 제조물의 결함에 대한 추정을 인정하는 제조물 책임법 제3조의2는 매우 중요하므로 직접 읽어보자.

> 피해자가 다음 각 호의 사실을 증명한 경우에는 제조물을 공급할 당시 해당 제조물에 결함이 있었고 그 제조물의 결함으로 인하여 손해가 발생한 것으로 추정한다. 다만, 제조업자가 제조물의 결함이 아닌 다른 원인으로 인하여 그 손해가 발생한 사실을 증명한 경우에는 그러하지 아니하다.
> 1. 해당 제조물이 정상적으로 사용되는 상태에서 피해자의 손해가 발생하였다는 사실
> 2. 제1호의 손해가 제조업자의 실질적인 지배영역에 속한 원인으로부터 초래되었다

는 사실

3. 제1호의 손해가 해당 제조물의 결함 없이는 통상적으로 발생하지 아니한다는 사실

(4) 징벌적 손해배상 인정

마지막으로 특히 주목해야 할 점은 제조물 책임법이 미국 불법행위법에서 자주 인정하는 징벌적 손해배상을 규정하고 있다는 것이다. 가령 "제조업자가 제조물의 결함을 알면서도 그 결함에 대하여 필요한 조치를 취하지 아니한 결과로 생명 또는 신체에 중대한 손해를 입은 자가 있는 경우에는 그 자에게 발생한 손해의 3배를 넘지 아니하는 범위에서 배상책임"을 지도록 하고 있는 것이다(제조물 책임법 제3조 제2항 제1문). 요컨대, 원래 발생한 손해보다 3배까지 인정하는 징벌적 손해배상 제도를 도입하고 있는 것이다.

제 8 장

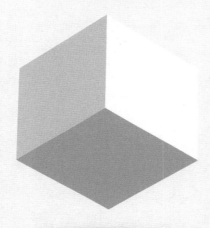

환경과 법

제8장에서는 철강산업과 환경 문제를 예로 들어 환경과 법에 관한 여러 쟁점을 다룬다. 왜 환경규제를 해야 하는지, 철강산업에 대한 환경규제로는 무엇이 있는지를 살펴보고, 철강산업에 대한 환경규제의 방향을 어떻게 설정하는 것이 바람직한지를 제시하고자 한다.

제8장

환경과 법

I. 무엇이 문제일까?

제4차 산업혁명이 진행되는 현대사회는 우리에게 새로운 희망과 낙관, 사회적 공리를 제공한다. 그러나 현대사회가 우리에게 희망과 낙관이라는 청사진만을 제시하는 것은 아니다. 이에 대응하여 새로운 불안, 즉 사회 전체를 파멸시킬지도 모르는 거대한 '위험'(Risiko) 역시 우리에게 부담으로 다가오고 있다. 그 때문에 독일의 사회학자인 울리히 벡(Ulrich Beck)은 이미 1986년에 현대사회를 '위험사회'(Risikogesellschaft)로 규정하기도 하였다.[1]

그렇다면 우리의 생존 자체를 위협하는 위험에는 어떤 것들이 있을까? 여기서 우리는 환경오염을 가장 대표적인 위험으로 제시할 수 있을 것이다.[2] 왜냐하면 이미 많은 사람들이 공감하고 있는 것처럼,[3] 현대사회에서 가속화되고 있는 환경오염은 자칫 우리 인류 전체, 나아가 지구 전체의 생태계를 파멸시킬지

---

[1] U. Beck, *Risikogesellschaft* (Frankfurt/M., 1986). 이에 대한 우리말 번역으로는 U. Beck, 홍성태 (옮김), 『위험사회』(새물결, 1997) 참고. 여기에서는 번역서로 인용한다.

[2] 울리히 벡도 『위험사회』에서 환경오염을 가장 심각한 위험으로 제시한다. U. Beck, 위의 책(주1), 57쪽 아래.

[3] 가령 로마클럽의 제1차 보고서는 환경오염에 대한 인류의 우려를 잘 대변한다. 이에 대해서는 홍성방, 『환경보호의 법적 문제: 독일의 헌법과 행정법에 있어서 환경보호를 중심으로』(서강대학교 출판부, 1999), 97쪽 아래 참고.

도 모르기 때문이다. 예를 들어, 현대사회에서 가장 중요한 에너지원으로 평가되는 핵에너지는 체르노빌 원전사고, 후쿠시마 원전사고가 잘 예증하듯이, 인류전체의 목숨을 앗아갈 수 있다.[4] 무분별한 탄소배출로 야기되는 기후온난화는 미래세대에 대한 심각한 위협이 되고 있다. 따라서 이런 환경오염을 현대사회를 위협하는 위험으로 인식하고, 이에 대해 일정한 예방책을 강구하는 것이 그 무엇보다도 시급한 일일지 모른다.

하지만 환경오염방지, 달리 말해 환경보호에는 일정한 한계가 내재할 수밖에 없다. 그 이유는 환경오염이란 곧 경제성장의 부산물, 달리 말해 '외부효과'로서 등장하는 것이기 때문이다. 이 점에서 환경오염은 경제성장과 동전의 양면을 이룬다. 이러한 이유에서 비록 깨끗한 환경에서 살고 싶다는 요청은 그 누구를 막론하더라도 공감대를 이루고 있지만, 막상 깨끗한 환경을 유지하기 위해 그 무엇인가를 실천해야 하는 대목에서는 상당수의 사람들이 머뭇거리게 된다. 만약 무작정 환경보호만을 위해 경제성장 그 자체를 정지시켜 버리면, 많은 사람들은 그들의 생존수단을 잃어버릴 것이기 때문이다.

이러한 문제의식에서 제8장에서는 우리의 경제성장에서 중추적인 역할을 해왔던 철강산업을 예로 하여 환경과 법의 문제를 다루고자 한다. 철강산업이 어떤 점에서 환경문제와 관련을 맺는지, 이를 해결하기 위해 법은 어떻게 대응하고 있는지를 검토하도록 한다.

Ⅱ. 철강산업과 환경 문제

1. 현대사회와 철강산업

철강산업은 현대사회, 바꿔 말해 현대 경제체계 속에서 석유화학공업과 더불어 기초요소산업으로 자리매김하고 있다. 그러므로 철강산업이 현대 경제체계에서 차지하는 비중은 엄청나다. 철강산업은 기초요소산업으로서 다른 산업들에 대해 산업연관효과를 미친다. 이는 우리나라의 경우를 보더라도 분명하다.

---

4 핵에너지와 관련된 제반 문제에 관해서는 홍성방, 위의 책(주3), 51쪽 아래.

가령 우리나라가 1970년대의 고도경제성장기를 보낼 때, 포항제철을 주축으로 하는 철강산업은 고도경제성장을 이끄는 견인차 역할을 하였다. 이는 현재 상황에서도 여전히 유효하다. 철강산업은 여전히 현대 경제체계에서 중추적인 역할을 수행하고 있다. 이를테면 우리나라 수출산업의 핵심을 이루는 자동차산업은 철강산업과 밀접한 관련을 맺고 있다. 우리나라의 대표적인 자동차회사인 현대자동차가 독자적인 일관제철소를 보유하고 있다는 점이 이를 예증한다. 그만큼 철강산업은 우리 경제를 지탱하는 디딤돌이 되고 있다.

2. 철강산업과 환경오염

그러나 철강산업이 우리에게 긍정적인 효과만을 미치는 것은 아니다. 후기 산업사회를 지탱했던 다른 산업과 마찬가지로, 철강산업도 환경오염이라는 외부효과를 유발하고 있기 때문이다. 예를 들어, 철강산업은 철강을 제련하는 과정에서 대기환경이나 수질을 오염시킬 수 있다. 또한 대규모 철강산업단지를 조성하고 이를 운영하는 과정에서 소음이나 진동을 일으킬 수 있다. 여기서 대기환경오염이나 수질오염 혹은 소음·진동유발 등은 모두 환경오염의 대표적인 경우가 된다. 그러므로 철강산업 역시 다른 산업과 마찬가지로 환경오염이라는 현대의 질병에서 벗어나기 어렵다.

사실이 그렇다면 그리고 울리히 벡이 진단한 것처럼 현대사회를 위험사회라고 지칭할 수 있다면, 철강산업은 현대 위험사회를 구성하는 치명적인 위험원이 된다고 할 수 있다. 철강산업은 현대 위험사회에서 중대한 위험인 환경오염을 유발하기 때문이다. 물론 철강산업이 유발하는 환경오염을 핵에너지 사용에 내재되어 있는 위험과 동등한 것으로 취급하기는 어렵다. 철강산업에 따른 환경오염이 탕사능누출과 같이 인류 전체를 치명적으로 괴멸시킬 만한 것으로 보기는 힘들기 때문이다. 그렇다 하더라도 철강산업 자체는 과거에는 없었던 것이고, 또한 철강산업에 의한 환경오염도 일찍이 찾아보기는 어려운 것이기에 철강산업을 현대 위험사회의 위험원으로 파악하는 것에는 무리가 없다.[5]

---

5 물론 고대 그리스인과 로마인은 금속 제련에 필요한 땔감을 만들기 위해 지중해 지역의 산림을 훼

Ⅲ. 왜 철강산업에 대한 환경규제가 필요할까?

1. 철강산업에 대한 환경규제의 필요성과 규제방안

철강산업을 현대 위험사회의 위험원으로 파악할 수 있다면, 철강산업에 대한 환경규제의 필요성도 자연스럽게 도출할 수 있다. 그 이유는 위험원으로부터 생성되는 위험 또는 위해들이 재난으로 현실화되기 전에, 이를 적절하게 예방할 필요가 있기 때문이다. 물론 위험원 그 자체를 모두 없애버릴 수는 없다. 현대사회를 위험사회라고 말하는 이유는 이런 위험들을 통해 사회가 유지되는 측면이 있기 때문이다. 따라서 우리에게 필요한 것은 철강산업과 같은 위험원들을 적절하게 관리하고, 위험원으로부터 형성되는 위험들을 상황에 적합하게 분배하는 것이다.

그렇다면 어떻게 철강산업이라는 위험원을 관리할 것인가? 두 가지 방안을 고려할 수 있다. '자율적인 관리방안'과 '타율적인 관리방안'이 그것이다. 여기서 자율적인 관리방안이란 철강산업을 담당하는 기업 스스로가 자율적으로 환경오염을 방지할 수 있도록 관리·경영방법을 마련하는 것을 말한다. 이를테면 철강 제련과정에서 생성되는 오·폐수를 정화할 수 있는 폐수정화장치를 마련한다든지 또는 대기오염을 줄일 수 있는 설비를 갖추는 것이 그 예가 될 수 있다. 이에 대해 타율적인 관리방안이란 법률과 같은 외부적인 강제수단을 통해 철강산업이 유발하는 환경오염을 억제하는 것을 뜻한다. 예를 들어, 법률에 허용기준을 마련하고, 이를 철강기업이 지키도록 강제하는 것을 들 수 있다. 위험원을 효과적으로 관리할 수 있으려면, 타율적인 관리방안보다 자율적인 관리방안이 더욱 적합할 것이다. 아무래도 타율적으로 끌려 다니는 것보다는 자발적으로 그 무엇을 행하는 것이 더욱 효과적일 것이기 때문이다. 하지만 실제로 또는 단기적으로는 철강기업에게 자율적으로 환경오염을 방지하도록 기대하는 것은 어려울지 모른다. 왜냐하면 철강기업이란 경제체계에 속하는 기업으로서 아무래

손시킨 경우가 있다고 한다. H. Hofmann, "Natur und Naturschutz im Spiegel des Verfassungsrechts", in: *JZ* (1988), 266쪽.

도 경제적 효율성을 우선시킬 수밖에 없기 때문이다. 따라서 경제적 효율성에 장애가 되는 것처럼 보이는 환경오염방지시설을 철강기업이 자율적으로 마련할 것이라고 기대하는 것은 어렵다. 이런 이유에서 현실적으로 볼 때, 당장에는 철강산업이라는 위험원을 관리하는 데는 타율적인 관리방안, 특히 법규범에 의한 관리방안이 더욱 효과적이라고 말할 수 있다.

2. 철강산업에 대한 환경규제의 정당성 근거

이와 같이 철강산업이라는 위험원은 법규범으로 타율적으로 관리하는 것이 가장 적합한 방안이라고 한다면, 우리는 새로운 의문점에 부딪히게 된다. 과연 어떤 근거를 통해 철강산업에 대한 법적 규제, 달리 말해 철강산업에 대한 환경규제는 정당성을 획득할 수 있는가? 만약 철강산업에 대한 환경규제가 정당성을 얻지 못하면, 비록 환경규제가 필요하더라도 이는 실현될 수 없기에 이런 의문점은 중요한 의미가 있다. 아래에서 이러한 의문점을 해명한다.

(1) 윤리적·도덕적 정당화 근거

먼저 윤리적·도덕적 정당화를 꾀할 수 있다. 여기서 윤리적 정당화는 특히 독일의 환경철학자 한스 요나스(Hans Jonas)를 중심으로 하여 전개된 신윤리학에 의해 이루어질 수 있다.[6] 신윤리학은 종래의 윤리학을 인간중심적 윤리학으로 규정하면서, 새롭게 인간뿐만 아니라 자연도 윤리의 주체로 승격시키려 한다. 뿐만 아니라, 이들은 자연의 자기주체성을 윤리학에 한정하지 않고 법영역까지 확대하여 자연의 권리주체성 역시 인정하려 한다.[7] 이런 신윤리학에 의하면, 철강산업에 대한 법적 규제는 다음과 같이 정당화된다. 인간을 포함한 모든 존재는 자기주체성과 자기목적성을 갖는다.[8] 따라서 자연 역시 자기주체성과

---

6 한스 요나스가 정립한 책임원칙에 관해서는 H. Jonas, *Das Prinzip Verantwortung* (Frankfurt/M., 1986). 우리말 번역으로는 H. Jonas, 이진우 (옮김), 『책임의 원칙』(서광사, 1994) 참고. 이 글에서는 번역서로 인용한다. 한편 요나스의 책임원칙을 상세하게 분석하는 연구로는 양천수, "책임구상의 다양한 지평: 한스 요나스의 책임원칙을 예로 하여", 『안암법학』 제30호(2009. 9), 147~181쪽 참고.
7 자연의 권리주체성에 대한 상세한 논의는 홍성방, 앞의 책(주3), 제1주제 참고.
8 존재의 자기목적성에 관해서는 H. Jonas, 앞의 책(주6), 제3장 참고.

자기목적성을 지닌다. 그러므로 이런 자연을 보존하고 유지하는 것은 윤리적으로 볼 때 선한 행위가 된다. 그 결과 철강산업에 의해 유발되는 환경오염을 방지하기 위해 법적 규제를 사용하는 것은 윤리적으로 정당화된다는 것이다.

한편 철강산업에 대한 환경규제는 의사소통행위 이론에 바탕을 둔 도덕이론에 의해서도 정당화된다. 이때 의사소통행위 이론에 바탕을 둔 도덕이론이란 독일의 사회철학자 위르겐 하버마스에 의해 제창된 도덕이론을 말한다.[9] 이를 '대화윤리'라고 부른다. 이러한 대화윤리에 따르면, 도덕적 주장은 그 주장이 타인들에 의해 정당성을 인정받을 때 도덕적인 것이 된다.[10] 도덕적인 것은 경험 이전에 선험적으로 존재하는 것이 아니라, 도덕적인 대화참여자에 의해 비로소 발견되고 합의되는 것이라고 한다. 따라서 만약 어떤 도덕적인 언명이 더 이상 사회구성원에 의해 정당성을 얻지 못하면, 이 언명은 더 이상 도덕적인 언명이 될 수 없다. 반대로 사회구성원이 과거에는 없던 새로운 언명을 도덕적인 것으로 정당성을 부여하면, 이 언명은 도덕적 언명으로 승인된다. 이런 도덕이론에 의하면, 철강산업에 대한 환경규제는 다음과 같이 정당화된다. 이제 우리 시대에서 환경오염을 막아야 한다는 주장은 사회구성원에 의해 정당성을 얻고 있다. 그러므로 오늘날 환경오염을 방지함으로써 환경인권을 보장하는 것은 새로운 도덕이 되고 있다. 따라서 철강산업에 대한 환경규제는 도덕에 합치하는 것으로서 정당화된다.

(2) 법경제학적 정당화 근거

철강산업에 대한 환경규제는 법경제학의 관점을 원용해서도 정당화할 수 있다.[11] 종래의 이론에 의하면, 환경은 보통 민법이나 경제학의 측면에서 간과되어 왔다. 가령 환경 그 자체는 재산권의 대상 또는 독자적인 보호법익으로 인정되지 않았다. 또한 환경은 상품과 같은 재화로 파악되지 않았다. 그러나 이른바 '공유지의 비극' 등으로 환경오염이 점차 심각해지면서 환경을 독자적인 법

---

9 J. Habermas, *Erläuterungen zur Diskursethik* (Frankfurt/M., 1991). 우리말 번역으로는 J. Habermas, 이진우 (옮김), 『담론윤리의 해명』(문예출판사, 1997). 아래에서는 번역서로 인용한다.

10 J. Habermas, 위의 책(주9), 42쪽.

11 환경문제를 법경제학의 관점에서 접근하는 문헌으로는 김태경, "경제학적 현실문제와 생태학적 갈등", 환경연구회, 『환경논의의 쟁점들』(나라사랑, 1994), 107쪽 아래 참고.

익으로 인정하거나 이에 경제적 가치를 부여하려는 시도가 증가하고 있다.[12] 예를 들어, 환경을 공공재로 파악하면서 여기에 독자적인 재산권을 설정하려는 노력이나 환경권을 독자적인 법익으로 인정하려는 논의 또는 환경을 공공의 신탁재산으로 이론구성하려는 시도(공공신탁이론)들이 그것이다.[13] 이런 시도들에 의하면, 이제 환경은 더 이상 재산권으로 인정되지 않는 대상이거나 법의 규율 대상에서 벗어나 있는 것이 아니다. 환경은 모든 인류의 공공재산으로서 법적인 보호의 대상에 편입되어야 한다. 나아가 이런 환경은 공공재화로서 거래의 대상에 포함되어야 한다. 따라서 환경을 오염시키는 행위는 공공재산을 훼손하는 것이고 동시에 경제적인 손실을 유발하는 것이 된다. 그러므로 환경오염을 방지하려는 시도는 법경제학적인 견지에서 보더라도 정당하다. 이는 철강산업에 대한 환경규제에 대해서도 마찬가지다.

(3) 법적 정당화 근거

이제 철강산업에 대한 환경규제를 어떻게 법적으로 정당화할 수 있는지를 검토하도록 한다. 이 쟁점은 크게 두 가지 차원에서 접근할 수 있다. 첫째는 헌법적인 차원이고, 둘째는 개별 실정법적인 차원이다.

1) 헌법적인 차원

우선 환경규제는 헌법적인 차원에서 정당화할 수 있다. 우리 헌법은 제35조 제1항에서 "모든 국민은 건강하고 쾌적한 환경에서 생활할 권리를 가지며, 국가와 국민은 환경보전을 위하여 노력하여야 한다."고 규정한다. 이 규정은 우리 헌법이 환경에 대한 권리를 헌법상 기본권으로 인정하고 있음을 보여준다. 물론 헌법상 환경권이 과연 어떤 성격을 갖는가에 대해서는 견해가 대립한다.[14] 가령 이는 단지 국가의 목표만을 밝히고 있는 프로그램 규정에 지나지 않는 것

---

12 공유지의 비극에 대해서는 G. Hardin, "The Tragedy of the Commons", 162 *Science* (1968), 1243쪽.
13 이는 특히 독일에서 환경권을 기본법상 독자적인 기본권으로 인정할 수 있느냐와 맞물려 진행되었다. 이에 관해서는 홍성방, 앞의 책(주3), 114쪽 아래 등 참고. 공공신탁이론을 소개하는 문헌으로는 조홍식, "공공신탁이론과 한국에서의 적용가능성", 『법조』 제46권 제5호(1997. 5), 5~43쪽; 류지태, 『환경법』(고려대학교 출판부, 2000), 48쪽 아래 등 참고.
14 이는 사회적 기본권의 법적 성격이 무엇인가와 관련하여 논의가 전개된다. 이에 관해서는 일단 허영, 『헌법이론과 헌법(중)』(박영사, 1992), 282쪽 아래 참고.

인지, 아니면 국민이 국가에 대해 직접 일정한 작위·부작위를 요구할 수 있는 권리인지(구체적 권리설), 그것도 아니면 국가에 대한 방어권적 성격과 청구권적인 성격이 모두 포함된 종합적 권리인가에 대한 논의가 그 예다. 뿐만 아니라, 환경권이 과연 인권에 속하는지에 대한 논의도 전개된다.[15] 하지만 이 가운데 어떤 견해가 타당한지 밝히는 작업은 이 책의 과제가 아니다. 따라서 이에 대한 상세한 언급은 생략한다.[16] 다만 한 가지 분명한 것은, 환경권의 법적 성질이 어떠하든지 간에 환경을 보호하기 위한 법적 규제는 이미 헌법을 통해 정당화되고 있다는 점이다.

2) 개별 실정법적인 차원

다음 철강산업에 대한 환경규제는 헌법상 환경권을 구체화하는 개별 실정법을 통해 정당화된다(헌법 제34조 제2항). 이때 대표적인 실정법으로는 1990년에 제정된 「환경정책기본법」을 비롯한 환경관련법규를 거론할 수 있다. 이미 우리나라는 1980년대 이후 환경보호에 대한 의식이 성장하면서, 환경보호를 위한 기본법인 「환경정책기본법」을 위시하여 「물환경보전법」, 「토양환경보전법」, 「대기환경보전법」, 「자연환경보전법」, 「폐기물관리법」 등을 마련하였다. 이는 우리의 법체계가 이미 환경규제의 필요성에 상응하게 정당성 근거를 마련하고 있음을 보여준다. 아울러 환경오염에 따른 손해배상의 민법적 근거인 제750조나 각종 환경형법규정도 환경규제를 개별 실정법의 측면에서 정당화하는 근거가 된다.

Ⅳ. 철강산업에 대한 환경규제의 현황

현재 철강산업이 유발하는 환경오염만을 직접 규제하는 법률은 보이지 않는 것 같다.[17] 그러므로 철강산업에 대한 환경규제 현황을 파악하려면, 철강산

---

15 이에 대해서는 홍성방, 앞의 책(주3), 부록 2 참고.
16 결론만을 간단히 제시하면, 헌법상 환경권은 기본적으로는 국가의 정책방향을 정하는 프로그램 규정으로 이해하는 것이 타당하다. 다만 환경권은 헌법재판의 근거규정이 될 수 있으므로, 이러한 한에서 구체적인 권리와 유사한 기능을 할 수 있다고 본다.
17 현행 환경관련 실정법규를 일별하면, 대부분 일반적·추상적으로 규정되어 있음을 알 수 있다.

업과 관련을 맺을 수 있는 법규범을 탐색하여 이를 검토할 수밖에 없다.

1. 헌법 제35조에 의한 규제

헌법 제35조는 환경권을 기본권으로 규정한다. 따라서 철강산업도 헌법 제35조에 의해 통제된다. 그러나 헌법 제35조는, 다른 기본권규정이 그렇듯이, 고도의 추상성·개방성을 띤다. 나아가 제35조 제2항은 환경권의 구체적인 내용을 법률에 위임하고 있다. 그러므로 헌법 제35조만으로는 철강산업에 대한 규제현황을 분명히 파악하기는 어렵다. 다만 한 가지 이끌어낼 수 있는 결론은 철강산업을 담당하는 기업은 "환경보전을 위하여 노력"해야 한다는 것이다.

2. 환경정책기본법에 의한 규제

따라서 아무래도 철강산업에 대한 환경규제현황은 개별 실정법규를 탐색함으로써 확인된다. 이에 관해서는 먼저 환경규제에 대해 기본지침을 제시하는 환경정책기본법을 검토할 필요가 있다. 아래에서는 환경정책기본법의 규정 가운데 철강산업기업에 직접 관련이 되는 규정들을 주로 검토한다.

(1) 사업자의 책무

먼저 환경정책기본법 제5조는 환경오염방지를 위한 사업자의 책무를 규정한다.[18] 제5조에 의하면, 사업자는 그 사업활동으로부터 야기되는 환경오염 및 환경오염에 대하여 스스로 이를 방지하는 데 필요한 조치를 해야 하며, 국가 또는 지방자치단체의 환경보전시책에 참여하고 협력해야 할 책무를 진다. 이때 사업자란 일정한 사업에 종사하는 자연인 또는 법인을 뜻하므로, 철강산업기업은 사업자에 속한다. 따라서 철강산업기업도 위 제5조가 규정하는 책무를 준수해야 한다.

현행 환경관련법규의 체계와 개괄적인 내용은 류지태, 앞의 책(주13), 131쪽 아래 참고.

18 '책무'(Obliegenheit)란 법적으로 부과되는 의무이기는 하지만, '책임'(Schuld)과는 달리 이를 위반하더라도 직접적인 법적 제재를 받지 않는 의무를 말한다. 달리 '간접의무'라고도 한다.

(2) 오염원인자의 비용부담책임

나아가 환경정책기본법 제7조는 환경책임의 기본원칙으로서 오염원인자의 비용부담책임을 규정한다. 따라서 자기의 행위 또는 사업활동으로 인하여 환경오염 또는 환경훼손을 야기한 자가 원칙적으로 그 오염의 방지와 오염 또는 훼손된 환경의 회복 및 피해구제에 소요되는 비용을 부담해야 한다. 그러므로 가령 철강산업기업이 폐수를 배출하여 인근 수질을 오염시켰다면, 원칙적으로 철강산업기업이 수질오염에 관련된 비용부담책임을 져야 한다.[19]

(3) 환경기준 준수

다음으로 환경정책기본법은 제12조를 통해 정부가 환경기준을 설정하여 환경행정작용을 할 것을 명령한다. 그리고 같은 법 제13조에서는 국가 및 지방자치단체에게 이 환경기준을 적정하게 유지하도록 요구한다. 이는 달리 말해, 사업자인 철강기업이 국가 또는 지방자치단체가 설정한 환경기준을 준수해야 한다는 점을 뜻한다(제5조).

3. 개별 환경관련법규에 의한 규제

철강산업과 직접적인 관련을 맺는 개별 환경관련법규로는 「물환경보전법」, 「대기환경보전법」을 들 수 있다.[20] 이외에 「폐기물관리법」과 「소음·진동관리법」을 거론할 수 있다. 아래서는 「물환경보전법」과 「대기환경보전법」을 중심적으로 검토한다.

(1) 물환경보전법

1) 주요 규제내용

「물환경보전법」(이하 '법'으로 약칭한다)에 의하면, 철강산업기업은 다음과 같은 법적 규제를 준수해야 한다.

(a) 배출허용기준　　　먼저 법 제32조는 배출허용기준을 마련하고 있다.

---

19 그러나 오염원인자 비용부담책임만을 고집하는 것은 여러 가지 무리가 있다.
20 「물환경보전법」은 「수질환경보전법」, 「수질 및 수생태계 보전에 관한 법률」을 대폭 개정한 것이다.

다음으로 법 제33조는 배출시설의 설치에 대한 허가제 및 신고제를 규정한다. 배출시설 설치에 관해서는 환경부 장관의 허가 또는 신고를 요하도록 하고 있는 것이다. 그러므로 철강산업기업이 배출시설을 설치하려면, 환경부 장관에게 허가를 받거나 신고를 해야 한다.

법 제32조가 규정하는 내용 중에서 특히 다음 두 가지를 언급할 필요가 있다. 첫째, 법 제32조 제5항은 일정한 요건이 충족되는 경우에 배출시설의 설치 또는 변경을 제한한다. 이에 따르면, "환경부장관은 상수원보호구역의 상류지역, 특별대책지역 및 그 상류지역, 취수시설이 있는 지역 및 그 상류지역의 배출시설로부터 배출되는 수질오염물질로 인하여 환경기준을 유지하기 곤란하거나 주민의 건강·재산이나 동식물의 생육에 중대한 위해를 가져올 우려가 있다고 인정되는 경우에는 관할 시·도지사의 의견을 듣고 관계 중앙행정기관의 장과 협의하여 배출시설의 설치(변경을 포함한다)를 제한"할 수 있다. 둘째, 법 제32조 제7항은 특정한 경우에 폐수무방류배출시설을 설치할 수 있도록 하고 있다. 이에 따르면, 법 제32조 제5항 및 제6항에도 불구하고 "환경부령으로 정하는 특정수질유해물질을 배출하는 배출시설의 경우 배출시설의 설치제한지역에서 폐수무방류배출시설로 하여 이를 설치"할 수 있다. 이 경우 "배출시설의 설치제한지역에서 폐수무방류배출시설을 설치할 수 있는 지역 및 시설은 환경부장관이 정하여 고시"한다(법 제32조 제8항).

(b) 폐수종말처리장 설치   다음으로 법 제48조는 수질오염이 악화되어 환경기준의 유지가 곤란하거나 물환경 보전에 필요하다고 인정되는 지역 안의 각 사업장에서 배출되는 오염물질을 공동을 처리하여 공공수역에 배출하도록 하기 위해, 일정한 요건이 충족되는 사업자에게 폐수종말처리시설을 설치하도록 하고 있다. 따라서 일정한 경우에는 철강산업기업도 폐수종말처리 시설을 마련해야 할 것이다.

(c) 환경기술인 임명   나아가 법 제47조는 환경기술인 제도를 마련하여 사업자가 환경기술인을 임명할 것을 요구한다(제1항). 여기서 환경기술인이란 "배출시설과 방지시설에 종사하는 사람이 이 법 또는 이 법에 따른 명령을 위반하지 아니하도록 지도·감독하고, 배출시설 및 방지시설이 정상적으로 운영되

도록 관리"하는 사람을 말한다(제2항). 그러므로 철강산업기업 역시 배출시설과 방지시설을 갖추고 있는 경우에는 환경기술인을 임명해야 한다.

2) 규제위반에 대한 법적 제재

철강산업기업이 위에서 부과한 의무를 위반하는 경우에 법은 다음과 같은 법적 제재를 가한다.[21]

(a) 개선명령   먼저 법 제39조는 배출허용기준을 초과한 사업자에게 개선명령을 할 수 있도록 규정한다. 이에 따르면, "환경부장관은 제37조 제1항에 따른 신고를 한 후 조업 중인 배출시설(폐수무방류배출시설은 제외한다)에서 배출되는 수질오염물질의 정도가 제32조에 따른 배출허용기준을 초과한다고 인정할 때에는 대통령령으로 정하는 바에 따라 기간을 정하여 사업자에게 그 수질오염물질의 정도가 배출허용기준 이하로 내려가도록 필요한 조치", 즉 "개선명령"을 명할 수 있다. 그러므로 철강산업기업이 배출허용기준을 초과하여 오염물질을 배출하면, 환경부장관에 의해 개선명령을 받을 수 있다.

(b) 조업정지명령   뿐만 아니라, 법 제40조는 "조업정지명령"을 규정한다. 이에 따르면, "환경부장관은 제39조에 따라 개선명령을 받은 자가 개선명령을 이행하지 아니하거나 기간 이내에 이행은 하였으나 검사 결과가 제32조에 따른 배출허용기준을 계속 초과할 때에는 해당 배출시설의 전부 또는 일부에 대한 조업정지"를 명할 수 있다. 따라서 철강산업기업이 환경부장관으로부터 개선명령을 받고도 계속 배출허용기준을 초과하여 오염물질을 배출하게 되면, 법 제40조에 따라 환경부장관으로부터 조업정지명령을 받을 수 있다.

(c) 배출부과금   이외에 법 제41조는 "배출부과금"을 마련하고 있다. 여기서 배출부과금이란 일정한 환경기준을 초과하는 오염원의 배출량이나 그 잔류량에 대해 부과되는 부과금을 말한다.[22] 이런 배출부과금은 비록 사후적인 제재수단이기는 하지만, 이를 통해 사업자가 미리 배출허용기준을 준수하게끔 하려는 일반예방적 효과를 실질적인 목적으로 한다.[23] 법 제41조 제1항에 따르면,

---

21 이를 간략하게 정리하고 있는 문헌으로는 류지태, 앞의 책(주13), 139쪽 아래 참고.

22 류지태, 앞의 책(주13), 97쪽.

23 그러나 배출부과금 제도에는 여러 문제점이 담겨 있다. 이런 문제점을 간략하게 서술하는 류지태, 앞의 책(주13), 98쪽 참고.

배출부과금은 "기본배출부과금"과 "초과배출부과금"으로 나눌 수 있다. 이러한 배출부과금은 환경부장관이 수질오염물질을 배출하는 사업자나 허가를 받지 않고 혹은 신고를 하지 않고 오염물질을 배출하는 사업자 등에게 부과할 수 있다. 따라서 철강산업기업이 계속해서 배출허용기준을 초과하여 오염물질을 배출하거나, 허가 또는 신고를 하지 않고 오염물질을 배출하는 경우에는 배출부과금을 납부해야 한다.

　　(d) 과징금 처분　　　나아가 철강산업기업은 법 제43조에 따라 일정한 경우에는 환경부장관에 의해 과징금 처분을 받게 된다. 과징금처분은 법 제40조가 규정한 조업정지명령을 그대로 관철하게 되면 국민경제나 공익 등에 현저한 지장을 초래할 우려가 있을 때에 부과한다. 이를테면 법 제43조 제1항은 "환경부장관은 다음 각 호의 어느 하나에 해당하는 배출시설(폐수무방류배출시설은 제외한다)을 설치·운영하는 사업자에 대하여 제42조에 따라 조업정지를 명하여야 하는 경우로서 그 조업정지가 주민의 생활, 대외적인 신용, 고용, 물가 등 국민경제 또는 그 밖의 공익에 현저한 지장을 줄 우려가 있다고 인정되는 경우에는 조업정지처분을 갈음하여 매출액에 100분의 5를 곱한 금액을 초과하지 아니하는 범위에서 과징금을 부과"할 수 있다고 정한다. 이때 말하는 배출시설이란「의료법」에 따른 의료기관의 배출시설, 발전소의 발전설비,「초·중등교육법」및「고등교육법」에 따른 학교의 배출시설, 제조업의 배출시설, 그 밖에 대통령령으로 정하는 배출시설을 말한다(제43조 제1항 각호). 그러므로 가령 당해 철강기업에게 조업정지명령을 부과하는 것이 국민경제에 막대한 지장을 초래하는 때는 환경부장관은 조업정지명령 대신 과징금처분을 할 수 있다.

　　(e) 사용중지 및 폐쇄명령　　　마지막으로 법 제44조는 위법시설에 대한 사용중지 및 폐쇄명령을 규정한다. 이에 따르면, "환경부장관은 제33조 제1항부터 제3항까지의 규정에 따른 허가를 받지 아니하거나 신고를 하지 아니하고 배출시설을 설치하거나 사용하는 자에 대하여 해당 배출시설의 사용중지를 명하여야" 한다. 다만 "해당 배출시설을 개선하거나 방지시설을 설치·개선하더라도 그 배출시설에서 배출되는 수질오염물질의 정도가 제32조에 따른 배출허용기준 이하로 내려갈 가능성이 없다고 인정되는 경우(폐수무방류배출시설의 경우에는 그

배출시설에서 나오는 폐수가 공공수역으로 배출될 가능성이 있다고 인정되는 경우를 말한다) 또는 그 설치장소가 다른 법률에 따라 해당 배출시설의 설치가 금지된 장소인 경우에는 그 배출시설의 폐쇄를 명하여야" 한다.

(2) 대기환경보전법

「대기환경보전법」은 규율구조의 측면에서 「물환경보전법」과 크게 다르지 않다. 따라서 여기서는 「대기환경보전법」의 규율내용을 간략하게 정리하는 데 그치고자 한다.

1) 주요 규제내용

먼저 「대기환경보전법」(이하 '법'이라고 한다) 제16조는 물환경보전법과 마찬가지로 배출허용기준을 규정한다. 따라서 철강산업기업은 법 제16조가 정하는 배출허용기준을 준수해야 한다. 여기서 배출허용기준은 「물환경보전법」과 마찬가지로 총량규제에 입각하여 설정된다(법 제22조). 다음으로 법 제23조는 배출시설설치에 대한 허가 및 신고제를 마련한다. 나아가 「물환경보전법」과 마찬가지로 「대기환경보전법」 역시 환경기술인 제도를 도입한다(제40조).

2) 규제위반에 대한 법적 제재

법적 제재 역시 「물환경보전법」의 그것과 유사하다. 가령 법 제33조에서는 개선명령을 규정하고, 제34조에서는 조업정지명령을 두고 있다. 또한 제35조를 통해서는 배출부과금 제도를 인정하고 있고, 제37조에서는 과징금처분을, 제38조에서는 위법시설에 대한 사용중지와 폐쇄조치를 규정하고 있다.

4. 환경민사법을 통한 규제

(1) 불법행위에 의한 규제

철강산업에 대한 환경규제는 환경민사법을 통해 이루어질 수도 있다. 예를 들어, 어떤 철강기업이 철강을 제련하는 과정에서 오염물질을 바다에 배출하고, 이 오염물질로 인하여 인근주민에게 손해가 발생했다고 하자. 이 경우 인근주민은 민법 제750조가 규정하는 불법행위를 근거로 하여 자신의 손해를 배상할 것을 철강기업에게 요구할 수 있다. 물론 이 경우에는 민법 제750조에 따라 ① 인

근 주민에게 손해가 발생해야 하고, ② 이 손해행위가 철강기업의 오염배출행위
와 인과관계를 형성해야 하며, ③ 철강기업의 오염배출행위가 위법한 행위이어
야 한다. ④ 또한 원칙적으로는 오염배출행위가 철강기업의 과책(Verschulden)으
로 발생했어야 한다. 그런데 통상 실무를 보면, 이 중에서 ②의 인과성요건과 ③
의 위법성요건 그리고 ④의 과책요건이 쟁점으로 논의된다.

(2) 민법 제217조에 의한 규제

우리 민법 제217조 제1항은 다음과 같이 정한다. "토지소유자는 매연, 열기
체, 액체, 음향, 진동 기타 이에 유사한 것으로 이웃 토지의 사용을 방해하거나
이웃 거주자의 생활에 고통을 주지 아니하도록 적당한 조처를 할 의무가 있다."
그리고 제2항은 "이웃 거주자는 전항의 사태가 이웃 토지의 통상의 용도에 적
당한 것인 때에는 이를 용인할 의무가 있다"고 한다. 이 규정은 보통 민법교과
서에 따르면, 독일의 '이밋시온 금지'를 수용한 것이라고 한다.[24] 그래서 제217
조 제2항에서 말하는 "통상의 용도에 적당한 것"을 넘어서는 이밋시온이 발생
한 때에는, 달리 말해 환경오염 등으로 인한 생활방해가 있을 때는 이웃 거주자
또는 인근주민은 이 규정에 의거하여 환경오염방지를 청구할 수 있다. 따라서
만약 철강산업기업이 환경오염을 유발하고 이로써 인근주민들이 피해를 받는
경우에는 민법 제217조에 따라 철강산업기업에게 환경오염방지를 청구할 수 있
을 것이다.

5. 환경형법에 의한 규제

(1) 일반형법에 의한 규제

철강산업에 의한 환경오염은 일반형법으로도 규제할 수 있다. 예를 들어,
철강산업기업이 고의로 유독성 오염물질을 인근주민 근처로 흘려보내고, 이로
인해 인근주민이 상해를 입거나 사망한 경우에는 형법상 상해(제257조)나 중상
해(제258조) 또는 상해치사(제259조)가 성립할 수 있다. 물론 각 규정이 정한 구
성요건요소, 그 가운데서도 인과관계와 객관적 귀속 요건(제17조)을 충족해야

---

24 가령 곽윤직, 『물권법』(박영사, 1995), 309쪽 아래 참고.

한다. 그리고 과실로 위의 결과를 발생시킨 때는 형법상 업무상 과실치상이나 과실치사(제268조)가 성립할 수 있다. 뿐만 아니라, 철강산업기업이 오염물질을 상수도원에 무단으로 배출한 때는 형법 제192조 아래가 규정하는 음용수에 관한 죄가 성립할 수도 있다.

(2) 「환경범죄 등의 단속 및 가중처벌에 관한 법률」에 의한 규제

철강산업은 특별형법인 「환경범죄 등의 단속 및 가중처벌에 관한 법률」(이하 '법'으로 약칭한다)에 의해서도 형법적으로 통제된다.[25] 여기서 특히 철강산업기업과 관련될 수 있는 규정을 일별하면 아래와 같다. 먼저 법 제3조는 오염물질 불법배출에 대해 가중 처벌한다. 그리고 제4조에서는 환경보호지역 오염행위 등에 대해 가중처벌하고, 제5조에서는 업무상 과실 또는 중과실행위에 대해 가중처벌한다. 또한 제7조에서는 폐기물불법처리에 대해 가중처벌하며, 제8조에서는 누범규정을, 제10조에서는 양벌규정을 두고 있다. 제11조에서는 상당한 개연성을 조건으로 하여 인과관계를 추정하고 있으며, 제12조에서는 과징금 규정을, 제13조에서는 대집행규정을 두고 있다. 철강산업기업은 이를 통해 특별형법적으로 통제된다.

V. 철강산업에 대한 환경규제의 방향은?

지금까지 철강산업이 유발하는 환경오염 문제를 현행 법체계가 어떻게 규제하는지 살펴보았다. 이제 다음과 같은 물음을 다루어야 할 필요가 있다. 철강산업에 대한 환경규제는 어떤 방향을 향해야 하는가? 바꿔 말해, 철강산업에 대한 환경법적 법제화는 어떻게 추진되어야 하는가?

---

25 원래 이 법은 「환경범죄의 처벌에 관한 특별조치법」으로 제정되었다가 그 후 「환경범죄의 단속에 관한 특별조치법」으로 개정되었고, 다시 「환경범죄 등의 단속 및 가중처벌에 관한 법률」로 개정되어 오늘에 이르고 있다.

1. 법제화의 기초

(1) 철강산업과 환경보호의 실제적 조화

철강산업은 우리 경제에서 기초산업으로서 중요한 의미를 갖는다. 철강산업은 우리 경제체계가 원활하게 작동하는 데 필요한 기반이 된다. 그러므로 환경보호만을 위해 철강산업을 억제하거나 이를 폐지할 수는 없다. 이는 무분별한 '환경지상주의'에 지나지 않는다. 환경오염으로 인해 우리 인류가 위협받는 것과 마찬가지로, 실업 역시 우리의 생존을 위태롭게 한다. 하지만 다른 한편 철강산업이 경제성장에 중추적인 역할을 한다고 해서, 환경보호는 도외시하고 철강산업만을 육성할 수도 없다. 이 역시 비이성적인 '경제지상주의'에 지나지 않는다. 그러므로 한편으로는 철강산업육성을 통한 경제성장 유지를, 다른 한편으로는 철강산업으로 인한 환경오염 방지라는 두 마리 토끼를 한꺼번에 잡을 수 있도록 해야 한다. 이를 위해서는 두 가지 목표가 모두 최적의 상태를 이룰 수 있는 균형점을 찾고, 이 균형점에 입각하여 법적 규제를 해야 한다.[26] 이 균형점을 경제학의 용어로 말하면, '파레토 최적점'이 될 것이다. 그리고 이를 법적으로 표현하면, '실제적 조화'(praktische Konkordanz)가 가능한 지점이 된다.[27] 바꿔 말해, 철강산업육성을 통해 보호되는 경제적 기본권과 환경규제를 통해 보호되는 환경기본권 사이에 실제적 조화가 이루어져야 하는 것이다. 이는 우리 헌법의 기본권제한 규정인 제37조 제2항과도 합치한다. 그리고 양자 간의 실제적 조화는 제37조 제2항이 규정하는 비례성원칙을 통해 달성되어야 한다.

(2) 구조정책 우선의 법제화

한편 철강산업에 대해 환경규제를 할 때는 직접적인 제재 위주의 수단을 사용하기보다는 구조정책이라는 간접적인 수단을 우선적으로 사용해야 한다. 예를 들어, 환경형법상 형량을 가혹하게 올리기보다는 행정법적·경제법적 방법을

---

[26] 이러한 맥락에서 「환경정책기본법」 제9조는 환경과 경제를 통합적으로 고려할 것을 규정한다. 이에 따르면, "정부는 환경과 경제를 통합적으로 평가할 수 있는 방법을 개발하여 각종 정책을 수립할 때에 이를 활용하여야" 한다(제1항). 나아가 "정부는 환경용량의 범위에서 산업 간, 지역 간, 사업 간 협의에 의하여 환경에 미치는 해로운 영향을 최소화하도록 지원하여야" 한다(제2항).

[27] 실제적 조화에 관해서는 계희열, 『헌법학(상)』(박영사, 1997), 75쪽 아래 참고.

활용함으로써 철강기업 스스로가 자율적으로 환경친화적인 생산활동을 전개할 수 있도록 도와주어야 한다(자율적 관리방안 유도). 또한 철강기업이 환경친화적인 새로운 철강제련기술을 개발할 수 있도록 연구개발비를 보조해 주는 것도 좋은 방안이 된다.

(3) 법경제학적 관점 도입

아울러 법경제학적 시각을 환경규제에 도입하는 것도 경제성장과 환경보호의 실제적 조화를 도모하는 데 의미가 있다. 법경제학의 시각에서 보면, 공공재인 환경이 빈번하게 침해되는 것은 환경에 재산권이 설정되어 있지 않기 때문이다. 따라서 공공재인 환경에 재산권을 부여하여 각 개인에게 분배하면 환경오염이 방지된다고 한다. 이런 관점은, 비록 여러 한계를 안고 있기는 하지만, 국가나 지방자치단체가 행정규제를 위한 수단을 선택하는 데 유익한 시사를 한다. 예컨대, 현행 환경관련법규가 마련하고 있는 배출부과금 제도는 이런 법경제학적 시각을 반영한 것이다. 뿐만 아니라, 앞에서 제시한 구조정책 우선주의 역시 이런 법경제학적 사고를 고려한 것이다. 왜냐하면 법경제학의 측면에서 보면, 처벌 위주의 법제화는 상당히 효율성이 떨어지는 것으로서 설득력이 없기 때문이다.[28]

(4) 합리적 대화구조에 입각한 환경규제

마지막으로 그렇지만 가장 중요한 방안으로 환경규제를 위한 법제화는 합리적 대화구조에 입각하여 마련해야 한다는 것이다. 이때 합리적 대화구조에 입각하여 법제화가 마련되어야 한다는 것은, 쉽게 말해 환경규제를 위한 법제화가 어느 일방의 이익이나 관점만을 대변해서는 안 된다는 점을 뜻한다. 일단 법제화는 정부나 지방자치단체만 아니라 철강기업의 사용자와 노동자, 인근주

---

[28] 그 이유는 다음과 같다. 만약 어떤 환경법규가 규정한 벌금액이 1천만원이고, 오염정화시설을 운영하는 데 소요되는 비용이 5천만원이라고 하자. 그러면 사업자는 오염정화시설을 운영하기보다는 벌금액을 내는 것을 선택할 것이다. 이런 근거에서 직접적인 환경규제는 별 실효성이 없다. 설사 벌금액을 5천만원 이상으로 올린다 해도 일단 이 법규가 비례성원칙에 합치하는지 문제될 것이고, 비례성원칙에 합치한다 하더라도 이 경우에 사업자는 다른 편법, 가령 뇌물과 같은 방법을 동원하여 이러한 규제를 빠져나갈 가능성이 높다.

민, 환경단체 등이 모두 참여하는 과정에서 진행되어야 한다. 나아가 정부가 환경관련법규에 따라 행정규제를 할 때도, 행정절차를 통해 각 이해관계인들이 충분히 자기의 이익을 주장하고 논증할 수 있도록 보장해야 한다. 또한 현행 환경관련법규가 새로운 이해상황에 개방될 수 있어야 한다. 만약 이런 합리적 대화구조가 보장되지 않으면, 당해 법규는 어느 일방의 지배도구로 전락하고 말 것이다.

2. 철강산업에 대한 환경행정법의 법제화 방향

(1) 환경개념의 확정

본격적인 논의를 하기에 앞서, 환경규제의 대상인 환경개념을 어떻게 확정할 것인지 알아보자. 환경개념을 분명하게 설정하는 것은, 환경규제의 대상과 범위를 확정하는 데 의미가 있다. 환경개념에 관해서는 크게 두 가지 견해가 있다. 첫째 견해는 자연경관만을 환경으로 인정하려는 견해다. 이 견해에 의하면, 인간에 의해 형성된 인공환경은 환경개념에 포섭될 수 없다. 둘째 견해는 자연환경뿐만 아니라 인공환경까지 환경으로 인정하려는 견해다. 이 두 견해 가운데 첫째 견해가 타당하다고 생각한다. 만약 둘째 견해처럼 환경을 이해하면, 철강산업시설도 환경에 포함되고, 따라서 철강산업에 대한 환경규제는 그 의미를 잃어버리게 될 것이기 때문이다. 둘째 견해는 환경을 넓게 파악하여 규제의 범위를 확장하려는 의도를 갖고 있지만, 이러한 의도는 얻는 것보다 잃는 것이 더욱 많을 것이다. 아울러 둘째 견해는 인간의 인공환경, 가령 예술품이나 문화재도 환경개념에 포함시켜 보호대상으로 파악하려 하지만, 이런 대상들은 환경규제가 아닌 다른 규제로도 충분히 보호할 수 있다. 따라서 둘째 견해를 받아들이는 것은 타당하지 않다. 환경이란 자연환경만을 지칭하는 것으로 이해해야 한다.

(2) 환경행정법의 기본원칙 설정

종래 환경행정법에 의하면, 환경행정법의 기본원칙으로 사전배려원칙, 오염원인자 책임원칙, 협동의 원칙 등이 인정되어 왔다.[29] 여기서 사전배려원칙이

---

[29] 류지태, 앞의 책(주13), 68쪽 아래; 홍성방, 앞의 책(주3), 176쪽; 홍준형, 『환경법』(한울아카데미,

란 환경이 사업자 등에 의해 오염되기 전에 미리 환경위해행위들을 적절하게 규제해야 한다는 점을 뜻한다. 이런 사전배려원칙은 환경규제의 기초로서 언급한 구조정책 우선의 법제화와도 합치한다. 따라서 사전배려원칙에 의하면, 환경행정을 직접적으로 담당하는 행정청은 환경보호를 위해 철강기업에 대해 직접적인 규제수단을 우선적으로 사용할 수는 없다. 그 대신 환경기업이 자율적으로 환경친화적인 경영을 할 수 있도록 비공식적 행정수단과 같은 간접적인 규제수단을 우선적으로 선택해야 한다.

다음 오염원인자 책임원칙이란 환경오염을 일으킨 원인행위자가 책임을 부담해야 한다는 점을 뜻한다. 이 원칙은 근대 자유주의적 법체계가 정립한 자기책임원칙을 달리 말한 것이라 할 수 있다. 또한 오염원인자 책임원칙은 민법상 기본원칙인 과실책임원칙과도 상통하는 면이 있다. 그 이유는 과실책임원칙은 행위자에게 과책이 있는 경우에만 결과발생에 대한 책임을 인정함으로써 책임귀속의 범위를 제한하려는 것과 같이, 오염원인자 책임원칙도 오염결과에 대해 인과관계가 인정되는 오염원인행위를 한 사람에게만 책임을 귀속시키려는 것이기 때문이다. 따라서 오염원인자 책임원칙은 인과관계를 전제로 하여 환경책임법상 책임귀속을 제한하려는 의미를 함의한다. 그런데 문제는 행정현실을 돌이켜 보면, 통상 오염행위에 대해서는 인과관계를 분명히 확정하기 어렵다는 점이다. 이 때문에 만약 오염원인자 책임원칙을 그대로 관철하면, 실제 환경오염기업은 거의 책임을 지지 않는다는 불합리한 결과가 나올지도 모른다. 다른 한편 이 원칙은 환경책임의 결과를 모두 오염원인자에게만 부담시킴으로써, 가령 철강산업기업과 같은 오염원인자에게 너무 과도한 요구를 한다는 정반대의 의미도 함의한다.

이런 이유에서 협동의 원칙이 중요한 의미를 차지할 수 있다. 협동의 원칙이란 환경오염의 관련 이해관계인이 모두 협력하여 환경오염을 방지해야 한다는 점을 뜻하기 때문이다. 생각해 보면, 환경오염에 대해서는 어느 일방에게만 책임을 물을 수 없다. 원래 자연환경이란 서로 복잡한 유기적 관계를 맺고 있는

1995), 25쪽 아래 등 참고.

생태계의 총체를 뜻하기에 자연환경의 파괴가 어느 한 원인으로부터만 비롯되었다고 말할 수는 없기 때문이다. 그러므로 환경법 영역에서는 오염원인자 책임원칙보다는 협동의 원칙이 더욱 중요한 의미를 가질 것이다. 위에서 법제화의 기초로 언급한 합리적 대화구조에 입각한 환경규제는 이 원칙을 달리 표현한 것이기도 하다.

결론적으로 말해, 환경행정법의 기본원칙으로는 사전배려원칙과 오염원인자 책임원칙을 가장 우선적인 원칙으로 설정해야 한다. 다만 오염원인자 책임원칙은 협동의 원칙을 통해 상호 보완되어야 할 필요가 있다.

(3) 법제화와 관련된 개별적인 문제점 해소

여기서 환경행정법의 법제화방향을 모두 상세하게 논의할 수는 없다. 이는 필자의 능력을 넘어서는 일이다. 다만 법제화와 관련을 맺는 개별적인 문제점 몇 가지를 언급하고 이를 극복할 수 있는 방안을 제시하는 데 만족하려 한다.

1) 배출허용기준 설정의 문제

우선적으로 문제 삼을 만한 것은 환경기준, 구체적으로 말해 배출허용기준 설정문제이다. 예를 들어 「물환경보전법」 제32조는 배출허용기준의 구체적인 내용을 환경부령에 위임하고 있다. 일단 이런 위임입법이 정당한지 문제될 수 있다. 결론적으로 말한다면 이는 정당하다. 이미 우리 헌법은 제95조에서 법률 가운데 일정한 내용을 부령으로 위임할 수 있다고 규정하고 있기 때문이다. 이때 법률에서 구체적인 범위를 정하여 위임할 필요가 있는데, 「물환경보전법」 제32조는 '배출허용기준'이라는 범위를 정하고 있으므로 이 요건은 충족된다. 나아가 배출허용기준은 단순히 입법자에 의해 결정될 수 있는 것이 아니라, 고도의 과학·기술을 바탕으로 하여 결정해야 할 문제이다. 또한 새로운 상황이 발생했을 때를 대비하여 탄력적으로 변경될 필요가 있으므로, 이를 환경부령에 위임하는 것은 정당하다.

문제는 배출허용기준을 어떤 기준에 의해 설정해야 하는가이다. 이는 전적으로 과학·기술에 의존한다.[30] 그런데 어떤 배출허용기준이 일정한 과학적 견

---

30 이는 환경법이 과학·기술과 밀접한 관련을 맺고 있음을 보여준다.

해에 따라 설정되었다고 할 때, 그 과학적 견해가 과연 타당한 것인지는 전문과
학자 이외에는 알기 어렵다. 이는 환경과학이 고도의 복잡성을 띠고 있다는 점
에 비추어볼 때 더욱 그렇다. 사실 이런 현상은, 이미 울리히 벡이 지적하고 있
듯이 현대 위험사회가 보여주는 전형적인 특징이다.[31] 그래서 벡은 이런 위험사
회에서 과학·기술에 의해 모종의 기만이 이루어질 수 있다고 한다. 특히 허용
기준은 그 대표적인 경우라고 말한다.[32] 이 때문에 심지어 벡은 위험사회는 지
식에 의해 지배된다고 한다.

　　이런 벡의 지적은 상당한 설득력을 갖는다고 생각한다. 그러므로 특히 배출
허용기준을 설정할 때, 허위의 과학·기술이 개입하지 않도록 하는 것이 중요하
다. 그러면 어떻게 허위의 과학·기술이 배출허용기준에 개입하는 것을 막을 수
있을까? 이에 대해서는 앞에서 말한 합리적 대화구조에 입각한 법제화가 한 가
지 해결책이 될 수 있다. 환경부령으로 배출허용기준을 설정할 때 단순히 환경
부에 소속된 관료와 이들이 위촉한 과학·기술자에 의해서만 설정되도록 할 것
이 아니라, 다른 이해관계인이 이들이 대동한 전문가와 함께 참여할 수 있도록
해야 한다는 것이다. 그래야만 배출허용기준 설정에 대한 과학·기술의 독점을
막을 수 있다.

2) 배출부과금 문제

　　현행 환경관련법규가 마련하고 있는 배출부과금 제도는 여러 문제점을 내포
하고 있다. 가장 큰 문제는 배출부과금이 너무 적게 책정되어 있다는 것이다. 이
때문에 현실적으로 다수의 환경오염관련 사업자들이 오염방지시설을 갖추고 운
영하기보다는 차라리 배출부과금을 내는 쪽을 선택한다고 한다.[33] 또한 배출부과
금을 오직 환경오염유발 사업자에게만 부과하는 것은 타당하지 않다. 이는 비록
오염원인자 책임원칙에는 합치한다 하더라도, 협동의 원칙에는 맞지 않는다. 또
한 장기적으로 보면 이렇게 사업자, 가령 철강산업기업에게만 배출부과금을 부과
하는 것은 여러 탈법 및 위법행위를 조장하여 큰 실효성을 거두지 못할 것이다.

---

31 U. Beck, 앞의 책(주1), 100쪽 아래.
32 U. Beck, 앞의 책(주1), 120쪽 아래.
33 류지태, 앞의 책(주13), 98쪽.

3) 다양한 환경행정작용수단의 부재

현행 환경관련법규, 대표적으로 「물환경보전법」만을 일별하더라도 환경관련법규가 다양한 행위조정수단을 마련하고 있지 않다는 점을 확인할 수 있다. 주로 직접적인 규제 위주의 수단만을 선택하고 있는 것 같다. 그러나 이런 규율태도는 환경행정법의 기본원칙인 사전배려원칙이나 협동의 원칙에 합치하지 않는다. 환경오염관련 기업, 예컨대 철강산업기업은 단지 규율의 객체로만 의미를 갖는 것이 아니다. 오히려 철강산업기업은 환경규제관청과 마찬가지로 환경오염을 방지해야 하는 참여자로 파악되어야 한다. 그러므로 통제 중심의 직접적인 행위조정수단보다는 간접적이면서 다양한 행위조정수단을 선택할 필요가 있다. 이를테면 법경제학에서 논의되는 오염배출권 제도나 비공식적 행정작용인 협상 등을 환경행정작용수단으로 선택할 필요가 있다.

4) 환경행정작용의 실효성 확보

철강산업에 대해 적절한 환경규제를 실시하려면, 현재 존재하는 환경관련법규를 실효성 있게 관철하는 것이 중요하다. 사실 이미 우리 환경법은 상당 부분 의미 있는 규정들을 마련하고 있다. 따라서 이들 규정을 적절하게 시행하고 관철하면, 어느 정도 효과적으로 환경을 보호할 수 있다. 그렇지만 현실적으로 볼 때, 이들 규정들이 관철되지 않는, 말 그대로 잠자고 있는 경우가 많은 것 같다. 이는 어쩌면 환경부가 안고 있는 인적·물적 자원의 한계에서 비롯하는 것인지도 모른다. 하지만 다른 한편 환경부와 같은 행정관청들이 환경관련 사업자들이나 기업들을 선별적으로 통제하는 데서도 그 원인을 찾을 수 있을지 모른다. 또한 간혹 드러나는 기업과 권력의 유착 등으로 인해 환경규제가 작동하지 않는 경우도 있다. 그러므로 이런 원인들을 제거하여 환경행정작용의 실효성을 확보하는 것이 필요하다.

(4) 독자적인 환경법 제정

우리 환경행정법규들의 체계를 보면, 이들은 각기 개별적으로 마련되어 있을 뿐, 독자적인 환경법이라는 이름 아래 통일적·체계적으로 자리 잡고 있지는 않다는 점을 알 수 있다. 물론 우리 법체계도 「환경정책기본법」이라는 독자적인 규정을 두고 있다. 하지만 이 규정은 여러 면에서 부족한 점이 많은 것이 사실이다. 이 법은 국가와 지방자치단체·사업자의 책무(제4조, 제5조), 국민의 권리와 의무(제6조), 오염원인자 책임원칙(제7조), 환경오염 등의 사전예방(제8조), 환경기준설정(제12조), 환경계획수립(제14조 아래), 환경영향평가(제41조) 등을 규정하고 있다. 그렇지만 그밖에 환경오염을 방지하고 환경기본권을 보장하는 데 필요한 다양한 환경행정작용수단 등을 마련하고 있지는 않다. 따라서 이러한 수단들을 총칙적으로 규정하는 이른바 '환경법총칙'을 고려해 보는 것도 의미가 있다고 생각한다.

3. 철강산업에 대한 환경민사법의 법제화 방향

(1) 불법행위 인정범위의 확장

철강산업기업 등에 의해 발생하는 환경오염은 주로 민법 제750조의 불법행위에 의해 규제된다. 이는 법원실무에서도 마찬가지다. 그런데 환경오염에 이러한 불법행위를 적용하는 것과 관련해서는 세 가지 논점이 문제된다.

첫째는 인과관계 문제이다. 사실 어떤 환경오염이 정확히 어떤 원인에 의해 발생했는지를 밝히는 것은 쉽지 않다. 왜냐하면 이를 밝히려면 고도의 과학·기술에 바탕을 둔 지식이 필요하고, 또 환경오염은 보통 복합원인에 의해 발생하는 것이 다반사이기 때문이다. 예를 들어 낙동강이 심하게 오염되었을 때, 이 오염이 구체적으로 어느 사업체에 의해 야기되었는지 파악하는 것은 쉽지 않다. 낙동강 유역에서는 수많은 사업체가 폐수를 방류하고는 했기 때문이다. 원래 민사소송에서 불법행위의 성립요건은 주로 피해자인 원고가 증명해야 한다(규범설). 그런데 피해자들은 통상 가해자인 사업자에 비해 환경오염에 관한 과학·기술적 지식이 부족한 경우가 많고, 인간관계를 증명할 수 있는 증거방법도 주로 가해자 쪽에 있는 경우가 많기 때문에 인과관계를 증명하는 것은 쉽지 않다. 그래서 법원 실무는 이런 난점을 해결하기 위해 개연성이론이나 간접반증이론을 원용하여 인과관계를 인정하기도 한다.[34]

---

[34] 개연성이론에 관해서는 대법원 1974. 12. 10. 선고 72다1774 판결 등 참고. 간접반증이론에 관해

둘째는 과책인정 문제이다. 과책 역시 인과관계와 마찬가지로 증명하기가
곤란하다. 왜냐하면 가령 철강산업기업이 과연 주의의무를 위반하였는지 여부
를 판단하는 것은 쉽지 않기 때문이다. 그 때문에 법원 실무는 일찍부터 증명책
임완화를 통해 과책을 손쉽게 증명할 수 있도록 하였다. 이는 곧 법원이 환경오
염에 대한 불법행위의 인정범위를 점차 확대하고 있음을 보여준다.

셋째는 오염발생행위의 위법성 판단문제이다. 이 점이 문제되는 것은 가령
철강기업이 관련행정법규를 준수하여 오염물질을 배출하였는데도 인근주민에
게 손해가 발생하는 경우가 있기 때문이다. 이때 오염물질 배출행위에 위법성
을 인정할 수 있는지 문제된다. 왜냐하면 일단 이 행위는 해당 행정법규를 준수
했기 때문이다. 그러나 환경행정법과 환경민사법은 각각 다른 규범목적을 추구
한다. 이를테면 환경행정법은 적절한 환경규제를 목표로 하지만, 환경민사법은
공평한 손해전보를 목표로 한다. 이렇게 규범목적이 각기 다르다면, 위법성도
각기 다르게 판단할 수 있다. 그렇다면 설사 관련행정법규를 준수하였다고 해
도, 민사법 영역에서는 관련 이익을 종합적으로 판단하여 위법성을 인정할 수
있다(관계적 위법성론).

(2) 불법행위 확장의 한계

그렇지만 이렇게 피해자 측의 입장을 강조하여 불법행위 인정범위를 무작
정 확장하는 것은 문제가 있다.[35] 왜냐하면 불법행위를 무작정 확장하면, 장기
적으로 볼 때, 철강기업과 같은 사업자들은 생산활동에 부담감을 갖게 될 것이
며, 이로 인해 경제성장이 둔해질 것이기 때문이다. 뿐만 아니라, 불법행위를
과도하게 확장하면 근대 민법이 정돈한 과책주의를 파괴할 수도 있다. 이렇게
되면, 그 후유증은 다시 피해자 측인 일반 시민들에게 되돌아올 것이다. 또한
이는 철강산업과 환경보호의 실제적 조화원칙에도 합치하지 않는다. 그러므로
과책주의에 바탕을 두고 있는 불법행위책임을 환경영역에서 무한정 확대하는

서는 대법원 1984. 6. 12. 선고 81다588 판결 참고.
[35] 이는 독일의 법사회학자 토이브너(G. Teubner)가 제시한 '조종의 트릴레마'(regulatorisches Trilemma)가 잘 말해준다. G. Teubner, "Verrechtlichung", in: Kübler (Hrsg.), *Verrechtlichung von Wirtschaft, Arbeit und sozialer Solidarität* (Frankfurt/M., 1985), 313쪽 아래 참고.

것은 법도그마틱의 측면뿐만 아니라 법정책의 측면에서도 바람직하지 않다.

(3) 위험책임과 환경책임보험의 도입

그렇다면 이러한 난점을 어떻게 해결할 수 있을까? 이 문제는 위험책임과 환경책임보험을 도입함으로써 해결할 수 있을 것이다. 여기서 위험책임이란 과책을 요건으로 하여 책임귀속을 하는 것이 아니라, 위험원의 지배·관리를 요건으로 하여 책임귀속을 하는 책임체계를 말한다.[36] 그런데 여기서 주의해야 할 점은, 위험책임은 단순히 무과실의 불법행위책임을 의미하는 것은 아니라는 것이다. 오히려 위험책임은 불법행위책임과는 구분되는 독자적인 책임체계로 보아야 한다. 따라서 무작정 환경오염피해가 발생했다고 해서 책임귀속을 인정할 것이 아니라, 위험원의 관리·지배라는 독자적인 요건을 충족하는 경우에만 비로소 책임귀속을 인정해야 할 것이다.

한편 이런 위험책임은 그 혼자만으로는 제대로 작동할 수 없다. 위험책임만을 인정하는 것은 철강기업과 같은 사업자에게 너무 과중한 요구를 하는 것이기 때문이다. 그러므로 위험책임과 더불어 환경책임보험을 도입해야 할 필요가 있다. 그리고 환경책임보험에서 보험료를 납부해야 하는 의무자를 오직 사업자로만 한정해서는 안 된다. 환경오염방지로 혜택을 입는 자는 광범위하게 걸쳐 있기 때문이다. 그러므로 일정한 한도에서는 국가, 지방자치단체, 인근주민 등도 환경책임보험의 계약자 또는 보험료 납부자가 될 필요가 있다.

(4) 독자적인 환경책임법 입법

장기적으로 보면, 독자적인 환경책임법을 입법하는 것이 바람직할 것이다. 그 이유는 독자적인 환경행정법을 제정해야 하는 이유와 마찬가지이다. 아예 독자적인 환경법을 마련하여 이 안에 환경행정법과 환경책임법 모두를 두는 것도 유용한 방안이 될 것이다.

---

36 위험책임론에 관해서는 김형배, "위험책임론", 『민법학의 회고와 전망』(한국민사법학회, 1992), 781쪽 아래 참고.

4. 철강산업에 대한 환경형법의 법제화 방향

(1) 환경형법에 의한 규제가 어려운 이유

철강산업은 일반형법과 특별형법인 「환경범죄 등의 단속 및 가중처벌에 관한 법률」에 의해 형법적으로 통제된다. 그러나 사실 현대 위험사회에서 환경오염과 같은 위험을 형법으로 대처하는 데는 여러 난점이 있다.[37] 이는 크게 형법정책의 측면에서 그리고 형법도그마틱의 측면에서 그 이유를 찾을 수 있다.

1) 형법정책상 어려움

먼저 형법정책적인 측면에서 어려움이 등장한다. 원래 형법이란 범죄에 대해 형벌을 부과하는 것을 목적으로 하는 실정법이다. 따라서 형법이 사회에 효과적으로 투입되려면, 그 전제로서 형벌의 목적을 파악할 필요가 있다. 지배적인 형법학에 따르면, 형벌의 목적으로는 응보, 일반예방, 특별예방이 논의된다. 이 중에서 응보이론은 그 자체 여러 난점을 안고 있으므로 여기서 채택하기는 어렵다. 다음 특별예방이론도 특히 개인 수형자를 대상으로 하기에 이 또한 부적절하다. 따라서 남는 것은 일반예방이론이다. 일반예방이론은 다시 소극적 일반예방이론과 적극적 일반예방이론으로 구별되고, 적극적 일반예방이론은 다시 통합예방이론과 적극적 일반예방이론으로 세분화된다. 여기서 통합예방이론에 의하면, 환경범죄에 대해 형벌을 부과하는 것은 사회통합을 위해 필요한 것이므로 인정된다. 하지만 독일의 하쎄머 등에 의해 전개된 적극적 일반예방이론에 의하면, 과연 환경형법이 일반예방적 효과를 거둘 수 있는지 의문이 제기된다.[38] 또한 환경형법은 정형화원칙도 파괴하는 것이므로 적극적 일반예방효과를 거두기 어렵다고 한다.

이들 견해 가운데 하쎄머의 적극적 일반예방이론이 상당한 설득력을 갖는다고 생각한다. 물론 어느 정도는 환경형법에 일반예방적 효과를 인정할 수는 있을 것이다. 가령 고의로 환경오염행위를 하는 경우가 그렇다. 그러나 인과관계가 불분명하거나 고도의 주의의무위반으로 환경오염행위가 발생하는 경우에

---

[37] 이 점을 폭넓게 다루는 문헌으로는 C. Prittwitz, *Strafrecht und Risiko* (Frankfurt/M., 1993) 참고.
[38] 이에 대해서는 위의 책(주37), 228쪽 아래 참고.

는 이런 효과를 인정하기 어렵다. 그러므로 환경규제를 위해 형법을 투입하는 것은 제한적으로만 이루어져야 한다.

2) 형법도그마틱상 어려움

다음 철강산업을 환경형법으로 규제하는 데는 형법도그마틱상으로도 어려움이 존재한다. 첫째, 「환경범죄 등의 단속 및 가중처벌에 관한 법률」 제11조가 잘 보여주는 것처럼, 환경범죄의 경우에는 인과관계를 인정하기가 쉽지 않다. 이런 이유에서 제11조는 상당한 개연성이 인정되면 인과관계를 추정한다. 이는 민법학에서 정립된 개연성이론을 수용한 것이다. 그러나 이렇게 인과관계를 섣불리 인정하면, 형법도그마틱의 범죄체계론이 정립한 인과관계 도그마틱을 파괴할 우려가 있다. 이는 동시에 자유주의적·법치국가적 형법의 파괴를 의미한다. 이런 현상은 과실 도그마틱에서도 찾아볼 수 있다. 본래 과실개념은 성향개념으로서 해석자의 자의가 개입하기 쉽다. 이 때문에 과실개념은 피해자보호 우위의 형법정책을 관철하기 위한 수단으로 전락할 우려가 있다. 그러나 이런 방향은 과실 도그마틱을 유명무실하게 만들 수 있다. 결론적으로 말해, 환경오염을 억제하고자 「환경범죄 등의 단속 및 가중처벌에 관한 법률」과 같이 자유주의적·법치국가적 형법도그마틱을 파괴할 수 있는 형법적 수단을 환경오염사건에 투입하는 것은 그리 바람직하지 않다고 말할 수 있다.

(2) 자유주의적·법치국가적 형법에 의한 규제

그렇다면 철강산업에 의해 유발되는 환경오염을 어떻게 형법적으로 규제할 것인가? 이런 의문은 별도의 논의를 필요로 할 만큼 대답하기 쉽지 않다. 따라서 여기서 이 의문을 정면에서 다룰 수는 없다. 다만 결론만을 간략하게 언급하면, 환경오염으로 인해 발생하는 환경범죄에 대해서는 자유주의적·법치국가적 원칙에 따라 형법을 투입해야 한다는 것이다. 법익보호원칙, 책임원칙, 비례성원칙, 죄형법정주의원칙과 같은 근대형법의 규범원칙에 입각하여 철강산업이 야기하는 환경범죄를 형법으로 규제해야 한다는 것이다.[39]

---

39 이와 달리 환경범죄에 대해 형법이 효율적으로 대처해야 한다는 주장으로는 신동운, "환경범죄의 효율적 대처방안", 『형사정책연구』 제2호(1990. 11), 7~52쪽 참고.

5. 자율적인 환경규제 방안

지금까지 철강산업에 대한 환경규제방안을 제시하였다. 이런 환경규제방안은 타율적인 관리방안이다. 그러나 타율적인 관리방안은 단기적으로는 효과가 있을지 몰라도, 장기적으로 보면 궁극적인 해결책은 되기 어렵다. 그러므로 아무래도 환경보호는 철강산업기업 스스로가 자율적으로 행하는 것이 가장 바람직할 것이다.

그러면 어떻게 철강기업이 자율적으로 환경을 규제할 수 있는가? 이에 대해서는 우선 우리「물환경보전법」이나「대기환경보전법」이 규정하는 환경기술인 제도가 한 가지 해답이 된다. 그리고 유럽에서 도입하고 있는 환경심사제도 등도 좋은 참고가 된다.[40] 이외에 다른 방법들도 모색할 수 있다. 만약 일정 한도의 오염행위를 막을 수 없다면, 이러한 환경오염을 방지하는 것과 직접적인 관련을 맺지 않는 다른 환경보호를 선택할 수도 있다. 가령 나무심기운동이나 주요생태계 보존운동 그리고 논란이 있기는 하지만 각종 환경시민단체에게 자금을 자원하는 것도 유용한 방안이 될 수 있다.

---

[40] 환경심사제도에 관해서는 류지태, 앞의 책(주13), 228쪽 아래; 박수혁, "환경감사에 관한 법제도적 고찰",『환경법연구』제16권(1994. 12), 41~60쪽 등 참고.

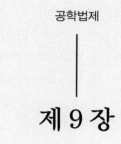

제 9 장

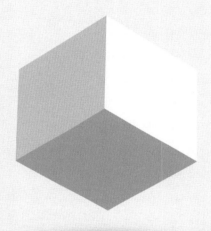

그 밖의 공학법제 문제

제9장에서는 이 책의 마지막 논의로서 공학법제 또는 공학도가 고민해야
하는 몇 가지 법적 문제를 간략하게 소개하고자 한다.

제1절

자동차의 철학과 법

오늘날 자동차는 여러모로 아주 중요한 제조물이자 상품, 수단, 문화가 되고 있다. 자동차 산업은 우리나라의 핵심 성장동력이 되고 있을 뿐만 아니라 사회적·문화적으로 다양한 의미를 갖고 있다. 바로 이 때문에 다양한 철학적·법적 질문과 문제를 제시한다. 아래에서는 이렇게 현대사회에서 아주 중요한 필수품이 되고 있는 자동차가 우리에게 던지는 철학적·법적 문제를 간략하게 소개하고자 한다.

1. 자동차의 철학적 문제

자동차에 관해서는 다음과 같은 철학적 문제가 제기된다. 시간이 허락되면, 한 번 깊이 있게 음미해 보길 권한다.

(1) 자동차의 본질

몇 년 전 모 자동차 회사에서 '자동차의 본질'을 전면에서 내세우면서 자동차 광고를 한 적이 있다. 해당 자동차는 자동차의 본질에 충실하다는 점을 강조한 것이다. 이에 관해 다음과 같은 철학적 의문을 던질 수 있다. 자동차의 본질은 무엇일까? 자동차의 본질이라는 것이 과연 존재하는 것일까? 만약 존재한다

하더라도 그것은 변하지 않는 것일까? 그때 광고에서는 "잘 달리고, 잘 돌고, 잘 멈추는 것"을 자동차의 본질로 제시하였다. 그러나 오늘날 자동차를 구입하는 소비자들을 보면, 반드시 이 점을 고려해서 자동차를 구입하지는 않는다. 오히려 우스갯소리로 자동차를 고를 때는 '승차감'보다는 '하차감'(?)을 고려해야 한다는 주장도 나올 정도이다. 예를 들어, 절대 스포츠 주행을 하지 않을 소비자들이 매우 값비싼 스포츠 자동차를 구입한다. 이러한 점을 감안하면 과연 오늘날 우리는 자동차의 본질이 무엇이라고 말할 수 있을지 의문이 든다. 더 나아가 철학의 견지에서 볼 때 과연 자동차의 본질이라는 것이 있는지, 그것은 변하지 않는 것인지도 질문을 던질 수 있을 것이다.

(2) 자동차의 가치

자동차의 본질과 관련하여 함께 생각해 볼 문제는 자동차의 가치를 무엇으로 볼 것인가 하는 점이다. 자동차의 가치는 고정된 것일까, 아니면 이는 마치 사용가치와 교환가치가 구별되는 것처럼 다원적으로 분화되는 것일까? 어떤 사람에게 자동차는 달리는 운송수단으로서 가치를 가질 것이다. 이와 달린 어떤 사람에게 자동차는 자신의 사회적 성공을 과시하기 위한 수단이 될 것이다. 또 어떤 사람은 자동차 그 자체를 아름다움의 대상으로 여길 수도 있다. 이처럼 자동차의 가치가 무엇인가를 생각하다 보면 아주 흥미로운 관점들과 만나게 된다. 또한 이러한 자동차의 가치문제가 결국에는 자동차의 본질문제와 관련을 맺을 수밖에 없다는 점을 알게 된다. 철학적으로 바꾸어 말하면, 자동차의 본질문제는 존재론적 문제이고, 자동차의 가치문제는 가치론적 문제인데, 양자는 서로 분리되는 것이 아니라 결합된다는 점이다.

(3) 자동차와 민주주의 및 양극화

법철학 및 정치철학의 측면에서 볼 때 자동차는 민주주의와도 관련을 맺는다. 이를 잘 보여주는 예가 바로 독일의 유명한 '폴크스바겐'(Volkswagen)으로 대변되는 국민차 또는 중형차라고 말할 수 있다. 독일의 포르쉐(Ferdinand Porsche) 및 미국의 헨리 포드(Henry Ford)에 의해 자동차가 일반 대중의 필수품이 되는 시대가 열리게 되었다. 여기에는 두 가지 의미가 담겨 있다. 첫째, '포

드주의'(fordism)로 대변되는 대량생산경제가 구현되면서 자본주의가 급속하게
발전하게 되었다는 점이다. 둘째, 국민차 및 중형차 시대가 개막되었다는 것은
그만큼 민주주의가 확산되었다는 것을 의미한다는 점이다. 요컨대 자동차, 그
중에서도 중형차는 민주주의의 발전과 확대를 대변한다. 그 점에서 자동차 산
업의 발전과 민주주의의 성장 사이에는 밀접한 관련성이 보인다. 민주주의와
대량생산경제가 발전하면서 중산층이 성장하고, 이들로 인해 자동차 산업 역시
성장할 수 있었다는 것이다. 그러나 최근 들어 자동차와 민주주의 그리고 자본
주의는 모두 위기를 맞고 있다. 양극화의 위기가 그것이다. 이른바 '부익부 빈
익빈'이 상징하는 자본주의 경제체계의 양극화가 심해지고 있다. 이로 인해 정
치체계의 구성원리인 민주주의 역시 약화되고 있다. 민주주의에 의한 정치적
통합보다는 정치적 노선과 이념에 따른 갈등 및 투쟁이 심화되고 있는 것이다.
이는 자동차의 측면에서 볼 때 중형차의 위기로 이어진다. 오늘날 자동차 산업
에서도 양극화가 심화되고 있는 것이다. 국민차, 중형차가 설 자리는 점점 좁아
지고 대신 아주 비싼 차와 아주 저렴한 차만이 잘 팔리고 있을 뿐이다. 이제 중
형차는 몰락을 맞게 되는 것일까?

(4) 자동차와 모순

　철학적으로 보면, 자동차는 모순 또는 역설과도 밀접한 관련을 맺는다. 이
는 아주 흥미로운 현상이다. 예를 들어, 우리는 자동차 개발자에게 서로 모순되
는 요청을 한다. 한편으로는 자동차의 출력을 더욱 강력하게 올리면서도, 다른
한편으로는 연비 역시 강화할 것을 요청한다. 또한 자동차 탑승자를 더욱 안전
하게 하면서도, 보행자 등이 자동차 사고로부터 더욱 보호받을 수 있도록 자동
차를 설계할 것을 요구한다. 이러한 요구는 자동차에 대한 법적 규제로 반영된
다. 이러한 모순적 요구는 자동차 개발자나 제조업자를 골치 아프게 만든다. 이
는 그들에게 너무나 무리가 되는 요구이자 도전이 된다. 그런데 흥미로운 것은
이 같은 모순적인 요구 덕택에 자동차는 그만큼 더 발전을 해왔다는 것이다. 무
리해 보이는 역설적인 요구 때문에 자동차 공학 및 산업의 혁신이 이루어진 것
이다. 이를 예증하듯이, 그간 자동차의 출력 및 연비가 동시에 향상되었을 뿐만

아니라 하이브리드 자동차나 전기차, 수소차 같은 새로운 친환경 자동차가 개발되었다. 이 점에서 모순과 역설은 어쩌면 세상의 거의 모든 일에 내재해 있는 것으로서 우리가 피할 수 없는 일이 아닌가 한다. 또한 모순과 역설이 오히려 창의성이 발현되는 데 기여하는 것이 아닐까 하는 생각도 든다.

2. 자동차의 법적 문제

자동차에 관해서는 다양한 법적 문제가 제기된다. 그 중에서 중요하면서도 깊이 생각할 만한 문제로서 다음을 꼽을 수 있다.

(1) 융합법학으로서 자동차 법학

먼저 논의의 출발점으로 자동차의 법적 문제를 연구하는 자동차 법학의 성격을 언급할 필요가 있다. 자동차 법학은 가장 대표적인 전문법학이자 융합법학에 해당한다. 이는 자동차 법학의 대상이 되는 자동차 자체가 다양한 학문영역과 관련을 맺는 흥미로운 인류의 지적 산물이라는 점에 기인한다. 애초에 자동차는 기계공학과 직접적으로 관련된다. 기계공학에서 연구하는 상당수의 학문적 내용들이 자동차에 응용된다. 그런데 오늘날 자동차는 더 이상 기계공학의 전유물이 되지 않고 있다. 오히려 자동차는 전자공학 및 컴퓨터공학, 재료공학, 전기공학 및 인공지능공학이 결합되는 융합학문의 대상으로 변모하였다. 뿐만 아니라 자동차는 개발되고 생산되며 판매되고 운행되는 과정에서 다양한 법과 관계를 맺는다. 이로 인해 자동차는 민법, 제조물 책임법, 행정법, 보험법, 형법 등과 같은 여러 법의 연구대상이 된다. 바로 이 같은 이유에서 자동차를 다루는 자동차 법학은 과학적·공학적 관점과 윤리적 관점 및 법적 관점을 다양하게 그리고 입체적으로 필요로 하는 융합법학으로 자리매김 한다.

(2) 자동차와 행정법적 규제

자동차에 관해서는 우선적으로 행정법적 규제가 문제가 된다. 자동차를 어떤 기준으로 만들어야 하는지, 자동차를 도로에서 어떻게 운행해야 하는지를 「자동차관리법」이나 「도로교통법」 등과 같은 행정법이 규제하기 때문이다. 이러한 행정법적 규제에 관해서는 크게 세 가지 쟁점을 생각할 수 있다. 첫째, 자동차가 야기하는 위험을 적절하게 예방하고 관리하기 위해 자동차에 대한 규제를 유지하거나 강화할 것인가, 그게 아니면 제4차 산업혁명이 강조하는 혁신을 위해 과감하게 규제를 풀 것인지가 문제된다. 이에 관해 최근 '포괄적 네거티브 규제 전환'이나 '규제 샌드박스'(regulatory sandbox) 등이 새로운 규제형식으로 논의된다. 둘째, 자동차를 규제하기 위한 방안으로 전통적인 규범적 규제방식을 여전히 주로 사용할 것인지, 아니면 '물리적·기술적 규제'나 '아키텍처 규제'(architectural regulation)와 같은 새로운 규제방식을 강화할 것인지가 문제된다. 자동차에 대한 후자의 규제방식으로는 '과속방지턱' 등을 떠올릴 수 있다. 셋째, 우리는 자동차에 대해 어떤 방향의 친환경 규제를 펼친 것인지가 문제된다. 예를 들어, 친환경 자동차 규제정책의 방향으로 전기차와 수소차 등이 경합하는데, 이 중에서 우리는 무엇을 선택해야 하는지, 이를 위해 어떤 규제정책과 방안을 마련해야 하는지가 문제된다.

(3) 자동차와 민법적 문제

자동차의 민법적 문제로는 자동차 사고로 발생하는 불법행위책임 및 이에 따른 손해배상 문제를 꼽을 수 있다. 이러한 손해배상 문제에 관해서는 크게 두 가지 쟁점을 언급할 필요가 있다. 첫째는 자동차 사고와 보험 문제이다. 그 중에서도 고가의 외제차가 자동차 사고를 일으켰을 때 이에 대한 보험 문제를 어떻게 처리해야 하는지가 쟁점이 된다. 둘째는 자동차 사고와 과실상계 문제이다. 우리나라는 아마도 중용주의 문화 때문인지 자동차 사고가 발생하였을 때 쌍방과실을 인정하는 경우가 많다. 이때 과실상계를 하는 경우가 많은데, 이로 인해 오히려 도로교통이 더욱 혼잡해지는 문제가 발생한다. 신뢰원칙이 사라지면서 예측하기 어려운 난폭하고 위험한 도로교통이 늘어나고 있는 것이다.

(4) 자동차와 형법적 문제

자동차 사고는 민법상 불법행위책임이 될 뿐만 아니라 형법상 업무상 과실치사상죄와 같은 범죄가 되기도 한다. 자동차는 형법적 문제도 야기하는 것이다. 이에 관해서는 구체적으로 다음과 같은 쟁점을 생각해 볼 필요가 있다. 첫째, 교통사고에 대한 형사처벌의 면제 근거가 되는 「교통사고처리 특례법」이 현재 적정하게 기능을 수행하는지 쟁점이 된다. 둘째, 자동차 사고를 범죄화하는 것이 어떤 의미가 있는 것인지, 가령 도로교통 문화를 개선하는 데 실제적으로 의미가 있는지 쟁점이 된다.

(5) 자동차와 환경규제

자동차는 환경문제와도 직접 관련을 맺는다. 가령 현재 환경문제 가운데 가장 이슈가 되는 '지구온난화'와 밀접한 관련을 맺는다. 자동차는 이산화탄소를 배출하는 주범 가운데 하나이기 때문이다. 이로 인해 자동차에 대해서는 강력한 환경규제가 투입된다. 이에 대응하기 위해 자동차 회사는 하이브리드 자동차, 전기차, 수소차와 같은 친환경 자동차를 개발한다. 이 과정에서 자동차 공학은 더욱 발전한다. 다만 이 과정에서 막대한 개발비용이 소요되기에 일부 자동차 회사는 자동차 엔진에 적용되는 알고리즘을 조작하여 환경규제를 불법적으로 회피하기도 한다. '폴크스바겐의 디젤 사태'가 이를 예증한다.

(6) 자율주행자동차의 윤리적·법적 문제

자동차에 관해 가장 최근에 이슈가 되는 문제는 바로 자율주행자동차에 관한 문제, 즉 자율주행자동차의 윤리적·법적 문제가 될 것이다. 이에 관해서는 최근 다양한 연구가 이루어지고 있다. 여기에서는 이를테면 자율주행자동차를 개발할 때 어떤 윤리적 원리와 규범 등을 입력할 것인지, 자율주행자동차가 사고를 일으켰을 때 이에 대한 민법적·형법적 책임을 누구에게 물어야 하는지가 쟁점이 된다.

제2절

제4차 산업혁명과 법

논의의 마지막으로서 오늘날 진행되는 제4차 산업혁명이 현대사회를 어떻게 바꾸고 있는지, 이에 따라 어떤 법적 문제가 등장하고 있는지 개관해 본다.[1]

1. 현대사회의 구조변동

오늘날 제4차 산업혁명이 진행되면서 새로운 사회 패러다임이 등장한다. 먼저 사물인터넷(IoT)이 출현하면서 세상의 거의 모든 것이 인터넷으로 연결되는 '초연결사회'(hyper-connected society)가 등장한다. 다음으로 이렇게 사회 전체가 인터넷으로 연결되면서 세상에 존재하는 거의 모든 것이 디지털화되는 사회, 즉 '디지털 트랜스포메이션 사회'(digital transformation society)가 출현한다.[2] 이로 인해 사회 곳곳에서 '빅데이터'가 형성되는 '빅데이터 사회'(big data society)가 구현된다. 뿐만 아니라, 이렇게 사회 곳곳에서 빅데이터가 형성되면서 이론적으로만 가능했던 인공지능이 실현될 수 있게 되었다. 이를 통해 '지능정보사회'(intelligent information society)가 등장한다. 빅데이터로 대변되는 정보가 새로

---

1 이에 관한 자세한 내용은 양천수, 『제4차 산업혁명과 법』(박영사, 2017) 참고.
2 이에 관해서는 우선 양천수·심우민·전현욱·김중길, 『디지털 트랜스포메이션과 정보보호』(박영사, 2019) 참고.

운 지능형 존재를 가능하게 하는 사회가 도래하고 있는 것이다. 그러나 이렇게 제4차 산업혁명이 유발하는 사회구조의 변화는 우리에게 유익한 사회적 공리만 제공해 주는 것은 아니다. 사회구조가 급격하게 변하면서 우리의 자유와 안전을 위협하는 새로운 위험이 출현하고 있는 것이다. 이로 인해 안전이 그 무엇보다도 중요한 규범적 가치로 각인되는 '안전사회'(secure society) 역시 대두하고 있다.

2. 제4차 산업혁명과 법적 문제

이렇게 제4차 산업혁명으로 사회구조가 변하면서 새로운 법적 문제가 우리에게 제기된다. 그 중에서 중요한 몇 가지를 소개하면 다음과 같다.

(1) 초연결사회와 정보보안 문제

먼저 현대사회가 초연결사회로 변모하면서 정보보안 및 개인정보보호 문제가 새로운 사회적 문제로 부각된다. 사회의 모든 영역이 인터넷으로 연결되면서, 그만큼 각종 정보가 침해될 수 있는 위험도 대폭 증가하고 있기 때문이다. 덩달아 정보침해 유형도 다양해지고 있다. 이를테면 사이버 공간을 통해 자행되는 정보침해뿐만 아니라 실제세계와 사이버세계가 융합되는 영역에서 정보침해가 이루어지는 경우도 증대하고 있다. 이로 인해 '융합보안'과 같은 새로운 보안 문제 역시 출현한다.

(2) 빅데이터 사회와 개인정보보호

다음으로 오늘날 빅데이터가 새로운 성장동력이자 자원으로 떠오르면서 이를 어떻게 확보할 수 있는지가 문제된다. 이는 특히 현행 「개인정보 보호법」이 보장하는 사전동의 방식의 개인정보 자기결정권과 관련하여 문제가 된다. 왜냐하면 개인정보 자기결정권을 엄격하게 보장하면 할수록 그만큼 이는 빅데이터를 형성하는 데 장애가 되기 때문이다. 이러한 이유에서 「개인정보 보호법」개정과 관련하여 빅데이터 옹호진영과 개인정보보호 옹호진영이 치열하게 대립하고 있는 상황이다.[3] 또한 데이터의 가치가 증대하면서 데이터에 독자적인 소

---

3 이를 치밀하게 분석하는 경우로는 양천수, 『빅데이터와 인권』(영남대학교 출판부, 2016) 참고.

유권, 즉 '데이터 소유권'을 인정할 수 있는지 여부가 논란이 된다.

(3) 지능정보사회와 인공지능의 법적 문제

지능정보사회가 구현되고 인공지능이 사회 각 영역에서 사용될 수 있는 가능성이 열리면서 인공지능에 관한 다양한 법적 문제가 제기된다. 인공지능이 법적 인격을 취득할 수 있는지, 거래행위 및 저작권 등의 주체가 될 수 있는지, 민사책임 및 형사책임을 부담할 수 있는지, 사법적으로 활용될 수 있는지 등이 문제된다. 이뿐만 아니라 인공지능에 입력되는 알고리즘이 편향될 수 있는 위험이 등장하면서 이러한 알고리즘의 편향성을 어떻게 통제할 수 있는지, 이를 위한 일환으로 '설명가능한 인공지능'이 구현될 수 있는지 등의 쟁점이 제기된다. 자율주행자동차에 관한 윤리적·법적 문제도 이러한 맥락에서 파악할 수 있다.

사항색인

공저자 약력

양천수 교수는 독일 프랑크푸르트대학교 법과대학에서 클라우스 귄터(Klaus Günther) 교수님의 지도로 법학박사학위를 취득하였습니다. 2006년 9월 1일부터 영남대학교 법학전문대학원에서 기초법 전임교수로 학생들을 가르치고 있습니다. 미국 워싱턴주립대학교 로스쿨 방문연구원 및 영남대학교 법무감사실장 등을 역임하였습니다. 현재 영남대학교 인권교육연구센터장 및 대구지방검찰청 검찰시민위원회 위원장, 대구광역시 소청심사위원회 위원, 경산시 인사위원회 위원 등을 맡고 있습니다. 『부동산 명의신탁』, 『서브프라임 금융위기와 법』, 『법철학』(공저), 『민사법질서와 인권』, 『빅데이터와 인권』, 『법과 진화론』(공저), 『법해석학』, 『제4차 산업혁명과 법』, 『인공지능과 법』(공저), 『디지털 트랜스포메이션과 정보보호』(공저)를 포함한 다수의 저서와 논문을 집필하였습니다.

우세나 교수는 고려대학교 법과대학에서 정동윤 교수님의 지도로 법학박사학위를 취득하였습니다. 2007년 10월부터 2009년 2월까지 아주대학교 법과대학에서, 2009년 3월부터 현재까지 공주대학교 인문사회과학대학 법학과에서 학생들을 가르치고 있습니다. 국토교통부, 과학기술정보통신부, 대통령기록관 등 여러 정부기관에서 각종 위원회의 위원으로 활동하고 있으며, 충청남도 행정심판위원회 위원 및 대전지방법원 공주지원의 조정위원 등도 맡고 있습니다. 사법시험 출제위원, 변호사시험 문제은행 출제위원 및 공인노무사 시험, 행정사 시험 등의 출제위원을 역임하였습니다. 저서로는 『개인도산의 비교법』, 『집단분쟁과 집단소송제도』가 있으며 다수의 논문을 집필하였습니다.

공학법제

초판발행　　　2020년 3월 1일
중판발행　　　2022년 9월 10일

지은이　　　　양천수·우세나
펴낸이　　　　안종만·안상준

편 집　　　　이승현
기획/마케팅　이영조
표지디자인　　이미연
제 작　　　　우인도·고철민

펴낸곳　　　　(주) **박영시**
　　　　　　　서울특별시 금천구 가산디지털2로 53, 210호(가산동, 한라시그마밸리)
　　　　　　　등록 1959. 3. 11. 제300-1959-1호(倫)

전 화　　　　02)733-6771
f a x　　　　02)736-4818
e-mail　　　　pys@pybook.co.kr
homepage　　www.pybook.co.kr
ISBN　　　　979-11-303-3557-5　93360

정 가　　　　19,000원